I0375979

www.ingramcontent.com/pod-product-compliance
Lightning Source LLC
Chambersburg PA
CBHW021135080526
44587CB00012B/1306
9781777600082

أَمَل يلَوح فِي الأفُق

بقلم

عَادَل بن هَرهَرَة

محررة النسخة الانجليزية: لورنا ستوبر
محرر النسخة العربية: سامي الشاطبي

المجلّد الثاني .. اليَمَن

2 أَمَل يلَوح فِي الأفُق عَادَل بن هَرهَرَة

حقوق النشر © ٢٠٢٢ بقلم عادل بن هرهرة
كل الحقوق محفوظة.. ولا يجوز استنساخ أي جزء مِن هَذَا الكتاب أو إرساله بأي شكل أو بأي وسيلة دون إذن خطي مِن المؤلف..
اقتباسات الكتاب المقدس مأخوذة مِن الكتاب المقدس ESV ® (الكتاب المقدس، الإصدار الإنجليزي النموذجي ®)، حقوق النشر © ٢٠٠١ بواسطة Crossway، وزارة النشر في Good News Publishers.. تم السماح بالاستخدام..
جميع الحقوق محفوظة..
الاقتباسات القرآنية مأخوذة مِن القرآن الكريم: ترجمة جديدة بقلم م.. أ.. س.. عبد الحليم، حقوق النشر © ٢٠٠٥ بواسطة مطبعة جامعة أكسفورد..
تم السماح بالاستخدام.. جميع الحقوق محفوظة..
بارك الله فِي الطفل الَّذِي سعى بنفسه ولنفسه (God Bless the Child Who's Got His Own) موسيقى (Holliday/Herzog) (Round Hill
Grand Ave.., Nashville, TN 37212 1800
تم السماح بالاستخدام.. جميع الحقوق محفوظة..

تصميم الغلاف: جنا راض

ISBN (كتاب ورقى): 978-1-7776000-6-8

ISBN (كتاب الكترونى): 978-1-7776000-7-5

ISBN (كتاب سمعى): 978-1-7780381-1-2

تَنَصُّل

عَلَى الرّغم مِن بذلِي قُصارى جهدي للتأكد مِن أنّ المعلُومات الوارِدة فِي هَذَا الكِتاب صحِيحة عند نشر الكتاب، إلّا أننِي لا أعتبِر مجرد التّحقُّق وحده كافِيًا لِأيّ مسؤُولِيّة تجاه أيّ طرف، عَن أيّ خسارة أو ضرر أو اِضطِراب ناجِم عَن أخطاء أو إغفالات، سَواء كَانَت ناتِجة عَن إهمال أو حادِث أو أيّ سبب آخر ..

لَقَد حاولت إعادة بِناء الأحداث والأماكِن والحِوارات اِنطِلاقًا مِن ذِكرياتِي، ولِحماية الخُصُوصِيّة، قُمت فِي بَعض الحالات بِتغيير أسماء الأفراد والأما كِن وتعديل التّوارِيخ والمُمتلكات والمِهن وأماكنّ الإقامة..

هَذَا الكِتاب والّذِي يَتَضَمَّن نصُوصًا دِينِيّة وتارِيخِيّة وجغرافية وسِياسِيّة لا يُعد لِلِاستِخدام كنصّ مرجِعي دِينِيّ، أو تارِيخي، أو جُغرافِي، أو سِياسِيّ، أو لِلتّدرِيس، بَل ورد لِتعزِيز قصتي فقطّ..

تُشِير مُصطلحات « جنوب العَرَب » و « شِبه الجزِيرة العربِيّة » و « العَرَب » و « العربِيّة » بِدِقّة إِلَى اليَمَنيِّين وبِلاد اليَمَن فقطّ ..

يُشِير مُصطلح «اليَمَن » إِلَى الجمهورية اليَمَنية مِن بَعد توحِيد شمالها بجنوبها عام 1990م..

اهداء إلَى.

بناتي:

لينا وسمر، لمنحي سببًا للحياة

أمهاتي الست اللاتي قمن بتربيتي: وينيشت، رقية، آمبت، مريم، زينب، فاطمة

أمي الأمريكية الَّتِي تبنتني: نورما..

إلى الرجال الَّذِين ساعدوني خِلَال فترة وجودي فِي اليَمَن: باوزير، المقالح، عبد الله العراسي، م. هانسن، ر. مادي، ، ج. زيغلر، ج. ريس، و أ. برنارد

الفهرست

تَنَصُّل	3
اهداء إلى	4
مقدمة أولى	8
مقدمة ثانية	13
مدخل	17
الخرائط	31
الأول	32
أرض الميعاد	32
الثاني	39
صَنعاء	39
الثالث	45
تعز	45
رابعا	52
غير الاسوياء	52
الخامس	59
بلاد القَهوَة وَالْمحِبَّة	59
اَلسَّادِس	65
الحَديدَة	65
سابعا	74
الانتقال بين المدن	74
الثامن	78
مولد الدين	78
التاسع	87
عبد الله العراسي	87
العاشر	96
بطاقة	96
الحادي عشر	107
مأرب	107

الثاني عشر	116
قبيلتي	116
الثالث عشر	124
مريم	124
الرابع عشر	133
بعض من شيء	133
الخَامِس عشر	156
الخدمة العسكرية	156
السَّادِس عشر	160
الاضطرابات الثقافية	160
سابع عشر	170
يا حبشي يا مولّد	170
الثامن عشر	180
العمرة	180
التاسع عشر	186
الزواج مقابل التعليم	186
العشرون	195
كنت مختلفا	195
الحادي والعشرون	206
التعليم الغربي	206
الباب الثاني	222
الثاني والعشرون	222
البدء مِن جديد	222
الثالث والعشرون	233
نضال	233
الرابع والعشرون	244
التصدي	244
الخَامِس والعشرون	255
مكتبة	255
السَّادِس والعشرون	261
كم سقطرى في يدك	261

السابع والعشرون	268
حرب أهلية	268
الثامن والعشرون	274
كاتب عمود صحفي	274
التاسع والعشرون	279
اوسكار	279
الثلاثون	292
رأسمالية	292
الحادي والثلاثون	293
الزواج المدبر	293
الثاني والثلاثون	299
حفلات الزفاف	299
الثالث والثلاثون	312
تخلي	312
معاينة المجلد الأول	330
معاينة المجلد الثالث	332
الاعترافات	335
التذييلات	341
الملحق الأول	350
الملحق الثاني	353
الملحق الثالث	354
الملحق الرابع	355
الملحق الخَامِس	357
BIBLIOGRAPHY	359

مقدمة أولى

أوسكار برنارد

خلال العام 1992م أغلقت شركتي مكتبها في هيوستن بتكساس، مقابل ذلك الاغلاق استعدت للقيام ببعض الأعمال في اليمن، ونظرًا لأن المكتب الرئيسي في ريدينغ قرر تولي تلك الأعمال، فقد عرض علي إحدى الوظائف الشاغرة.

اليَمَن؟.. لأكون صادقا، لَقَد سمعت عنها، لَكِن هَذَا ليس كل شيء.

أين كَانَت؟..بالنظر إلَى طلاقي الوشيك وما ترتب عنه مِن الحاجة الماسة إلَى فترة مِن النقاهة المالية، كَانَ اتخاذ قرار النقاهة سهلا..

إلَى اليَمَن انتقلت.. وفيها أحالتني مشاهداتي لأرضها إلَى صحراء أريزونا,أو القمر.. كَانَ الناس مبتهجين وودودين، لَكِأن الأمر كَانَ أشبه بالانزلاق فِي بعض النواحي.. فِي بعض الأحيان كُنت أرى رجالا يرعون أغنامهم فِي شوارع المَدِينَة، وكَانَت الشركة قد أرسلت بالفعل عددًا متواضعا مِنهم إلَى صَنعاء، عاصمة اليَمَن الشمالي.

تم شغل الوظائف القيادية في الشركة مِن قبل عدد محدود مِن البريطانيين والأمريكيين، ولكن فِي المقام الأول مِن قبل اليَمَنيين الناطقين باللغة الإنجليزية.

كَانَت أماكن إقامتي أكثر مِن كافية: شقة مِن غرفتي نوم فِي مجمع كبير مِن المباني الّتِي وفرت أيضًا السكن لعدد مِن موظفي شركة نفط كبيرة أخرى، يقع مقرها

الرئيسي فِي الولايات المتحدة.
تم استيراد جميع الأجهزة والأثاث مِن الولايات المتحدة، بما فِي ذَلِك جهاز تلفزيون، كَانَ له اتصال عبر الأقمار الصناعية بعدة قنوات، وكثير منها باللغة الإنجليزية. بطريقة ما، كَانَ الأمر أشبه بالتواجد فِي المنزل.
نسبيا، كَانَ مكتبنا صغيرا إِلَى حد ما، لذَلِك كَانَ الجميع يعرفون بعضهم البعض. وكَانَ جميع زملائي فِي العمل ودودين، لكنني تأثرت بشكل خاص بعادل. هو وانا استبعدنا لعدة أسباب وجيهة.
كَانَ أعزبا، وكذَلِك أنا.. تميزت لغته بجودتها وذلك نتِيجَة تلقيه الكثير مِن التعليم المتقدم..كَانَت جودة لغته قريبة مِن جودة لغتي!
بالنسبة لي، كَانَ عادل يعمل في عدة مهام: مترجمي الشخصي، وكان أكثر مِن ذَلِك بكثير، بما فِي ذَلِك المرشد السياحي فِي بعض الأحيان.
بعد أيام عديدة مِن العمل، كَانَ عادل يأتي إِلَى شقتي، حيث كنا نشاهد التلفزيون الأمريكي (الناطق بالإنجليزية) ونتحدث عَن عائلاتنا.
كَانَ لدي ثلاثة اولاد أصغر مني سنا وزوجة سابقة قريبا. كَانَ عادل ذكيا فِي الإلكترونيات، مما يعني أنه قام أيضًا بإصلاح الأجهزة الَّتِي أفسدتها أحيانا كالتلفزيون أو الكمبيوتر.
بصدق، استوثقت بأنه ذكي جَدًّا - موهوب جَدًّا - ليكون فِي وظيفته الحالية. اعتقدت أنه يمكن أن يفعل الأفضل بكثير...
فِي مكَانَ آخر,وكَثِيرًا ما تحدثنا عَن انتقاله إِلَى الخارج للحصول عَلَى فرص أفضل.

10 أَمَل يلَوح فِي الأفُق عَادَل بن هَرهَرَة

.تحدثنا عَن المجتمع اليَمَني أيضًا..

علمني عادل عَن البنية القبلية فِي اليَمَن، والفساد فِي المجتمع اليَمَني، والجوانب الثقافية الَّتِي لم أكن على اطلاع بها,وأوضح لِماذا البلاد دائمًا غارقة في الصراع - بسبب القبائل المتخلفة الَّتِي تتقاتل مع بعضها البعض لعدة قرون- وكُنت أشعر بالفضول لمعرفة افتتان الشعب اليَمَني بالقات وتناوله، لذَلِك سألته عَن ذَلِك أيضًا.

لم يكن مجرد كمبيوتر ذكي, كَانَ عَلَى دراية بمسائل التمييز بين الناس والفساد فِي الثقافة اليَمَنية أيضًا. اعتقدت أنه يجب أن يشارك معرفته مع الناس.

اعتقدت أن الشعب اليَمَني يمكن أن يتعلم الكثير منه، ولذَلِك شجعته عَلَى كتابة مقالات لصحيفة يمن تايمز, وقد فعل.

في بعض الأحيان كَانَ عادل يرافقني فِي رحلات لمشاهدة معالم المَدِينَة المحلية, والمغامرات.. كَانَ مِن الجيد أن يكون معي ليس فقط كمترجم، ولكِنّ "كوسيط"..

لم يكن سكان اليَمَن يثقون في الأمريكيين خاصة المتواجدين في بلادهم , ربما "لا تثق" هو مصطلح أقرب للحقيقة..

كَانَ عادل يخبر الناس أنني "رجل لطيف"، لذَلِك سمح لي بالتقاط الصور والمصافحة والتحدث إِلَى السكَانَ المحليين وما إِلَى ذلك.

في بعض تلك الرحلات، رأيت أيضًا الكثير مِن الأشياء المحزنة. الفقر, الامية, الناس الَّذِين يعيشون فِي ظروف قاسية.

أكثر ما هزني هم الأشخاص الَّذِين يقومون باللحام الكهربائي يستخدمون

النظارات الشمسية فقط لحماية أعينهم.

كَانَ العمى أمرا لا مفر منه. فكرت فِي شراء العديد مِن دروع اللحام المناسبة ولكِنّ تم تحذيري مسبقا مِن أنه مِن المحتمل بيعها لشراء المزيد مِن العناصر الأساسية مثل :الطعام.

يوجد فِي اليَمَن الكثير مِن الأشياء الجميلة للاستمتاع بها مثل الشواطئ ,والمناظر الطبيعية الفريدة والثقافة ,والتاريخ.

بعد قولي هذا، خِلَال ما يقرب مِن ثمانية عشر شهرا قضيتها في اليَمَن، لم يكن مِن المستحسن السفر خارج صَنعاء. وهكذا، سمعت عَنها أكثر مما كُنت قادرا عَلَى رؤيته..اندلع في صيف العام 1994 حرب أهلية فِي اليَمَن، وأصبح مِن الضروري بالنسبة للأجانب الإجلاء..

بعد أن غادرت، بقيت عَلَى اتصال بعادل وواصلت تشجيعه عَلَى المغادرة إلَى الغرب..

لَقَد مر بوقت عصيب بسبب الحرب، ولأنه لم يتناسب تماما مع نمط الحياة والثقافة. إذ كَانَت الحياة غير متوقعة فِي اليَمَن فِي ذَلِك الوقت. كَانَ مقدرا لعادل أن يحقق أشياء أعظم مما يمكن أن يحققه فِي اليَمَن. كَانَ بحاجة إلَى المغادرة.

في الوقت المناسب، استقرت الأمور قليلا.. تزوج عادل ثم كَانَا ينتظران طفلا مع بعض الصعوبة، تمكن هو وزوجته مِن الانتقَال إلَى كندا. هناك مر ببعض الأوقات الجيدة ... وللأسف، بعض الأوقات السيئة أيضًا. لكنني سعيد لأنه غادر اليَمَن. لَقَد فعلت ما بوسعي لدعم انتقاله لأنني كُنت أعرف أنه يمكن أن يعيش حياة

رائعة فِي كندا - حياة أفضل بكثير مما كَانَ سيحصل عليه فِي اليَمَن إذًا بقي فيها... كَانَ بحاجة إِلَى المغادرة. لم يكن في اليَمَن أي فرصة لمواصلة تعليمه أو العمل فِي وظائف تتناسب مع ذكائه.

ل كدعب ،نلآاوهذه السنوات، لم يكتب كتابا واحدا فقط، بل ثلاثة كتب!

هَذَا المجلد الثاني، يشبه إِلَى حد ما المحادثات الَّتِي اعتدنا أن نجريها والرسائل ورسائل البريد الإلكتروني الَّتِي تبادلناها بعد مغادرتي اليَمَن. يتحدث عَن تاريخ اليَمَن. وهو يشرح أسباب الصراعات القبلية المستمرة منذ قرون. لديها بعض القصص المضحكة عَن تجاربه هناك. ويعطي نظرة ثاقبة ..

لِماذا اضطر إِلَى مغادرة اليَمَن.؟

فِي هَذَا الكتاب، كَانَ صادقا ومباشرا بشأن مشكلات اليَمَن الَّتِي واجهها هو وآخرين..لَقَد انتقل مِن كتابة المقالات العلمية والسياسية للصحيفة فِي اليَمَن إِلَى الكتابة عَن حياته الحافلة بما يجدر قراءته، وذلك حَتَّى يشهد العالم كله ما شهده وحدث له... إنه يفعل ما نصحت به... مشاركة معرفته عَن اليَمَن ورواية قصص عَن حياته - الجيدة والسيئة - مع الجميع حَتَّى يتمكن الناس مِن التعلم منه...لا يزال صديقي الصغير الذكي الَّذِي اعتدت التسكع برفقته فِي صَنعاء.

أوه.. أتمنى لو كَانَ جاري مرة أخرى!

أوسكار برنارد، لويزيانا، الولايات المتحدة

مقدمة ثانية

لورنا ستوبر

الآن بعد أن عملت مع عادل بن هرهرة في كتابه "من لا شيء" (الجزء الأول) و كتابه "أمل فِي السماء" (الجزء الثاني) صرت واثقة ثقة تامة بانه عَندَمَا تطرح القنوات الاعلامية أو الصحف أو المجلات سؤالا عن اثيوبيا أو اليمن ..عن تاريخهما و ثقافتهما، بان عادل بن هرهرة هو الجدير بالإجابة ..غالبا ما كنت أصرخ عَلَى شاشة التلفزيون بارتياح كبير، "أنا أعرف من يقدر على الاجابة.! "أشعر بأنني أكثر استنارة نتِيجَة للعمل عَلَى كتب عادل.. صدقوني، كَانَت هناك مئات الساعات مِن المحادثات بيني وبين عادل حول تاريخ بلدانه وثقافاته وسياسته الَّتِي لم تصل إِلَى صفحات هذه الكتب.

مثل أوسكار، الَّذِي كتب مقدمة فيلم "أمل فِي السماء"، لم أكن أعرف شيئًا تقريبًا عَن اليَمَن عَندَمَا بدأت فِي هَذَا المجلد مِن ثلاثية عادل... مما تعلمته، أعلم ان اليمن بلد أحب زيارتها وآمل ان تتنسى لي زيارتها يوما ما. لَقَد رأيت الصور الَّتِي شاركها عادل فِي معرض الصور عَلَى موقعه عَلَى الإنترنت (adelbenharhara.com). لَقَد شاهدت صور اخرى في مواقع ويب أخرى وقرأت مقالات متعددة وكتبا أخرى.. أتوق للسفر إِلَى اليَمَن لمشاهدة الهندسة المعمارية وتجربة الطعام والتفاعل مع الناس وزيارة

الأماكن الَّتِي يتذكرها عادل باعتزاز، مثل المخا وسقطرى.. ألن يكون مِن الرائع أن ألتقي ببعض أفراد عائلته أيضًا؟ أشعر كما لو أنني أعرف بالفعل بعضها إلَى حد ما بعد سماعها وقراءتها والكتابة عنها منذ ما يقرب مِن عام الآن. أشعر أنني سأتوافق بشكل جيد مع هؤلاء الأشخاص الودودين والطيبين.

وبما أنني لم أسافر أبدا إلَى شبه الجزيرة العربية، فإنني أعترف بأن معرفتي بهَذَا الجزء مِن العالم قد تشَكَّلت إلَى حد كبير مِن خِلَال ما أراه فِي وسائل الإعلام.. لَقَد تأثرت أيضًا بطلابي مِن أفغانستان والعراق وإيران وسوريا ولبنان وما إلَى ذلك، عَندَمَا كُنت لا أزال أقوم بتدريس اللغة الإنجليزية للكنديين الجدد منذ عدة سنوات. ما نراه فِي وسائل الإعلام ليس سوى جزء بسيط مِن الواقع، ولمحة متحيزة عَن ذلك. لَقَد قدرت واستفدت مِن الفرص لاستجواب عادل حول الموضوعات الَّتِي كُنت مترددا فِي طرحها عَلَى طلابي لأنني أعلم أنه لن يشعر بالإهانة مِن جهلي بالإسلام. الأدوار والحقوق والفرص المتاحة للمرأة فِي الشرق الأوسط؛ وغيرها مِن القضايا السياسية والاجتماعية. لَقَد حصلت عَلَى هدية ضخمة: فرصة لكسب ما يعادل العديد مِن الاعتمادات الجامعية فِي الأنثروبولوجيا (أحد مجالات تخصصي المفضلة) مِن خِلَال الدراسة الخاصة مع شخص عَلَى دراية ومتعدد الأوجه وممتع للغاية. ألن نكون جميعا محظوظين جَدًّا للعمل كل يوم لعدة أشهر مع شخص يجعلنا نضحك باستمرار حَتَّى تؤلم معدتنا؟

كَانَ أحد أعظم الدروس الَّتِي تعلمتها طوال الوقت الَّذِي قضيته فِي السفر والعيش فِي الخارج بالإضافة إِلَى التدريس والعمل مع أشخاص مِن جميع أنحاء العالم هو حقيقة أننا بحاجة إِلَى النظر إِلَى الناس كأفراد بدلا مِن بناء وجهات نظرنا عَلَى الصور النمطية والافتراضات.

السفير العراقي مثال رائع عَلَى ذلك. ما الَّذِي دفعه لزيارة عادل، الشاب الَّذِي سجن بسبب مؤخرته؟ كَانَ السفير عَلَى الأرجح رَجلاً عطوفا، بعد أن أدرك أن الظروف الَّتِي سجن فيها عادل لم تكن مناسبة للبشر للعيش فيها. كما أنه رأى بالتأكيد ما أدركه الآخرون، بما فِي ذَلِك مارك هانسن، وجيمس زيجلر، وريتشارد مادي، وجون ريس، وأوسكار برنارد.. كَانَ عادل (ولا يزال) رَجلاً يتمتع بقدر كبير مِن النزاهة والاحترام والذكاء. حدد الكنديون والأمريكيون عَلَى وجه الخصوص الَّذِين عملوا مع عادل فِي اليَمَن شخصا سيستفيد مِن فرص أكبر. وكَانَوا يعرفون أن عادل كَانَ أيضًا رَجلاً لديه الكثير ليقدمه لكندا أو الولايات المتحدة، لذَلِك ساعدوه عَلَى التحرك نحو الوصول إِلَى إمكَانَاته وتحقيق أهدافه.

في تجربتي، هناك مثل "الأشخاص الطيبين والسيئين" فِي أي ثقافة. مِن المؤكد أن الفساد والتمييز والقمع أكثر تفشيا فِي بعض الأماكن مِن غيرها. مِن الصعب - عَلَى ما يبدو مِن المستحيل - عَلَى شخص واحد مكافحة هذه العلل، ولَكِنّ كما نعلم مِن الكليشيهات، تضاف قطرة ماء إِلَى أخرى وأخرى تملأ الدلو فِي النهاية. قطرات عادل عَندَمَا كَانَ يكتب لصحيفة "يمن

تايمز" والآن، مع هذه الكتب، ستخلق بالتأكيد تأثيرا مضاعفا، تأثيرا سيشعر به عبر حدود متعددة.

بعد تسعة أشهر مِن علاقة العمل بيننا، ما زلت متحمسا لهَذَا المشروع ومتواضعا كما كُنت عَندَمَا اختارني عادل فِي البداية لأكون رفيقه.. كلما تعلمت منه أكثر، كلما ازداد تقديري لهَذَا الرجل الرائع..

أؤكد على أعجابي بإيجابيته الدائمة... بكثير من الشوق أترقب الجزء الأخير مِن المجلد الثالث وهو ينقلنا جميعا إِلَى حياته الحالية.

محررة النسخة الانجليزية

مَدْخَل

ينتسب وَالِدي ، ماجد أحمد حسين الشيخ علي بن هرهرة، إلَى سلالة سلاطين يافع العليا، حَتَّى ان كل حكام دولة يافع العليا في الازمنة الماضية كانوا مِن عائلة آل هرهرة..

تقع يافع العليا عَلَى بعد مسافة قصيرة مِن الساحل الجنوبي لجنوب اليَمَن تتكون مِن عدة مشائخ، وتعد واحدة مِن أكثر المناطق الشاعرية فِي منطقة يافع برمتها..ويافع هو اسم قبيلة ومنطقة جغرافية.. كَانَت يافا مركز سلالة الحميريين القديمة، والَّتِي دامت مِن العام 110 قبل الميلاد إلَى العام 632 بعد الميلاد. (انظر الملحق الرابع لمزيد مِن المعلومات حول يافا العليا والسفلى). تشير البادئات بن وابن وآل وبن إلَى ابن. لذلك، عند الإشارة إلَى أعضاء سلالة هرهرة، نستخدم عادة بن ..بن هرهرة، كلقب عائلة، مما يعني أن الشخص المسمى هو ابن هرهرة.. هَذَا مشابه للعالم الغربي باستخدام الأسماء الأخيرة مثل أندرسون (ابن أندر)، بيترسون (ابن بيتر)، فان غوف، (فان هِي البادئة الهولندية الَّتِي تعني مِن أو من) إلخ.

سلالة هرهرة

نتِيجَة الصراعات القبلية واحتراب السلطة بهدف لسيطرة عَلَى الأرض شهدت منطقة يافع تحولات وتغييرات، اذ تم تقسيمها إلَى يافع السفلى والعليا فِي أوائل 1700م...

كَانَت قبيلة يافع فِي اليَمَن مقسمة تقليديا إلَى عشرة فروع للمشيخات، خمسة منها فِي يافا السفلى وخمسة فِي يافا العليا. حُكمت يافا العليا مِن قبل سلالة هرهرة بين عامي 1730 و 1967. .ابرزهم قحطان بن عمر بن حسين هرهرة وصالح بن عمر بن حسين هرهرة .يعرف سكَانَ يافع بكونهم علماء دين ويتميزون بشجاعتهم وقدراتهم العسكرية الفائقة.

ذهب العديد مِن السلاطين - كثيري والمهرة والقعيطي والحضرمي وجوبان وحورال وهرهرة - لحكم حضرموت (أكبر محافظة فِي اليَمَن) حول المكلا (العاصمة الحالية لحضرموت) والشحر، المَدِينَة الَّتِي ولد فيها وَالِدي. كجزء مِن سلطنة القعيطي، انتقل جد وَالِدي الأكبر مِن يافا إلَى حضرموت حوالي عام 1800.

السلاطين والشيوخ

السلطان هو شخص ذو سلطة أخلاقية أو دينية أو سياسية. يشغل السلاطين تقليديا مناصب السلطة مثل الحكام والقضاة والمعلمين وجباة الضرائب. مصطلح السلطان هو لقب نبيل. كَانَ يستخدم فِي الأصل ليعني القوة أو السلطة ولكِنَّه تطور لاحقا ليصبح الاسم المستخدم للإشارة إلَى الحكام ذوي السيادة - الرجال الَّذِين سيطروا عَلَى ممالك ذات سيادة كبيرة فِي شبه الجزيرة العربية وبالتالي لم يستجيبوا لأي سلطة أعلى. ويقتصر استخدامه عَلَى البلدان الإسلامية، حيث يحمل اللقب أهمية دينية، عَلَى

النقيض مِن الملك الأكثر علمانية، والذي يستخدم فِي كل مِن البلد
الإسلامية وغير الإسلامية".

يشغل الشيخ منصبا أدنى مِن السلطان، ويشير المصطلح بشكل أكثر تحدي
إلَى زعيم قبيلة بدوية أو أحد أفراد العائلة المالكة بدلا مِن زعيم سياسي
المجتمع ككل. قد يكون الشيخ أيضًا رَجلًا متدينا (مسلما) ضليعا فِي تعا
الإسلام.. ليس لكل قبيلة سلطان، لَكِنّ كل قبيلة لها شيخ. كَانَ لد
قبيلة عائلتي كلاهما.

سلطة الشيخ اجتماعية وليست سياسية. عَلَى عكس كندا أو الولايا
المتحدة، حيث يخضع المسؤولون الحكوميون لنفس المعايير الَّتِي يخضع
المدنيون، لا يخضع الشيوخ بالضرورة للمساءلة عَن أفعالهم. لا يفرض علي
القانون المدني، بل يمنحون تصريحا بسبب مكَانَتهم. عَلَى سبيل المثال، إ
قام ضابط مرور بسحب شيخ ارتكب مخالفة مرورية، فمن المرجح
يسمح الضابط للشيخ بالرحيل.

الشيعة مقابل السنة

الزيدية هِي إحدى الطوائف الشيعية فِي الإسلام الَّتِي ظهرت
القرن الثامن. أولئك الَّذِين يتبعون الإسلام الزيدي يسمون الشيعة الزيدي
حوالي 25 فِي المئة مِن المسلمين فِي اليَمَن هم مِن الشيعة الزيديين.

يمكن إرجاع سبب توتر العلاقات الشيعية السنية إلَى تنازعهما حول خلا

خليفة الإسلام محمد [عليه السلام] كخليفة للمجتمع الإسلامي، فبعد وفاة محمد [صلى الله عليه وسلم] عام 632، اتفق الصحابة وهم مِن الشخصيات المقربة مِن الرسول -سيعرفون باسم السنة- أن خليفة محمد يجب أن يكون أبو بكر، فِي حين أن فريقا اخر مِن الصحابة -سيعرفون باسم الشيعة- اعتقدوا أن خليفته يجب أن يكون مِن سلالة الرسول محمد .. يتمثل في ابن عمه علي ابن ابي طالب [بن أبي طهيب]، ونتِيجَة لذَلِك نشب الخلاف بينهما وتوسع حَتَّى بلغ أجزاءً مختلفة مِن العالم الإسلامي.

كَانَ أبو بكر صديقا مقربا للنبي محمد (صلى الله عليه وسلم) ووالد زوجته.. تم التصويت له مِن قبل الصحابة ليكون خليفة النبي محمد (صلى الله عليه وسلم). كَانَ علي ابن عم النبي محمد (صلى الله عليه وسلم) وتقريبا مثل الأخ.. أراد مناصريه أن يتولى خلافة الدولة الاسلامية لكونه مِن سلالة النبي محمد.

ما يقرب مِن 90 فِي المئة مِن المسلمين فِي جميع أنحاء العالم هم مِن السنة، وعلى الرغم مِن أن الشيعة أقل عددًا، إلا أنهم ظلوا أقوياء. كَانَت عائلة هرهرة، إِلَى جانب عائلات / أفراد قبيلة سنية أخرى، فِي حالة حرب مع القبيلة الزيدية (الشيعية) مِن شمال اليَمَن لعدة قرون.

"على الرغم مِن أن جميع الجماعات الإسلامية تعتبر القرآن منزلا مِن الله ، إلا أن السنة والشيعة لديهم آراء مختلفة حوله"

وفاء لسمعتهم كجنود شجعان، غالبا ما قاتل أسلافي مِن أجل السلطة فِي جنوب اليَمَن. يصور الملحق الرابع مسيرة السلطان عمر بن صالح أحمد هرهرة إلَى حضرموت، حيث هزم خصومه وسيطر عَلَى الشحر فِي أوائل 1700م.

وَالِدي

مثل العديد مِن الشباب الحضرمي، غادر وَالِدي قريته (الشحر) فِي سن الخَامِسة عشرة بحثا عَن حياة أفضل إلَى كلا مِن عدن (جنوب اليَمَن) وإندونيسيا وأرض الصومال البريطانية وومباسا فِي كينيا.. خدم فِي الجيش البريطاني، وقاتل فِي الحرب العالمية الثانية ضمن حملة الحبشة.

أنهى وَالِدي مسيرته العسكرية بعد الحرب العالمية الثانية وشرع فِي اطلاق شركة خاصة تعنى بالاستيراد والتصدير.. كَانَ واحدا مِن أشهر التجار فِي في مدن جيكجيكا وديردوا وداو دير وهرر والواقعة فِي المنطقة الشرقية مِن إثيوبيا في العام 1940م.. قبل انتقاله إلَى أَديس أبابا أوائل 1950م مع شريكه التجاري، وكيل استيراد و تصدير السلع والخدمات، كَانَ عمله الأساسي (القهوة).. صُنف كأحد أغنى التجار العرب فِي أَديس أبابا فِي تلك الْأَيَّام.. انقسم العرب فِي أَديس أبابا في تلك الاثنا إلَى ثلاث مجموعات.. أصحاب المتاجر الصغيرة؛ والتجار الأغنياء والمحافظون ؛ والتجار الأثرياء الَّذِين اختلطوا مع الأوروبيين (اليونانيين والإيطاليين)، والهنود الشرقيين

الَّذِين يعيشون فِي إثيوبيا، والعائلات المالكة الإثيوبية. كَانَ جزءا مِن مجموعة التجار الأثرياء الَّذِين اختلطوا مع الآخرين، وخاصة الأوروبيين.

***

يتميز الحضارم (سكَانَ محافظة حضرموت) بنزاهتهم وولائهم وإحساسهم القوي بالانتماء لبلدهم حضرموت.. عرفوا بالاقتصاد في الحياة والذكاء والفطنة.. ميزة أخرى مثيرة للاهتمام في شخص الحضرمي، أنه بغض النظر عَن المكَانَ الَّذِي يهاجر إليه، فإنه يعتز بهويته وانتماءه و أصوله الحضرمية ويحتفل بها... تلعب الجذور والهوية دورا مهما فِي حياتنا. أعد مثالا حيا عَلَى التعاليم الَّتِي وشمها الحضارم في وانا في سن مبكرة، مثل بانصير وباجريش - أوضحتها بتفصيل فِي المجلد الأول- كَانَ هؤلاء أصدقاء وَالِدي والَّذِين دعموني خِلَال طفولتي فِي إثيوبيا.. لَقَد فقدت وَالِدي عَندَمَا كُنت فِي الخَامِسة مِن عمري وكُنت عمليا يتيما عَلَى الرغم مِن أن والدتي البيولوجية لا تزال عَلَى قيد الحياة حَتَّى الآن. كَانَ هؤلاء الرجال قلقين مِن أن أضل طريقي.. إِذَا كُنت قد قرأت المجلد الأول، فأنت تعلم أن الباقي هو التاريخ.

حول العنوان

تمت صياغة العنوان كإشارة إِلَى الطائرة الَّتِي كُنت عَلَى متنها، وهي

تحلق فوق البحر الأحمر باتجاه اليَمَن، عَندَمَا كُنت فِي السَّادِسة عشرة مِن عمري. كُنت أشم رائحة البحر وأشعر بالسماء خِلَال تلك الرحلة. كَانَت المرة الأولى لي فِي طائرة وتجربتي الأولى فِي الهواء عَلَى ارتفاع أعلى مما كُنت أتخيله سابقا.. لَقَد تخيلت السماء كمساحة لا نهائية مِن الفرص، ومساحة مليئة بالاحتمالات، وتخيلت روحي وروحي تحلق عبر الغيوم المهيبة نحو حياة مثيرة ومجزية. قبل ست سنوات فقط، كُنت حافي القدمين، صبيا بلا مأوى، وخِلَال رحلة واحدة، أصبحت مِن محبي الفلك!

هَذَا هو!...

لدي الآن بعض السيطرة عَلَى حياتي! أنا عربي، ويجب أن أكون عربيا جيدا أيضًا، قلت لنفسي. لَقَد تعهدت بتعلم المزيد مِن اللغة العربية وإتقانها فِي نهاية المطاف. لطالما رأيت الخط العربي كنوع متميز مِن الفن، مثل الرسم أو اللوحة. الكتابة جميلة وينظر إليها العرب عَلَى أنها لغة متفوقة وأكثر شاعرية بسبب جمالها. شعرت أنه لشرف وامتياز أن أعرف كيف أقرأها وأكتبها بشكل صحيح.

في ذَلِك الوقت، لم أكن أعرف سوى القليل جَدًّا عَن تاريخ اليَمَن. لكنني كُنت فخورا جَدًّا بمهاراتي فِي اللغة العربية وخاصة تراثي العربي عَلَى الرغم مِن شعوري بالانفصال عنه إِلَى حد كبير أثناء نشأتي. لم يكن تصوري للغة والثقافة العربية مبالغا فيه فِي ذهني بأي حال مِن الأحوال. بدلا مِن ذلك،

ولدت مِن التاريخ الشفوي والمكتوب الَّذِي تعلمته فِي طفولتي. اعتاد مدرس اللغة العربية فِي إثيوبيا أن يريني مجموعة مِن الكتب الَّتِي تسرد جميع مرادفات كلمات معينة باللغة العربية. كَانَ هناك كتاب يذكر سبعين مرادفا للعسل و 400 طريقة لوصف الأسد!

أدرك أن العرب، قبل ظهور الإسلام، كَانَوا مجتمعا أميا إلَى حد كبير. ومع ذلك، كَانَ الشعر الشفهي هو الطريقة الَّتِي تنتشر بها الأخبار وتروى القصص. تم الاحتفال بالأحداث مِن خِلَال الشعر. أصبح بعض الشعراء المجيدين لدرجة أن كل ما يتطلبه الأمر فِي بعض الأحيان هو سطر واحد مِن الشعر لجعل القبيلة تفقد مكَانَتها. وأحيانا حدث العكس. ربما مِن هَذَا الهوس، أصبح العرب سادة حقيقيين للغة. لَقَد تعلمت أن العرب يعتبرون الطلاقة هِي القدرة عَلَى التعبير عَن أقصى معنى فِي أقل عدد ممكن مِن الكلمات. اللغة العربية هِي وسيلة رائعة للتعبير عَن الذات، وأردت بشدة أن أكون جزءا مِن هَذَا التاريخ!

لَقَد تعلمت أن اليَمَنيين هم مِن الصحراء العربية وهم أصل العرق العربي.. غزا العرب الشرق الأوسط مِن الإمبراطوريتين الساسانية والبيزنطية وأسسوا سلسلة مِن إمبراطوريات الشرق الأوسط العربية الإسلامية مِن إسبانيا إلَى آسيا الوسطى ومن القوقاز إلَى الهند. وقد أدّعى الشعبين الإثيوبي واليَمَني احقيته بملكة سبأ ، وربما لن يتم حل النزاع أبدا، حيث أن هناك أدلة

عَلَى وجودها فِي كلا البلدين.

تظهر قصة ملكة سبأ فِي النصوص الدينية المقدسة لليهود والمسيحيين والمسلمين. يوصف الكتاب المقدس بأنها مجرد ملكة الشرق، ويعتقد العلماء المعاصرون أنها جاءت مِن مملكة أكسوم فِي إثيوبيا، أو مملكة سبأ فِي اليَمَن، أو كليهما.

اعتقدت أنها إثيوبية ويمنية مثلي تماما! مثلها، شعرت أن لدي علاقة بأرض كلا البلدين.

***

عَندَمَا حلقت الطائرة فِي السماء، كُنت مشغولة بتخيل ردود الفعل العاطفية لأخواتي مِن جانب وَالِدي عَندَمَا يقابلونني لأول مرة - ابتهاجا! كَانَ أخي الأكبر، الَّذِي غادر إثيوبيا فِي أواخر 1950م، قد التحق بمدرسة إنجليزية بريطانية مرموقة فِي أَديس أبابا، وقيل لي إن لغته الإنجليزية كَانَت جيدة مثل تلك الخاصة بالأشخاص الناطقين باللغة الأم. كُنت أعيد صياغة جملي الإنجليزية حَتَّى أتمكن مِن إثارة إعجابه.

يذكر القرآن اليَمَن عدة مرات. تقع الكثبان الرملية المذكورة فِي 46:21 فِي منطقة الأحقاف فِي شرق اليَمَن.

يذكر ... قبيلة عاد: " حذر شعبه بين الكثبان الرملية - جاء نذير آخرون وذهبوا قبله وبعده - "وَمَا أُمِرُوا إِلَّا لِيَعْبُدُوا إِلَهًا وَاحِدًا .. أخشى عليك أن

تعاقب فِي يوم رهيب".

كما يروى فِي 27: 44-15 "قصة سليمان ...، الملك النبوي لبني إسرائيل، مع غزوه لسبأ وخضوع ملكة سبأ وشعبها، الَّذِين عبدوا الشمس قبل قبولهم للإسلام".

من المعروف أن النبي محمد (صلى الله عليه وسلم) قال: "خير الرجال هم رجال اليَمَن، والإيمان يماني، وأنا يمني". نسله، قبيلة قريش، "هم مِن نسل قبيلة عربية نقية مِن اليَمَن تسمى قبيلة بني جرهم. هاجرت قبيلة بني جرام إِلَى مكة حوالي عام 200 بعد الميلاد ... ومن الواضح مِن خِلَال الآيات والأحاديث الكثيرة أن لليمنيين مكَانَة عالية فِي الإسلام". أنا يمني وسأموت يمنيا، قلت لنفسي!

***

الجزء الأول مِن هَذَا المجلد يدور حول حياتي فِي السنوات العديدة الأولى فِي اليَمَن.. إنهاء دراستي الثانوية، وبدء مسيرتي المهنية، والعثور عَلَى جذور أجدادي، والنضال مِن أجل الاندماج فِي مجتمع اليَمَن الشمالي... ثم متابعة رغبتي فِي تلقي تعليم غربي وانتقالي إِلَى الولايات المتحدة، ولكِنّ بعد ثماني سنوات، أجبرت عَلَى العودة إِلَى اليَمَن- يتم عرض وقائع عودتي إِلَى اليَمَن فِي الجزء الثاني مِن هَذَا الكتاب- والوقت الَّذِي قضيته فِي العيش والدراسة فِي الولايات المتحدة مغطى بشكل كامل فِي المجلد الثالث مِن سلسلة كتبي.

بينما كُنت مسافرا عَلَى متن تلك الطائرة مِن إثيوبيا إِلَى شمال اليَمَن، كُنت سعيدا بإعادة الاتصال بجذوري وأتطلع إِلَى الاتحاد مع جانب وَالِدي مِن عائلتي. كَانَ أمامي زيارات لا تنسى للعديد مِن المدن اليَمَنية الجميلة والمواقع التاريخية بما فِي ذَلِك مأرب (موطن ملكة سبأ) والموكا، أصل قهوة أرابيكا. كُنت حريصة عَلَى اكتشاف المزيد عَن تراثي وتاريخي. نهاية حقبة وبداية دورة حياة جديدة!

ومع ذلك، فإن حلمي فِي منتصف الرحلة ومعتقداتي الطموحة حول اليَمَن وكوني يمنيا تحطمت بعد وقت قصير مِن هبوطي أرض اليَمَن! العنوان الفرعي، البحث عَن (من) أصبح (بعد)، يلخص وقتي فِي أرض أجدادي!

المجلد الأول

١٩٦٢ عام الولادة بأَديس أبابا بأثيوبيا

١٩٦٣ انفصل عَن والدته وعَاش مع والده وزوجته

١٩٦٧ توفِي وَالِدي بسبب تليف الكبد..

١٩٧٢ درس دين اليهودية والاسلام

١٩٧٠ شقيق وَالِدَتِي بدد ممتلكات وَالِدي واختفِي تخلي عنه الجميع مِن غير بيت أو أهل

١٩٧٠ - ١٩٧٨ أنقذ وعَاش مع خالته

١٩٧٣ - ١٩٧٤ حضر مدرسة الكتاب المقدس انجيلية: مدرسة برشوس سييد الدولية

١٩٧٦ - ١٩٧٧ سجن ٣ مرات بسبب عضويته فِي الحزب الماركسي

١٩٧٨ نقل لليمِن – ارض اسلافي مِن ناحية الوالد

المجلد الثاني

١٩٧٨ - ١٩٨٠ كمل الثانوي العام فِي تعز وعَاش فِي الحُديده (مدينتين باليَمَن)

١٩٨١ نقل الي صَنعاء وبدأ بالعمل فِي الوكالة الأمريكية للتنمية الدولية USAID

١٩٨٠ – ١٩٨٤ قام برحلات متكررة إِلَى جنوب اليَمَن عَلَى مدى السنوات الثلاث المقبلة..

١٩٨٣ اعتمرت فِي مكة المكرمة، بالمملكة السعودية

١٩٨٤ سافر للولايات المتحدة لدراسة علوم الحاسبات

١٩٩٣ العودة الي اليَمَن وبدأ العمل فِي شركة للغاز والبترول

١٩٩٤ النجاة مِن الحرب الأهلية اليَمَنية

١٩٩٥ تزوجت امرأة مِن جنوب اليَمَن..

المجلد الثالث

١٩٨٥ تزوج مِن أمريكية للحصول عَلَى الإقامة

الحبس والتوقيف مِن قبل إدارة خدمة الهجرة والتجنيس وخسارة الإقامة كطالب فِي أمريكا

١٩٩٠ التعميد فِي كنيسة يسوع المسيح لقيسي الْأَيَّام الأخيرة (LDS)

١٩٨٧ – ١٩٩٣ دخل فِي شباك مشاكل قانونية خِلَال السعي للجوء السياسي فِي الولايات المتحدة

١٩٩٦ الهجرة إِلَى كندا وبدأ دوري كأب ولدت ابنتي الأولى..

٢٠٠٣ ولدت ابنتي الثانية..

٢٠٠٦ تخرجت وحاصل عَلَى ماجستير فِي إدارة الأعمال

٢٠١٠ انتهاء زواج استمر ١٥ سنة ومقابلة مع والدتي

٢٠١٢ تكليفِي بالعمل فِي الشرق الأوسط (دبي والسعودية)

٢٠١٤ ركض أول ماراثون، يلحقه ٢٧ ماراثونا خِلَال ٦ سنوات (اهم ٦: طوكيو وبوسطن وبرلين ولندن وشيكاغو ونيويورك)

٢٠١٧ تسلق جبل كليمنجارو

٢٠٢٠ زيارة أكثر المناطق حرارة وأكثر نقطة منخفضة عَلَى الكوكب: دلول – منخفض دناكل

٢٠٢٢ نشرت كتبي الثلاثة: مِن لا شيء ومستقبل حدوده السماء وبارقة أمل.

الخرائط

سوريا
العراق
ايران
مصر
المملكة العربية السعودية
البحر الأحمر
السودان
اليمن
عمان
خليج عدن
شمال
شرق
غرب
الجنوب
اثيوبيا
الصومال
كينيا

الأول

أَرَض المِيعَاد

إذا كان البشر يفكرون على الإطلاق ، فهناك فقط أفكار قليلة مثيرة للشفقة في أذهانهم والتي يحصلون عليها من الآخرين ؛ ولكنهم يعتقدون أنها أصيلة فيهم ؛ فهم لا يكتشفون قط أي شئ بتأمل الطبيعة بأنفسهم فكلهم ضعفاء ، بلا هوية ولا مبادئ

. اورهان باموق

في يوم الجمعة الموافق لـ13 يناير 1978م، وصلت إِلَى مطار صَنعاء الدولي. كَانَت رحلتي إِلَى صَنعاء، عاصمة اليَمَن الشمالي آنذاك، مِن أَديس أبابا، عاصمة إثيوبيا، هِي المرة الأولى لي عَلَى متن طائرة، وتقيأت أثناء الإقلاع والهبوط بسبب اشتداد أعصابي وشعوري بتعب فظيع .. تحسبا لانتقالي مِن البلد الَّذِي ولدت فيه إِلَى البلد الاخر لم أنم كَثِيرًا فِي الليلة السابقة.

مستفيدا مِن جلوسي على مقعد نافذة تمكّنت مِن مشاهدة المناظر الطبيعية

لأَديس أبابا ..وبعد مغادرتنا اثيوبيا وترجلنا الطائرة في صَنعاء توصلت مِن خِلَال مشاهدة البلدين -من وجهة نظر جوية- كصبي فِي السَّادِسة عشرة مِن عمره لم تطأ قدماه أبدا خارج مدينة الناصرة والعاصمة أَديس أبابا، المدينتين اللتين نشأت فيهما، مدى الاختلاف بين العاصمتين والبلدين.. بدت أَديس أبابا- مِن وجهة نظر جوية- أنظف وأكثر حداثة وتنظيما مع طلاء العديد مِن أسطح المنازل باللون الأحمر.. كَانَ الكثير مِن المناظر أكثر خضرة مِن صَنعاء ذات المظهر المغبر الَّتِي قدمت نفسها لي.. بدت صَنعاء وكَأنها مقبرة رملية محاطة ببعض الطرق المعبدة المنتشرة حولها.

استغرقت الرحلة حوالي ساعتين ونصف، هبطنا بعد وقت قصير مِن الساعة 2 مساءً.. تم اصطحاب جميع الركاب إِلَى مدخل قاعة المطار.. كَانَ مسؤولي المطار والحراس يتصارخون ..لم أكن متأكدا مِن سبب هذه الجلبة.. لم يكونوا في حالة حرب بالطبع..بدلا مِن ذَلِك كَانَت هذه طريقتهم الاعتيادية فِي الحديث: "يالا! يالا ...!" ("المضي قدما، المضي قدما!" أو "أسرع!" أو "بسرعة!")

في إثيوبيا، رأيت عربًا يمنيين ومسلمين إثيوبيين يمضغون القات فِي أوقات فراغهم، لكنني لم أر أبدا أي شخص يمضغه خِلَال ساعات العمل الرسمية أثناء العمل.

كَانَ ضابط الهجرة والمسؤول عن فحص جوازات السفر متعاطيا للقات

..فمه محشو بالقات.. بدى بخده المتكور مثل سنجاب.
نظر إلَى جواز سفري وورقة الهبوط.. كُنت قد ملأت النموذج باسمي والمعلومات ذات الصلة باللغة العربية، وكتبت رقم الرحلة، ET 0311، باللغة الإنجليزية.
"هل أنت يمني؟" نبح ضابط الهجرة فِي وجهي، وهو يمضغ اللعاب الصادر عن هرسه لأوراق القات.
"نعم، ولهَذَا السبب أحمل جواز سفر يمني"، أجبت.
يسألني الناس دائما عَن عرقي، لأنني لا أبدو عربيا.. كما أنني لا أنظر بالطريقة الَّتِي يعتقد الإثيوبيين أن إخوانهم الإثيوبيين مِن المفترض أن ينظروا إليها. بسبب لون بشرتي الداكن، أي شخص يشك فِي أنني مِن دم عربي.. رد فعل معظم الناس تجاهي كما لو أن رَجلاً ألمانيًا بعيون زرقاء وشعر أشقر يحمل جواز سفر مِن دولة آسيوية واسم آسيوي!!.
سألته : لِماذا يشك بي.؟
"إذا كُنت عربيًا يمنيا، فلا يجب أن تكمل كتابة بطاقة الهبوط بلغتين! أنت عربي، ويجب إكمال جميع أجزاء النموذج باللغة العربية!".
لم أعقب على كلامه.
كُنت قد كتبت فقط رقم الرحلة باللغة الإنجليزية.. تم ملء بقية الاستمارات بالكامل باللغة العربية، لَكِنَّه فقد عقله بسبب هذه التفاصيل

الصغيرة المفردة.

"هل لديك كفيل؟" صرخ وهدر فِي وجهي.

" لِماذا ؟" تحديته.

"أنت مواطن يمني جنوبي، وتحتاج إِلَى كفيل لدخول شمال اليَمَن"، قَال مزمجرا.

قلت له: "لدي أقارب ينتظرونني فِي الخارج".

لم يكونوا أقاربي، بل كَانَوا أصدقاء وَالِدي، باوزير.

خدم باوزير فِي الجيش البريطاني مع وَالِدي فِي كل مِن عدن وومباسا. بعد الحرب العالمية الثانية، أصبح أيضًا رجل أعمال ناجحا وهرب مِن جنوب اليَمَن والذي كان محكوما مِن قبل الاشتراكية لإدارة أعماله في الاستيراد والتصدير فِي شمال اليَمَن.

شخر ضابط الهجرة، ودفع جواز سفري نحوي، وأمر أحد حراس أمن المطار بمرافقتي إِلَى البوابة، حيث كَانَ أقاربي ينتظرونني. أخرج الريح مِن أشرعتي، ولم أكن أعرف سوى القليل عما سيأتي! كُنت أخشى ما قد يحدث بعد ذلك.

كَانَ لدي انطباع بأنني لست بحاجة إِلَى تأشيرة لدخول شمال اليَمَن، فقد افترضت أن الناس فِي الخارج، اي باوزير والآخرين، يعرفون الإجراءات وقد قاموا بها..

كَانَ سائق باوزير قد أوقف سيارته المرسيدس بنز أمام بوابة الخروج، وكَانَ باوزير جالسا فِي المقعد الخلفي.. اطل برأسه مِن النافذة لتحيتي وطلب مني دخول السيارة مِن الجانب الآخر.. لم أُحظى بركوب سيارة مرسيدس بنز بمقاعد جلدية مِن سابق، ولذَلِك كُنت مستمتعا ومشتتا، مستمتعا بركوبها مِن جانب ومشتتا بمحتواها ..فِي حومة تلك المتعة فاتتني الاجابة على سؤال باوزير عَن رحلتي.

كَانَ رجل آخر يجلس فِي المقدمة عَلَى جانب الراكب. قفز هَذَا الرجل مِن السيارة وسلّم ضابط أمن المطار 200 ريال يمني، يساوي 50 دولارا أمريكيا ذَلِك الوقت، وغادر حارس الأمن. بينما كَانَ الرجل مِن مقعد الراكب يحمل أمتعتي فِي صندوق السيارة، سألته عَن الورقة الَّتِي كَانَ مِن المفترض أن نقدمها للمسؤولين.

"لا تقلق بشأن ذلك"، أكد لي. "كَانَوا بحاجة فقط للحصول عَلَى بعض النقود نقدمها كرشوة مِن اجل ان يتمكنوا مِن شراء القات"، أضاف وهو يعود إِلَى السيارة.

كَانَت تلك هِي النهاية

سلمت باوزير ظرفين مكتوبتين بخط اليد أعطاني إياهما صديقا وَالِدي بانصير وباجريش والَّذِين يقيمان فِي إثيوبيا.. فتح مظاريف الرسالتين مِن

وبدأ فِي قراءة الرسائل بينما كنا نبتعد عَن المطار. بعد أن انتهى مِن قراءة كل واحدة، قام بطيها وإدخالها مرة أخرى فِي الظرف الَّذِي دخلت فيه. كَانَ صامتا فِي اللحظات بين الانتهاء مِن كلمة وبدء الكلمة التالية.

بمجرد أن استكمل قراءة جميع المراسلات، نظر ألي وقال: "آخر مرة رأيتك فيها كَانَت فِي عام 1965، وكَانَ عمرك حينها ثلاثة سنوات فقط.. أنت صغير جدا. لِماذا لم تكبر مثل والدك؟

لم أرد عَلَى سؤاله، لكنني سألته لِماذا يتحدث هؤلاء الناس، اليَمَنيون الشماليون، بشكل مختلف عَن العرب اليَمَنيين الَّذِين اعتدت عليهم؟.

قال: "إنهم شماليين. وأضاف: "نحن نتحدث اليَمَنية الحضرمية، لَكِنّ لديهم لهجتهم العربية الخاصة".

قلت له: "لا أفهم كلمة مما ينطقونها ".

"يا بني، أنا هنا منذ عدة سنوات، وغالبا لا أفهمهم أيضًا"، أكد لي.

وأضاف: "تتمتع اليَمَن بواحدة مِن أكثر المناظر الطبيعية تنوعا فِي الشرق الأوسط بأكمله. المشهد غالبا ما يكون لالتقاط الأنفاس. ومع ذلك، كدولة نامية، تتوفر في اليَمَن العديد مِن الفرص..دولة تختلف عَن دول شرق إفريقيا أو الهند أو إندونيسيا

سألني: هل تعلم أن والدك كَانَ يعيش فِي إندونيسيا أيضًا عَندَمَا كَانَ شابا؟".

"لا، لم أكن أعرف ذلك"، أجبت. "هل تعيش هنا؟"

"لا.. أعيش فِي الحَديدَة..مدينة ساحلية تقع عَلَى شاطئ البحر الأحمر، وتبعد حوالي 224 كيلومترا غربا مِن هنا.. هَذَا هو المكَانَ الَّذِي يوجد فيه مقر مكتبي.. تقيم عائلتي فِي تعز، عَلَى بعد حوالي 260 كيلومترا جنوبا مِن صَنعاء.. جئت إِلَى صَنعاء لاصطحابك ومعالجة بعض المسائل التجارية."

الثَّانِي

صَنعاء

كُلّ شَخْص لَدَيه شِيء مِن الأجداد ، حَتَّى لَو لَم يَكُن أَكْثَر مِن
مَرَض .
إدغار واتسون هاو

صَنعاء هِي أقدم مدن شبه الجزيرة العربية وربما فِي العالم أيضًا.. فِي حين أن منظر المَدِينَة مِن السماء يبدو إِلَى حد ما وكَأنه مقبرة كبيرة فِي الصحراء، كَانَ الواقع مختلفا تماما. عَندَمَا تم نقلنا إِلَى وسط المَدِينَة لاحظت أن الشوارع كَانَت تعج بالناس، وربما كَانَ 90 % منهم مِن الرجال. كَانَ الرجال يرتدون زيا نموذجيا فِي شمال اليَمَن: قفطان طويل يشبه الفستان بأكمام منتفخة.. يحتزمون الخناجر الغنية بالزخارف فِي أحزمتهم المطرزة العريضة فِي المقدمة..

الحضرمي لا يلبس الخنجر. ربما لانه ليس مِن عاداته وتقاليده، أو ربما بسبب النفوذ البريطاني الذي لم يسمح لهم بذلك، لَكِنّ الرجال مِن شمال اليَمَن يرتدونه.

لَقَد لاحظت العديد مِن التفاصيل الأخرى الَّتِي كَانَت جديدة أو غريبة بالنسبة لي.. لم أر أية أبواب خشبية. جميع الأبواب مصنوعة مِن المعدن مع بوابات حديدية. كَانَ الجميع تقريبا يرتدون نفس النوع مِن الأحذية: أحذية بنية، ذات مظهر جلدي، قابلة للارتداء (بدون أربطة). ارتدى كل مِن النساء والرجال هذه الأحذية، الَّتِي كَانَت تمتد قليلا لهم. عَلَى الرغم مِن التمدد، ارتدى الكثير مِن الناس مقاسا خاطئا لأن الأحذية تم تقنينها مِن قبل الروس أو بعض البلدان الأخرى الَّتِي تزود اليَمَن بالبضائع.

كَانَ لكل شارع متاجر. كَانَت جميع لافتات المتاجر باللغة العربية، وكَانَ عدد قليل منها باللغتين الإنجليزية والعربية. تلك المكتوبة باللغة الإنجليزية لديها الكثير مِن الأخطاء المطبعية. كَانَ كل متجر تقريبا يحمل علما يمنيا وصورة للرئيس. وكَانَ مِن الصعب التمييز بين المناطق السكنية والتجارية. كَانَت المتاجر والمنازل مختلطة معا.

كَانَ هناك أيضًا العديد مِن السيارات الجديدة وصنع السيارات الَّتِي لم أرها فِي أَديس أبابا. كَانَ هناك الكثير مِن سيارات الأجرة فِي الشوارع، وكَانَت مغطاة بالغبار. ولَكِنّ لم يتم العثور عَلَى حافلة نقل عام فِي أي مكَانَ.

كَانَ المنزل الَّذِي أخذوني إليه مجاورا لمسجد. عَندَمَا تم الإعلان عَن الأذان حوالي الساعة 5:50 مساء، بعد حوالي ثلاثين دقيقة مِن وصولي مِن المطار، جعلني أقفز مِن مقعدي. اعتقدت أن شخصا ما كَانَ يصرخ فِي وجهي مِن خِلَال مكبر صوت عَلَى بعد بوصتين مِن أذني. طلب مني رب الأسرة الَّذِي كُنت أقيم معه أن أتوضأ وأنضم إِلَى الرجال للصلاة. لم أكن قد صليت منذ سنوات ولم أتذكر حَتَّى جميع الاستشهادات القرآنية المطلوبة أثناء الصلاة، لكنني انضممت إليها. كل ما كُنت بحاجة إليه هو قول "الله أكبر" واتباع الإيقاع.

في نفس اليوم، كتبت رسالة إِلَى خالَتِي فِي إثيوبيا تفيد بأنني غير قادر عَلَى التمييز بين الرؤوس والذيول عَندَمَا يتعلق الأمر بالدين.

***

قضيت اليوم الأول في صنعاء لدى اسرة باوزير .. تحدثوا معي ببعض الكلمات الأمهرية وتمكنوا مِن تحيتي بشكل جيد. بعد أن أمضيت ليلة واحدة فِي صَنعاء، أخذني نفس السائق أنا وباوزير إِلَى ثاني أكبر مدينة، تعز. كَانَ باوزير قد رتب لي البقاء مع أفراد العائلة والأصدقاء الَّذِين يعرفهم فِي تعز. عَندَمَا سألته عَن سبب بقائي هناك معهم، قال: "يا بني، الناس فِي صَنعاء بدائيون بعض الشيء، وسيكون مِن الصعب عليك التعود عَلَى طريقة معيشتهم. مِن الأسهل بكثير التعامل مع سكَانَ تعز، ويجب أن تكون

قادرا أيضًا عَلَى إنهاء تعليمك هناك بسهولة".
"لَقَد هاجرتم يا رفاق إلَى أجزاء كثيرة مِن العالم وعملتم مع جميع أنواع الناس والمجتمعات. ما مدى صعوبة العيش مع اليَمَنيين الشماليين مِن منطقة صَنعاء؟" سألت.
نظر إلَى عيني وقال: " اليَمَنيون الشماليون، ولا سيما سكّانَ صَنعاء، هم أنواع مختلفة مِن المخلوقات. لَقَد تم حبسهم فِي عالمهم الخاص لعدة قرون، مع فهم غير كاف لكيفية عمل بقية العالم. هَذَا لا يعني أنهم أناس سيئون، لكنهم ما زالوا بحاجة إلَى أعمار للحاق ببقية المجتمعات البشرية المدنية. تعرضت كل مِن تعز وعدن والمخا والحَديدَة للمسافرين الدوليين، ولَكِنّ لأن صَنعاء تقع فِي وسط الجبال الوعرة، بعيدا عَن المناطق الساحلية، فهي أكثر عزلة. لذلك، فإن الناس فِي صَنعاء لم يتعرضوا للغرباء".
وأضاف: "صَنعاء، أو جزء كبير مِن شمال اليَمَن، كَانَت حبيسة الوقت وفقدت تقريبا فِي الطرف الجنوبي مِن شبه الجزيرة العربية. لا يزال لغزا للكثيرين منا. طوال القرن العشرين تقريبا، ظلت مغلقة بشكل أساسي أمام معظم الغرباء. أولا، تم إغلاقها وعزلها مِن قبل الأتراك العثمانيين، ثم مِن قبل سلسلة مِن الأئمة الزيديين الَّذِين أنشأوا دولة ثيوقراطية عزلت نفسها عَن العالم".
وتابع: "قبل أقل مِن عقدين فقط، فِي عام 1962، ظهر شمال اليَمَن بعنف

فِي القرن العشرين. فقط تذكر، عَلَى الرغم مِن كل الأشياء الَّتِي ستراها هنا والَّتِي قد لا تحبها أو تقدرها، فهذه هِي أرض ملكة سبأ. إنها أمة تعود حضارتها بفخر إِلَى 6000 عام وتعتبر مؤسس عاصمتها صَنعاء هو سام بن نوح. بنى اليَمَنيون القدماء ناطحات سحاب بارتفاع عشرة طوابق، واليَمَن لديها أقوى السدود فِي العالم العربي. فِي وقت لاحق مع تجار حضرموت، ازدهرت اليَمَن، حيث زودوا أسواق البحر الأبيض المتوسط بالتوابل والبخور والكنوز الأخرى مِن الشرق ".

قلت: "كَانَ هَذَا الكثير مِن التاريخ الَّذِي لم أكن عَلَى علم به".

أجاب: "سمعت، بدلا مِن تعلم تاريخ أجدادك، كُنت مشغولا جَدًّا بقراءة تلك الكتب الماركسية الغبية، وتم سجنك أيضًا. تحتاج إِلَى معرفة تاريخك. بمرور الوقت، تغيرت طرق التجارة، وتضاءل مجد الحكام اليَمَنيين. ومع ذلك، تظل المدن والحقول الجبلية الرائعة والحدائق والقرى الديناميكية مجمدة كما كَانَت فِي القرن الخَامِس عشر ".

لخص ذَلِك كل ما كُنت بحاجة إِلَى معرفته وشكل توقعاتي مِن عن ارض اليَمَن وناسها مِنذ اليوم الأول!

وأضاف: "من الأفضل لك أن تعيش فِي تعز، لأنني بالكاد آتي إِلَى صَنعاء، لكنني أقود سيارتي إِلَى تعز مِن الحَديدَة عدة مرات فِي الشهر لأكون مع عائلتي. إِذَا كُنت فِي تعز، سأكون قادرا عَلَى الاطمئنان عَلَى حالك. أنت

ابننا. كَانَ والدك صديقا عزيزا لي. رجل جيد جدا. وآمل أن تكونوا مثله".
في تلك الْأَيَّام، كَانَت كلمات شخص مسن، ولا سيما مِن صديق وَالِدي، تؤخذ عَلَى أنها الإنجيل. بناء عَلَى تعليقه، طورت عَلَى الفور نفورا مِن صَنعاء وأهلها دون أن أعرفهم. ربما ولدنا جميعا للحب ولكننا تعلمنا أن نحتقر!
سلمني باوزير أرقام هواتف مكتبه وعنوانه مع بعض النقود لاستخدامها كمصروف جيب وطلب مني الاتصال به إِذَا احتجت إِلَى أي مساعدة أو واجهت مشاكل. كما قَال لي إنه سيعود إِلَى تعز فِي غضون أسبوعين لرؤيته وبأسرتي.
مرحبا بكم فِي مدينة الثقافة - تعز!

الثالث

تعز

شددنا الرحال إلَى مدينة تعز عاصمة ملك اليَمَن وواحدة مِن أرقى وأكبر المدن فِي تلك البلاد.. شعبها متعجرف ووقح، كما هو الحال عموما فِي المدن الَّتِي يقيم فيها الملوك. تتكون تعز مِن ثلاثة أرباع ؛ الأول هو مقر إقامة الملك وبلاطه، والثاني ، المسمى "عدينة"، هو المركز العسكري، والثالث، المسمى المهليب، يسكنه القواسم المشتركة ويحتوي عَلَى السوق الرئيسي.
- ابن بطوطة، رحلات فِي آسيا وأفريقيا

تنقسم اليَمَن إِلَى 21 محافظة ..تقع محافظة تعز، ثالث أكبر مدينة فِي اليَمَن وفقا لاحصاءات العام 2005، فِي المرتفعات اليَمَنية فِي جنوب غرب اليَمَن ..تسمى عاصمة محافظة تعز بتعز.. " تتمتع تعز

بشعور مختلف تماما عَن مدن شمال اليَمَن الأخرى، ويعتبر سكَانَ تعز بشكل عام أكثر ميلا للهدوء والسلام مقارنة ببقية اليَمَنيين، خاصة القاطنين في مناطق الشمال. كَانَت تعرف منذ فترة طويلة بأنها العاصمة الثقافية لليمن الشمالي ؛ ومع ذلك، بسبب تعرضها لعديد مِن الحملات العسكرية - كجزء مِن الحرب الأهلية الأخيرة فِي اليَمَن- أصبحت ساحة معركة ومنطقة حرب ..

تُعرف هذه الأيام باسم مدينة القناصة.

نتِيجَة لتحدث سكان تعز بلهجة عربية تختلف عَن سكَانَ صَنعاء لم أكن أفهم معظم الكلمات المنطوقة فِي صنعاء، كنت قادرا على فهم لهجتهم بتعز بسهولة..

يرتدي أغلب سكَانَ تعز الذكور السراويل بدلا مِن القفطان.. عدد قليل منهم يجيد التحدث ببعض الكلمات الإنجليزية، وصادف أن العديد منهم عاشوا سابقا فِي عدن، جنوب اليَمَن.

لم تكن الدراسة قد انتهت مِن العطلة الصيفية واستأنفت بعد عندما وصلت، ونتِيجَة لذَلِك تمكنت فِي الأيام القليلة الأولى وبينما كنت فِي الخارج فِي الشارع بهدف الاستكشاف والتسوق، مِن تكوين صداقات مع الأولاد المراهقين الآخرين الَّذِين كَانَوا يعيشون فِي منطقتي. بعضهم إمّا يعيش فِي إثيوبيا أو ولد فيها. اكتشفوا عَلَى الفور أن لهجتي العربية مختلفة عَن

لهجة السكَانَ المحليين وكَانَوا حريصين عَلَى تقديمي إِلَى الأطفال والمراهقين الآخرين الَّذِين أتوا مِن إثيوبيا.. جاء بعضهم إِلَى اليَمَن قبل عام أو عامين مِن وصولي، لَكِنّ معظمهم غادروا إثيوبيا قبل ذَلِك بكثير وفي سن أصغر، لذَلِك لم يجيدوا التحدث بالأمهرية.

كما تفاعلت مع أطفال عاشوا سابقا فِي كينيا وتنزانيا والسودان تفاعلت مع اخرين.. كَانَ مِن بين مِن عَاش في الخارج صبي يدعى هارون باهارون وإخوته. .للمصادفة كَانَ عمهم أحد أقرب أصدقاء وَالِدي. لعب شقيقهما الأكبر، حسين باهارون، كرة القدم فِي الدوري اليَمَني، كما فعل فِي إثيوبيا عندما لعب لفريق نادي سانت جورج الرياضي.

لم يتطلب تكوين صداقات الكثير مِن الوقت أو الجهد لأن لدينا خلفيات مشتركة، لذَلِك نجح الترابط بين عشية وضحاها. تحدثنا بلغات مختلطة ومتعددة، وغامرنا بالخروج إِلَى دور السينما، وحضرنا بعض مباريات كرة القدم معا. أخبرني صبيان أن بإمكَانَهما اصطحابي إِلَى حديقة ليظهرا لي أسدا أعطاه الملك الإثيوبي هيلا سيلاسي لملك اليَمَن.

عندما انتهت العطلة الصيفية واستأنفت الدراسة وحتى أتمكن مِن إكمال تعليمي فِي المدَرسَة الثانوية سجلت.. كنت قد وصلت مِن إثيوبيا بشهادة مدرسية للصف العاشر، لَكِنّ تم إعطائي امتحان تقييم لتحديد المكَانَ المناسب لي فِي نظام التعليم فِي شمال اليَمَن. كَانَ الامتحان باللغة العربية،

وحصلت عَلَى درجات ضعيفة. نعم، لَقَد درست اللغة العربية عندما كنت طفلا، ربما حتى الصف الرابع (على الأكثر)، لَكِنّ كمية المواد الدينية الَّتِي تغطيها امتحانات القبول كَانَت تفوق فهمي. عَلَى الرغم مِن أنني حصلت عَلَى أعلى 90 فِي المائة فِي اللغة الإنجليزية والعلوم والرياضيات، إلا أن مهاراتي فِي اللغة العربية كَانَت ضعيفة للغاية، بحيث لم أتمكن حتى مِن فهم الأسئلة المتعلقة بالمواد المتبقية. نتِيجَة لذلك، قيل لي أن أبدأ مِن الصف الرابع أو الخامس... رفضت!

خياري الآخر الالتحاق بمدرسة إنجليزية خاصة تسمى بمدرسة محمد علي عثمان (MAO).. كَانَت واحدة مِن أفضل المدارس فِي شمال اليَمَن. تأسست كمدرسة مختلطة فِي عام 1972 لتوفير التعليم الدولي باللغة الإنجليزية للمجتمع المحلي. اتبعت منهجا بريطانيا فِي المواد الأساسية ومنهج الوزارة اليَمَنية فِي الدراسات الدينية.

كَانَت هذه المَدرَسَة خيارا مكلفا بالنسبة لي، حيث كَانَت معهدا يرتاده أطفال التجار الأثرياء أو المسؤولين الحكوميين، وبهدف الالتحاق بها اتصلت هاتفيا بباوزير لأخبره بنتائج التقييم المدرسي. أخبرني أنه كَانَ يشك نوعا ما فِي أنني لن أبلي بلاء حسنا. "ستكون اللغة مشكلة بالنسبة لك"، حذرني، وطلب مني البقاء فِي مكَانَي لبضعة أيام حتى يعود إلي بحل.

بعد التشاور مع عائلة المقالح ، عرض باوزير تغطية تكلفة المَدرَسَة الخاصة

بالنسبة لي. كَانَ المقالح رجلا يعمل مقاولا مِن الباطن يقدم خدمات التخليص الجمركي لباوزير وتجار آخرين فِي ميناء الحديدة. لم يكن يعرف وَالِدي، لَكِنَّه أيضًا عَاش جزءً مِن حياته فِي إثيوبيا، وكَانَ هَذا سببا جيدا بما يكفي بالنسبة لي لإقامة علاقة موثوقة معه. كَانَ للمقالح شقيقان توأمان أصغر مني، كَانَا فِي نفس عمري وكَانَا يذهبان إِلَى المدَرسَة فِي تعز. رتب لي المقالح وباوزير للعيش مع الولدين التوأم. أرسل الرجلان إِلَى ثلاثتنا حوالي 2,000 ريال يمني شهريا، أي ما يعادل 500 دولار أمريكي، لتغطية نفقات المعيشة. فِي المقابل، سأساعد التوأم فِي دروس اللغة الإنجليزية والعلوم والرياضيات، وبما أنهما تربيا ونشآ فِي اليَمَن، لم تكن المهارات الأكاديمية للتوأمين متقدمة مثل مهاراتي. مِن ناحية أخرى، تحدثهم العربية فقط، جعل ترتيب المعيشة من اعمالي، بالإضافة إِلَى انه ساعدني في تطوير مهاراتي فِي اللغة العربية..

الى جانب كل من سبق من مهام، كَانَ علي مساعدة عائلة باوزير فِي تعز. كَانَ لباوزير أربع بنات يعشن فِي المدينة مع والدتهن.. رتب أن أقدم المساعدة للنساء، حسب الحاجة، بعد انتهاء يومي الدراسي. فِي اليَمَن، لم تذهب النساء مِن عائلة ميسورة الحال لشراء البقالة. بدلا مِن ذلك، قام خادم أو أحد أفراد الأسرة الموثوق بهم مثل الأخ أو الزوج أو العم بهذه الواجبات. كَانَت وظيفتي هِي التأرجح بجوار منزلهم، وتلقي طلباتهم،

والتقاط العناصر الضرورية، وتوصيل البقالة إِلَى منزلهم. تم ذَلِك عَلَى أساس يومي خلال الأشهر الَّتِي كَانَ فيها باوزير بعيدا عَن المدينة فِي رحلات عمل. عَلَى عكس ما كنت أعيش فيه فِي البداية مع عمتي فِي أديس أبابا، وافقت عَلَى هَذَا الترتيب، وكَانَت مساعدتي مجاملة أكثر مِن كونها واجبا قسريا. فِي المناسبات الَّتِي كَانَ فيها باوزير فِي الجوار، لم تكن هناك حاجة لمساعدتي. تم تحديد الاعمال الروتينية اليومية.. تمثلت في ان استيقظ أنا والتوأم المقالح فِي الصباح الباكر ونحضر وجبة الإفطار والمكونة من البيض والفاصوليا بشكل أساسي والشاي الممزوج بالحليب المبخر. بعد المدَرسَة.. ذات يوم توقفنا فِي مطعم يمني فيتنامي لتناول الطعام.. أطلقنا عليه اسم مطعم فيتنامي عَلَى الرغم مِن أن الطعام لم يكن أصليا. كما هو الحال فِي المطاعم الآسيوية فِي كندا أو الولايات المتحدة أو فِي أي مكَانَ آخر، لم يكن الطعام المقدم فِي المطعم بالضرورة هو نفسه الَّذِي يطبخه الناس ويأكلونه فِي المنزل فِي تلك الثقافات، لكننا استمتعنا بالذهاب إِلَى هناك لعدة أسباب.

كَانَ المطعم أنظف وكَانَت الوجبات أكثر روعة مما يمكن أن نحصل عليه فِي مطعم نموذجي فِي شمال اليَمَن. كَانَت الطريقة الَّتِي يطبخ بها الشعب الفيتنامي طعامهم مختلفة، لذَلِك استمتعنا بتجربة شيء أكثر غرابة. عَلَى سبيل المثال، كَانَ الدجاج مقليا، مقارنة بكيفية أكل سكَانَ شمال اليَمَن للدجاج، والذي كَانَ فِي كثير مِن الأحيان فِي الحساء مع الخبز. شعرنا وكَانَ

النبلاء يأكلون شيئا لن نحصل عليه فِي المنزل. السبب الآخر الَّذِي جعلن
نستمتع بالذهاب إِلَى هناك كَانَ جسديا بحتا.. لم تكن الفتيات العاملات
فِي المطعم الفيتنامي يغطين شعرهن كما تفعل الفتيات اليَمَنيات، لذَلِك
استمتعنا بالذهاب إِلَى المطعم والاستمتاع بالنظر إليهن.

رابعا

غير الاسوياء

كل شيء فِي الكون له هدف. لا يوجد غير أسوياء، لا توجد نزوات، لا توجد حوادث.. هناك فقط أشياء لا نفهمها.
مارلو مورغان

بعد حرب فيتنام، وخاصة بعد سقوط حادثة سايغون عام 1975، عاد الآلاف مِن المهاجرين اليَمَنيين في فيتنام مع ابنائهم إلَى شمال اليَمَن.. تعود أصولهم إلَى عدة أجيال إلَى شمال اليَمَن.. كانَت العديد من الفيتناميات الذين انتقلت مع ازواجهن اليمنيين إلَى اليمن..
فِي البداية، استقر جميعهم تقريبا فِي المقام الأول فِي تعز، حيث كانَت المَدِينَة الوحيدة الَّتِي لديها رحلات مباشرة إلَى فيتنام.
ومع ذلك، كانَت هناك صراعات ثقافية متعددة بين السكَانَ المحليين واليَمَنيين المولودين في فيتنام أو عن ام فيتنامية.
بادئ ذي بدء، لم يكن اليَمَنيون المولودين في فيتنام أو عن ام فيتنامية محافظين فِي ممارساتهم الإسلامية مثل أولئك الَّذِين كانَوا مِن سكَانَ

صَنعاء وتعز الأصليين فِي ذَلِك الوقت. اذ لم تغطي النساء أنفسهن بالكام
كما تفعل نساء اليَمَن الشمالي، وكَانَت ملابسهن أكثر حداثة. ونتيج
لذلك، اعتبر الرجال اليَمَنيون الشماليون أنهن أكثر "توفرا" مِن النس
المحليات.

كما عاشوا فِي مجموعات فِي المدن الَّتِي انتقلوا إليها. المجتمعات الصغ
الَّتِي شكلوها داخل المدن لم تؤد إلا إِلَى زيادة عزلهم عَن بقية السكَ
وبالتالي زيادة الفجوة بين الثقافتين.

عَندَمَا كُنت أتقدم لامتحان تقييم للمدرسة، كَانَ هناك العديد مِن الأطف
اليَمَنيين المولودين في فيتنام أو عن ام فيتنامية يصطفون معي فِي الرد
لإجراء نفس الاختبارات. انتهى بي الأمر بمصادقة اثنين منهم. فِي ذَلِ
الوقت، غادر الَّذِين كَانَوا يذهبون إِلَى المَدرَسَة العربية واحدا تلو الآخر لأن
لم يكن لديهم المهارات اللغوية اللازمة لفهم المعلمين.

كَانَ جمال والمولود في فيتنام ..كانَت والدته تتحدث الفرنسية ووجد
وظيفة فِي فرع محلي لبنك فرنسي عَلَى الرغم مِن افتقارها إِلَى اللغة العربي
وبفضل المال الَّذِي كسبته، تمكّنت مِن إرسال طفليها إِلَى نفس المَدرَ
الخاصة فِي تعز الَّتِي كُنت أذهب إليها. هناك، تعلم جمال وشقيقته اللغت
العربية والإنجليزية. كَانَت الرسوم الدراسية لكل طفل أكثر مِن 200
دولار أمريكي فِي السنة، لَكِنّ تاجرا يمنيا ثريا، قدم منحا دراسية لمساع

أفراد الجالية اليَمَنية الفيتنامية، دفع كل شيء باستثناء 100 دولار أمريكي لكل طفل مقابل الرسوم الدراسية لجمال وأخته.

قَال والد جمال عَن الْأَيَّام الَّتِي عَاش فيها فِي فيتنام إنه أصبح خائفا حين بدأت السلطات الشيوعية الفيتنامية فِي مراجعة أوراق هوية المواطنين لتتبع ماضيهم، لأنه كَانَ فِي السابق عميلا لجهاز المخابرات الفرنسي.. رسمت أوجه تشابه بين وضع والده وماضي فِي إثيوبيا. ذكرني ذَلِك بالمضايقات والسجن والإعدامات الَّتِي شهدتها فِي إثيوبيا عَندَمَا كُنت عضوا فِي فرع شباب الحزب الماركسي. فِي الواقع، كَانَ للنضالات والوضع العام لمعظم المهاجرين اليَمَنيين الفيتناميين صدى عميق معي. وبمعنى مِن المعاني، كَانَ أولئك الَّذِين جاءوا منا مِن شرق إفريقيا أقرب بكثير إِلَى التقاليد والعادات اليَمَنية مِن اليَمَنيين الفيتناميين.

تمازحنا عَلَى أنماط الحياة البدائية لليمنيين الشماليين وطرق تفكيرهم.. فِي كثير مِن الأحيان، تساءلنا كيف تمكنوا مِن مغادرة قراهم، والسفر إِلَى الخارج، والاندماج فِي مجتمعات أخرى لأنهم كَانُوا منفصلين عَن بقية العالم فكريا وثقافيا. أخبرني كيف أن جده، الَّذِي غادر شمال اليَمَن فِي 1950s، اعتاد أن يروي له قصصا عَن شمال اليَمَن. كَانَ جمال يدرك الآن كيف كذب جده عليه وعلى والده بشأن مدى خضرة وازدهار وجمال شمال اليَمَن. عَندَمَا جاء جمال إِلَى شمال اليَمَن ورأى المدن والريف،

لم يكن الواقع مناسبا عَلَى الإطلاق للصورة الَّتِي كَانَت لديه. كَانَ الناس غير سارة وعنصرية وغير شريفة. فِي بعض الأحيان كنا نخجل مِن تسمية أنفسنا يمنيين شماليين.

تحدثنا كَثِيرًا عَن حرب فيتنام، والثورة فِي إثيوبيا، وأيام طفولتنا. كلانا جاء مِن بلدان دمرت فيها الشيوعية توازن المجتمع. لم يتخيل أي منا أو يحلم بالقدوم إِلَى شمال اليَمَن. أجبرتنا الحكومات الاشتراكية فِي البلدان الَّتِي ولدنا فيها عَلَى القيام بذلك.

بالطبع لا اخفي بانه مع ذلك، كَانَت هناك بعض الاختلافات فِي وجهات نظرنا.. كُنت متعاطفا جزئيا مع الأفكار الماركسية، لَكِنَّه لم يكن كذلك. أخبرته أنه عَندَمَا كُنت فِي الخَامِسة عشرة مِن عمري، كَانَ هوشي منه بطلي تماما مثل تشي جيفارا. عَلَى الرغم مِن إعجاب جمال ببعض إنجازات هوشي منه، إلا أنه لم يكن مغرما بالزعيم أو سياساته. مِن ناحية أخرى، لم يعتقد جمال أن الأمريكيين كَانَوا يتخذون النهج الصحيح فِي فيتنام أيضًا.

كنت أرغب فِي السفر إِلَى الخارج للحصول عَلَى تعليم عال، لَكِنّ جمال لم يفعل او يرغب.. أراد العودة إِلَى فيتنام أو إِلَى أي بلد آخر فِي جنوب شرق آسيا... عَلَى الرغم مِن كونه نصف يمني، إلا أنه بدا فيتناميا، ولم ير أي مستقبل لنفسه فِي شمال اليَمَن. لم يكن لديه أي نية لمحاولة الاندماج فِي المجتمع اليَمَني الشمالي.

الفرق المهم الآخر بيني وبين صديقي هو أنني نشأت بدون أب أو أم، لَكِنّ جمال لديه وَالِديه وأخته الصغرى.. غالبا ما دعيت إِلَى منزلهم لتناول الوجبات. لم تكن والدته تتحدث العربية عَلَى الإطلاق، لكنها كَانَت طباخة جيدة ومضيفة كريمة، وكَانَ لديهم دائما مجموعة متنوعة لطيفة مِن الطعام. كَانَت شقيقة جمال الصغرى، جميلة، فِي الثانية عشرة مِن عمرها تقريبا عَندَمَا انتقلت عائلتها إِلَى شمال اليَمَن. كَانَت تذهب إِلَى المدَرسَة، ولَكِنّ سرعان ما اضطرت، فِي سن الثالثة عشرة، إِلَى الاستقالة والبقاء فِي المنزل. كَانَت ببساطة غير قادرة عَلَى التعامل مع المضايقات الَّتِي كَانَت تتلقاها مِن أطفال المدارس والمعلمة - السخرية النموذجية فِي فناء المدَرسَة مثل شد شعرها أو طعنها أو دفعها، وتلقي الإهانات العنصرية والاستفزاز مثل، "كيف لا تعرف العربية؟" كُنت الشخص الوحيد غير الفيتنامي الَّذِي زار منزله عَلَى الإطلاق.

كَانَت هناك شائعة فِي المَدِينَة فِي ذَلِك الوقت أن اليَمَنيين الفيتناميين أكلوا الكلاب. لم أجرؤ عَلَى طرح هَذَا السؤال عَلَى جمال، لكنني فكرت فِي سؤال جميلة. منذ أن كَانَت أصغر سنا، اعتقدت أنها قد تخبرني بالحقيقة. سألتها إِذَا كَانَت الإشاعة صحيحة.

توقفت للحظة وقالت: "نعم، نحن نأكل لحم الكلب". وأضافت عَلَى الفور: "سمعت أيضًا أن الإثيوبيين يأكلون البشر".

صرخت: "لا!" صفعت جبهتي بكفي وهزت رأسي بقوة. ضغطت عليها لتخبرني أين سمعت مثل هذه القصة الرهيبة. "فقط بالطريقة الَّتِي افترضت بها أننا نأكل الكلاب، قمت بتأليف قصة عنك أيضًا. ما الَّذِي جعلك تعتقد أننا نأكل الكلاب؟" سألت.

"سمعت ذَلِك مِن أشخاص مختلفين."

قالت لي: "هَذَا ليس صحيحا".

من خِلَال هَذَا التبادل القصير، علمتني هذه الفتاة الصغيرة درسا حيويا حول عدم وضع افتراضات أو تصديق الشائعات أو الصور النمطية دون التحقق منها.

***

في عطلات نهاية الأسبوع، كُنت أنا وجمال نسافر إِلَى مدينة إب، عَلَى بعد حوالي خمسة وستين كيلومترا (أربعين ميلا) شرق تعز. تم تطوير إب خِلَال الإمبراطورية العثمانية، ولا تزال واحدة مِن أهم المدن فِي البلاد. أولاد المقالح الَّذِين كُنت أسكن معهم كَانَوا مِن منطقة إب، وشجعونا عَلَى زيارة إب والمناطق المحيطة بها.

تم احتلال إب منذ العصور القديمة، ونظرا لأهميتها الاستراتيجية، استخدمها العثمانيون كمركز إداري. ازدهرت كمدينة سوق وأنشأ العثمانيون سوق الأربعاء فِي إب. فِي بعض الأحيان مِن تاريخها، هاجر الكثير مِن الناس إِلَى إب مِن مناطق شمال اليَمَن الَّتِي كَانَت تعاني مِن

الجفاف للعثور عَلَى عمل فِي الزراعة.

إب هِي واحدة مِن أكثر الأماكن ذات المناظر الخلابة فِي شمال اليَمَن وربما فِي كل مِن جنوب وشمال اليَمَن مجتمعين. تحيط بها الجبال الخلابة وتعرف باسم المَدِينَة الخضراء. عَندَمَا زرت لأول مرة، كُنت محظوظا لأننا ذهبنا خِلَال واحدة مِن أكثر فترات السنة خضرة، والَّتِي تأتي بعد أن تنعم الأرض بأمطار غزيرة. شعرت أنا وجمال بالحنين إلَى فيتنام وإثيوبيا، حيث ذكرنا إب بالمناظر الطبيعية الخصبة الَّتِي افتقدناها. كَانَت عطلات نهاية الأسبوع تبدأ دائما بفنجان مِن القهوة عَلَى سطح الفندق الَّذِي كنا نقيم فيه، ونتحدث، ونتذكر أوطاننا، ونتنفس الرياح المنعشة الَّتِي تهب مِن الجبال. استمتعنا بزياراتنا إلَى إب لأنها كَانَت جميلة، وكَانَ السكَانَ المحليون مهذبين.

بعد انتهائي من المدَرسَة الثانوية، وانتقالي إلَى الحَديدَة ومن ثم إلَى العاصمة صَنعاء، فقدت الاتصال بجمال وعائلته!.

الخَامِس

بِلاد القَهوَة وَالْمحِبَّة

أولا تشتري لي موكا.. ثم تدعني أساعدك فِي إخفاء جثة.. الآن تأخذني إِلَى نادي راكبي الدراجات النارية. أفضل.. يوم. اي وقت مضي.

- كيلي أرمسترونج، كاتبة كندية، 1968

في الفترة الواقعة بين العام 1978 وحَتَّى 1980م، وتحديدا بين سن السَّادِسة عشرة والثامنة عشرة، حدثت أمر ..بينما كُنت فِي المدَرسَة الثانوية بتعز حيث أعيش، تمكّنت مِن السفر عدة مرات وقضاء وقت طويل فِي مدينة المخا الساحلية.. كَانَ مكتب باوزير فِي الحَديدَة، ولم تكن المخا بعيدة عَن الحَديدَة ..تبعد أقل مِن 200 كيلومتر، لذَلِك كانت زيارتها تتم بسهولة، وكَانَ الأمر ممتعا بشكل خاص خِلَال فصل الشتاء حيث تنخفض درجة الحرارة.. كَانَت المخا والَّتِي يطلق عليها الاجانب خاصة الامريكي بموكا مكَانًا شعرت فيه بالأمان.

الوقت الَّذِي قضيته فِي المخا وهو للعلم يصادف انتقالي من مرحلة الصبا إلَى البلوغ منحني المجال واسعا لتفحص طفولتي والتأمل فيها والسؤال عنها.. اضطررت إلَى التفكير بهدوء فِي العديد مِن الجوانب فِي حياتي .. تساءلت.. مِن أين أتيت؟ وإلى أين أنا ذاهب.؟ لكم كُنت سعيدا..سعادة لم أتذوق بمثلها فِي حياتي السابقة!

المخا، أو باللغة العربية، المخا، تقع عَلَى ساحل البحر الأحمر فِي اليَمَن. حَتَّى القرن التاسع عشر، عَندَمَا اكتسبت عدن والحَديدَة أهمية أكبر طاغية على المخا، كَانَت المخا الميناء الرئيسي لشمال اليَمَن، وتعتمد بشكل كبير عَلَى تجارة حبوب البن.. لطالما اندهشت مِن عدد الأشخاص فِي العالم الَّذِين يعتقدون أن المخا هِي قهوة فقط وليست مكَانًا شاعريا.. يبدو أن هناك نقصا فِي معارفهم بشأن هذه المَدِينَة الساحلية والقهوة.

عَندَمَا كُنت صبيًا صغيرًا، قرأت عَن المخا فِي كتبي المدرسية وأردت دائما في زيارتها.. كَانَ هناك أيضًا بعض الاتصال الشخصي بالنسبة لي، حيث سمعت ذات مرة قصة عَن سجن وَالِدي لفترة وجيزة فِي هذه المَدِينَة فِي 1930م.. لا أتذكر الكثير مِن احداث هذه القصة، لكنني فهمت السبب في كونه كَانَ يمد بيد المساعدة للبريطانيين فِي جمع المعلومات الاستخباراتية، ربما ضد الألمان، لذَلِك تم احتجازه من قبل ملك اليَمَن الشمالي أو الأتراك لبعض الوقت.

اشتهرت المخا، كما يوحي اسمها، بين القرنين الخَامِس عشر والثامن عشر بأنها السوق الرئيسي للقهوة (أرابيكا). حَتَّى أوائل القرن التاسع عشر، حافظ البريطانيون والهولنديون والفرنسيون عَلَى مصانع هناك بسبب صناعة القهوة المزدهرة. لا تزال حبوب الموكا مرغوبة الآن بسبب نكهاتها الترابية المميزة والشوكولاتة، حَتَّى بعد أن أصبحت حبوب البن الأخرى شائعة ومعروفة. لا تزرع الحبوب نفسها فِي المخا، ولَكِنّ يتم نقلها إِلَى مينائها مِن مزارع البن فِي المناطق الجبلية الداخلية ثم يتم شحنها إِلَى الخارج. "ينعكس إرث قهوة موكا فِي اسم موكا لاتيه وصانع قهوة وعاء الموكا."

سوق سوداء للخمور

في تلك الْأَيَّام، كَانَ اقتصاد المَدِينَة يعتمد عَلَى صيد الأسماك والسياحة، حيث لم يعد يستخدم كميناء تجاري رئيسي. فِي وقت لاحق، استنتجت أن سبب بقاء بعض اليَمَنيين الشماليين فِي المنطقة بغرض إمكَانَية الحصول على الكحوليات، لأن المنطقة كَانَت معروفة بتجارة نقل الخمور إِلَى المملكة العربية السعودية.. ولأن المخا كَانَت واحدة مِن الموانئ الدولية الرئيسية للتجارة، كَانَ المهربين يجلبون الكحول مِن أوروبا أو الهند أو أي مكَانَ آخر إِلَى شمال اليَمَن. عثرت أنا وأصدقائي عَلَى متاجر متورطة فِي تهريب الكحول وبيعه إِلَى مدن فِي المناطق الداخلية مِن شمال اليَمَن والمملكة العربية السعودية.

لم تقع معي تجارب أو أحداث خاصة فِيها.. بدلا مِن ذلك، كَانَت وجهة لمجموعة مِن المراهقين الَّذِين قرروا القيادة فِي مكَانَ ما للاسترخاء وقضاء بعض الوقت والترفيه.. ربما كَانَت أسعد فترة فِي وقتي فِي شمال اليَمَن. شعرنا جميعا بالحرية والقدرة عَلَى أن نكون فقط. قضينا معظم أيامنا فِي السباحة ولعب كرة القدم وجمع الأصداف والجري.

في إحدى الأمسيات المبكرة، سبح مراهق أكبر سنا يبلغ مِن العمر حوالي تسعة عشر عاما، مِن أحد طرفي البحر الأحمر إِلَى الطرف الآخر، عَلَى بعد حوالي كيلومتر واحد .. عند الخروج مِن الماء والوصول إِلَى الشاطئ، نظر ألي وطلب مني المشي لمسافة كيلومتر واحد لإحضار قميصه وملابسه.. عَلَى ما يبدو، كَانَ متعبا جَدَّاً وشدة التعب اعجزته عن السير وجلب حاجته بنفسه.. رفضت طلبه. حاول تخويفي برفع صوته وأمرني مرة أخرى بإحضار ملابسه له.. مرة أخرى، رفضت، ولم أظهر له أدنى احترام. لم أكن أنظر إِلَى وجهه عَندَمَا تحدث ألي. كَانَ غاضبا مِن أن مثل هَذَا الصبي النحيف سيرفض الالتزام بأمره.

ثم أمسك بي مِن شعري وجرني إِلَى البحر. كافحت لتحرير، لَكِنَّه تغلب علي. دفع رأسي فِي عمق الماء.

لِماذا يستهدفني؟

شعرت بالعجز والرعب والارتباك ....

أنا سأموت! أنا سأموت! هل هَذَا ما يشبه الموت؟ أنا اعتقدت. أنا لا يمكنني التنفس....

اندفعت حَتَّى فقدت الوعي. فِي تلك المرحلة، تركني لأموت ووجهي لأسفل. لم أكن أتحرك. هرع أصدقائي، الَّذِين لم يكونوا بعيدين عنا والَّذِين لم يعرفوا سبب الشجار، لإنقاذي. لا أتذكر بعد اللحظة الَّتِي بدأت فيها ابتلاع مياه البحر المالحة بينما كَانَ يدفع رأسي إِلَى أسفل. تمكن أصدقائي مِن إخراج الماء مِن صدري، ورغم ذلك مرضت واضطررت إِلَى التغيب عَن المَدرسَة لبضعة أسابيع.. لمدة أسبوعين لم أستطع تناول الطعام.. أي شيء حاولت تناوله تقيأته.. كَثِيرًا ما أغمي علي، وأصبت بالصداع، وعانيت مِن مزيج مِن الألم الجسدي والعقلي. كَانَت لدي كوابيس متكررة، وكلما فاتني المزيد مِن الدروس من المَدرسَية، كلما زاد قلقي بشأن التأخر فِي دراستي.

الصبي الأكبر الَّذِي أقدم على اغراقي اختفى .. كَانَ مِن الممكن أن أموت ولم يكن أحدا يعرف المرتكب.

على الرغم مِن أن الحادث لم يمنعني أبدا مِن التوجه إِلَى البحر، إلا أنني لم أسبح مرة أخرى. فِي الواقع، حَتَّى يومنا هَذَا، لا يمكنني الاستحمام إلا. أشعر بالذعر إِذَا حاولت الاستحمام أو إِذَا كُنت فِي أي موقف آخر يصل فيه الماء إِلَى صدري ورقبتي. أدخل المياه الضحلة بحذر، لَكِنّ إِذَا وصل الماء إِلَى صدري أو رقبتي، أشعر وكَانَ شخصا ما يحاول خنقي. حاولت بناتي، فِي

بعض الأحيان، جرني إِلَى المياه العميقة ويضحكن علي دائما عَندَمَا أخرج مِن حمام السباحة أو الجاكوزي. إنهم لا يدركون كم ما زلت مصدوما مِن تلك الحادثة.

ومع ذلك، فإن عشقي لصورة المحيط والبحر والماء بشكل عام، تشكل قبل وقت طويل مِن هَذَا الحادث، خِلَال الوقت الَّذِي قضيته فِي المخا. عَلَى الرغم مِن هَذَا الحدث، شعرت دائما بالحرية والسعادة وبلا حدود عَندَمَا ركضت عَلَى ضفاف البحر الأحمر. عَندَمَا أذهب إِلَى هاواي أو عدن أو الشحر أو أي مدينة تتمتع بإمكَانيَة الوصول إِلَى المحيط أو البحيرات الضخمة أو البحر، أضيع فِي مشاهدة الأمواج.

عَندَمَا كنا مراهقين فِي المخا، استأجرنا القوارب وأبحرنا، و كَثِيرًا ما انضممنا إِلَى الصيادين المحليين لصيد الأسماك. ربما استمتعت بهذه التجارب أكثر مما أستمتع بالمشي لمسافات طويلة فِي ألبرتا هذه الْأَيَّام. تلك الفترة مِن حياتي تحمل ذكريات خاصة دون أي حدث مهم ... ببساطة، كَانَت أسعد لحظات حياتي فِي شمال اليَمَن فِي منطقتي المخا والحَديدَة.. كَانَت مدينة إب خضراء والَّتِي تقع وسط في الطرف الجنوبي من اليمن الشمالي وتذكرنا بالأماكن الَّتِي نشأنا فيها، لَكِنّ المخا منحتني بعدا مختلفا وربما أملاً.

السَّادِس

الحَديدَة

من خِلَال العمل، تصبح قابلا للتوظيف. لا يهم ما هِي الوظيفة.. مِن خِلَال العمل، تتعلم أشياءً جديدة، وتلتقي بأشخاص جدد، وتتلقى الأفكار الجديدة.

- كيت ريردون

أتممت المرحلة الثانوية وكتب امتحان شهادة التعليم العامة (GCE) فِي ربيع العام 1980م.. ربما بسبب التأثير الاستعماري البريطاني، كَانَ النظام المدرسي فِي جميع أنحاء اليَمَن يعتمد عَلَى النظام البريطاني فِي ذَلِك الوقت..كَانَ المقياس الحقيقي لإكمال المدَرسَة الثانوية هو إجراء اختبار GCE القياسي.1

بعد اتمامي الثانوية، انتقلت إِلَى الحَديدَة وبدأت العمل فِي شركة باوزير للاستيراد والتصدير.. تم تعييني كمساعد لشخصين..هندي يدعى إنجي

ومصري يدعى الشناوي.. أشرفت إنجي عَلَى جوانب الاتصال فِي العمل، والتعامل مع جميع البرقيات، والتليكس، والرسائل التجارية، والعلاقات مع البنوك. استورد باوزير البضائع مِن آسيا وشرق أفريقيا. فِي المكتب، كتبت إنجي رسائل إِلَى وكلاء التصدير فِي شرق آسيا وأفريقيا لطلب العينات والأسعار. لَقَد أرسل رسائل التلكس تماما كما نفعل فِي الْأَيَّام الحديثة للفاكسات ورسائل البريد الإلكتروني. كَانَ الشناوي محاسبا يحتفظ بالدفاتر ويتعامل مع جميع المعاملات المالية مِن مكتبه. لم يغادر المكتب أبدا. خِلَال هذه الفترة، أخذت دورات فِي ادارة الدفاتر والمحاسبة مِن المملكة المتحدة البريطانية عبر المراسلة.

***

تقع الحَديدَة عَلَى ضفاف البحر الأحمر وكَانَت مدينة ساحلية مهمة لعدة قرون. اكتسبت أهمية كمركز للتجارة عَندَمَا سيطر العثمانيون عَلَى شمال اليَمَن فِي 1520s. تم تسليمها إِلَى عائلة الإمام اليَمَني الشمالي فِي عام 1849 بعد أن سيطرت عليها القوات التركية فِي 1830s. وجعل التسليم رسميا جزءا مِن شمال اليَمَن.2

على مر القرون، اكتسبت الحَديدَة أهميتها، لتحل فِي نهاية المطاف محل المخا كميناء بحري رئيسي فِي شمال اليَمَن. لا يزال الميناء الرئيسي لغالبية الواردات التجارية لشمال اليَمَن وصادراته مِن البن والقطن والتمور

والجلود. دمر حريق جزء كبير مِن المَدِينَة فِي يناير 1961، وسرعان ما أعيد بناؤها بمساعدة الاتحاد السوفيتي السابق. "تم الانتهاء مِن الطريق السريع المؤدي إِلَى العاصمة صَنعاء فِي عام 1961. كَانَت المَدِينَة أيضًا موقعا لقاعدة بحرية سوفيتية فِي 1970s و 1980م.345

***

كَانَ باوزير واضحا فِي تعليماته وتوجيهاته لي.. كَانَ علي أن أظل عند هذين الشخصين وأتعلم كل ما بوسعي منهما. انطباعي عَن الشناوي تمثل في كونه شخص منشغل بمظهره، وخاصة ملابسه، ودوره فِي المكتب.. كَانَ يحب أن يطلق عليه مسمى مدير المكتب، وكَانَ يحب التاريخ.. كلما تحدث كَانَ يذكر تاريخ مصر والمساهمة المصرية فِي العالم العربي بشكل عام واليَمَن السمالي ثبسكل خاص.. كَانَ يردد دائما: "مصر أم الدنيا"، أو بالعربية مصر أم الدنيا. عَلَى عكس إنجي، كَانَ الشناوي حريصا دائما عَلَى تعليمي والاجابة عن اسئلتي.. ركزت معظم محادثاتنا مع المصري عَلَى تاريخ الحضارة العربية. كَانَ شغوفا بحرب مصر الإسرائيلية عام 1973، حيث خدم فِي الجيش.. بسببه، بدأت فِي الاستماع إِلَى الأغاني العربية والمصرية ونمت لأحبها. ومن بين المطربين الَّذِين استمعنا إليهم باستمرار فِي المكتب أم كلثوم وعبد الحليم حافظ وفريد الأطرش ووردة الجزائرية. كُنت مهتما بأغاني عبد الحليم حافظ أكثر مِن البقية. كَانَت أغانيه حزينة وشخصية وحزينة

وذات مغزى. وجدت ألحانه مهدئة ومهدئة.6

كُنت أعرف بعض المعلومات البسيطة عَن جمال عبد الناصر، رئيس مصر مِن 1954 إلَى 1970، وأصبحت أحترمه وأعجب به أكثر بسبب المحادثات الَّتِي أجريتها مع الشناوي والأدب الَّذِي قرأته.

إنجي تركيزه منصب حول توفير المال.. ولذلك لم يكن مهتما بارتداء القمصان الَّتِي تم شراؤها منذ عقود، طالما تم غسلها وكيها - كَانَ يرتدي دائما قمصانا مكوية.. كَانَ أيضًا حاميا وغير آمن للغاية بشأن وظيفته ولم يكن عَلَى استعداد أبدا لمشاركتي مهاراته أو حيله الوظيفية، لأنه شعر أنني أشكل تهديدا. كَانَت إجادته للغة الإنجليزية متفوقة، وكَانَ يعتقد أن الإمبراطورية البريطانية هِي الأفضل. تجادل الشناوي وإنجي باستمرار حول المستعمرة البريطانية الَّتِي كرهها الشناوي.

خِلَال أيام العمل، مِن السبت إلَى الخميس، أخذني إلَى البنك لإيداع النقود والشيكات مِن معاملات اليوم السابق. قبل الاندفاع إلَى البنك، قام بفرز أوراق العملة بدقة بترتيب 100s و 50s و 20s و 10s و 5s و 1s. ثم أحصى كل ورقة وكتب عدد الأوراق النقدية الموجودة، إلَى جانب القيمة الإجمالية، ولفها بأشرطة مطاطية. بعد ذلك، قام بفرز الشيكات حسب أسماء البنوك. كَانَ هناك ثلاثة بنوك: الفرنسية والبريطانية والوطنية. كَانَ لا بد مِن إيداع الشيكات فِي أي بنك أصدر الشيك. وضع العملة الورقية

والشيكات فِي حقيبة ومشى إِلَى البنوك. كَانَت البنوك الثلاثة عَلَى بعد كيلومترين (1.2 ميل) مِن مكتب باوزير. كَانَ المشي سهلا إلا خِلَال موسم الصيف، عَندَمَا ارتفعت درجة الحرارة فِي كثير مِن الأحيان إِلَى 48 درجة مئوية (118 درجة فهرنهايت).

في تلك الْأَيَّام، كَانَ موظفي البنك اشخاصا مِن الهند جاءوا مِن عدن بعد مغادرة البريطانيين.. كَانَ هناك أيضًا عددا محدودا مِن الموظفين اليَمَنيين المولودين في فيتنام .. إِلَى جانب حفنة مِن الرجال المصريين والأردنيين. غالبا ما استغرقت إنجي وقتا لتناول الشاي والدردشة مع بعض موظفي البنك عَندَمَا كَانَت هناك حاجة لإصدار خطاب ائتمان (L / C). كَانَ خطاب الاعتماد عبارة عَن وثيقة تؤكد أن البنك كَانَ يحتفظ بالأموال اللازمة لشراء العناصر الَّتِي طلبها باوزير، مثل السمن والفاصوليا وغيرها مِن السلع. خِلَال تلك الْأَيَّام، أودع أصحاب الشركة الأموال فِي البنك، واحتفظ البنك بالأموال، وأكد خطاب الاعتماد أن الأموال كَانَت متاحة للبائع. يحتاج المصدر إِلَى رؤية نسخة مِن خطاب الاعتماد للتأكد مِن أن المشتري لديه الأموال اللازمة للشراء.

بين التوقفات فِي ثلاثة بنوك ووقت إنجي للتواصل الاجتماعي، كَانَ ما يقرب مِن نصف اليوم قد ولى بحلول الوقت الَّذِي عدنا فيه إِلَى المكتب. عَندَمَا سألت باوزير لِماذا لم يكلف الشناوي بالتعامل مع الأمور المصرفية،

أجاب: "لا تخلط أبدا بين إدارة الدفاتر ومهام أمين الصندوق.. عَندَمَا لا تتوازن الأرقام، إما أن يقوم الموظفون بإصلاح الدفاتر، أو يعبثون بالنقود ... لا هو مقياس أو نتِيجَة جيدة". إدارة الأعمال 101، لاحظت لنفسي.

في غضون شهرين، أصبح التعامل مع البنوك مسؤوليتي الأساسية. بعد أن بدأت إنجي فِي إعطائي ملاحظات مكتوبة بخط اليد، كُنت أكتب مراسلات العمل. فِي كثير مِن الأحيان، كَانَ علي كتابة أحرف متطابقة لشركات متعددة، فقط تغيير أسماء الشركات. لم أكن أعظم كاتب، واعتادت إنجي أن تغضب مني لارتكابي الكثير مِن الأخطاء المطبعية عَلَى الحروف، حيث واصلت استخدام شريط الآلة الكاتبة. كَانَت شرائط الآلة الكاتبة فِي ذَلِك الوقت ذات قيمة مثل خراطيش حبر الطابعة الحديثة، وكَانَ مِن الصعب الحصول عَلَى بدائل، لأن أمازون برايم لم تكن تقدم الطرود فِي اليَمَن فِي ذَلِك الوقت!

تجربة قيادة السيارة

خِلَال تلك الفترة -صيف العام 1980م-، تعلمت قيادة السيارة، وكَانَت دروسي الموجهة ذاتيا عبارة عَن تجربة وخطأ خالصين. كما يعلم الكثير مِن الناس، فإن ناقل الحركة الأوتوماتيكي شائع فِي كندا والولايات المتحدة، لَكِنّ المركبات فِي معظم أنحاء العالم تستخدم ناقل الحركة اليدوي. كما هو معتاد لأي شخص يتعلم قيادة ناقل الحركة، كَانَ لدي الكثير مِن تجارب

الاهتزاز - طحن التروس، والتوقف، وما إلَى ذلك. عَندَمَا بدأت القيادة إلَى متجر البقالة وأماكن أخرى للقيام بالمهمات، كَانَت السيارة تخرج مِن الترس، أو كُنت أقود أحيانا إلَى الحائط. فِي معظم الأوقات، استغرقت وقتا طويلا للانتقَال مِن مكَانَ إلَى آخر لأنني تمكّنت مِن وضع السيارة فِي السرعة الأولى، لكنني لم أستطع الصعود. لحسن الحظ، فِي ذَلِك الوقت لم يكن هناك الكثير مِن حركة المرور الأخرى عَلَى الطريق لأن معظم الناس لم يكن لديهم سيارات، لذَلِك لم يتم الصراخ علي!

طوال الوقت الَّذِي عشت فيه فِي شمال اليَمَن، كَانَت المدن الوحيدة الَّتِي لم أشعر فيها بالتمييز هِي المخا والحَديدَة. بصرف النظر عَن أولئك الَّذِين جاءوا مِن الأراضي الداخلية لشمال اليَمَن وأقاموا فِي المَدِينَة، فإن السكَانَ المحليين الأصليين مِن الحَديدَة لديهم بشرة داكنة.. إنهم يعملون بجد ومتواضعون. لم يتم تذكيري أبدا بكوني مظلمة لأنني لم أبرز. وحاولت أن أكون عاملا مجتهدا.

***

في إحدى الأمسيات فِي أواخر ديسمبر/ كَانَون الأول 1980، فِي نهاية يوم العمل، بين الساعة السَّادِسة والتاسعة مساء، قادني باوزير إلَى ضفاف البحر الأحمر، الَّتِي تبعد حوالي 500 متر (546 ياردة) عَن المنزل الَّذِي نعيش فيه وأخبرني أن لديه خطة كبيرة لي. سألت بتهور، "ما هي خطتك

؟"

"أفكر فِي الاستغناء عَن الموظفين الهنود والمصريين، وأود أن تتولى إدارة مكتبي بالكامل. سوف أقوم بتوظيف السكّانَ المحليين لمساعدتك فِي مختلف جوانب العمل. لَقَد بلغت الثامنة عشرة. فِي الواقع، ستبلغ التاسعة عشرة مِن عمرك الشهر المقبل، وأعتقد أيضًا أنك ستتزوج إحدى بناتي. هناك قول حضرمي قديم: "اربح انبا دون أن تفقد انبتك". "تقسيم ولادان دون "أن يفقد أبناتك". ليس لدي أبناء، ولا أريد أن أفقد بناتي لصالح شخص غريب. أود أن تبقى معي ".

صمتت.

نظر ألي وسألني: لِماذا لم أرد.

سحبت نفسا عميقا.

"لَقَد وعدت بانصير بأنني سأذهب إلَى إنجلترا أو الولايات المتحدة. فِي الواقع، جئت إلَى اليَمَن الشمالي فقط كمرحلة انتقالية وللحصول عَلَى جواز سفر شمال اليَمَن، ثم لإعادة الاتصال بأخي، الّذِي كَانَ يعيش فِي جدة، المملكة العربية السعودية، لَكِنَّه توفي العام الماضي تاركا وراءه أرملة تبلغ مِن العمر ثلاثين عاما وأربع بنات.. خطتي هِي أن أكون فِي حياة بنات أخواتي كنموذج يحتذى به طوال حياتهن، إِذَا استطعت. بالإضافة إلَى ذلك، أخطط لتحديد مكَانَ عائلتي فِي حضرموت والبقاء عَلَى اتصال مع اخوتي،

لكنني لست مهتمًا بالبقاء فِي شمال اليَمَن عَلَى الإطلاق.. الزواج ليس واردا في برنامجي فِي هذه اللحظة مِن حياتي... أقدر حقا فكرتك وثقك، لكنني أخشى أن رأسي فِي مكّانَ مختلف ".

ألقى علي نظرة محبطة، وبينما كنا عائدين إِلَى المنزل، طلب مني التفكير فِي الأمر.

وأضاف: "لا تكن عنيدًا مثل والدك فهو لم يكن يستمع إِلَى أي شخص فِي حياته ".

الموضوع لم نأت على ذكره مرة أخرى.!

السابع
الانتقَال بين المدن

إذا قدم لك شخصا ما فرصة رائعة، ولكنك لست متأكدا مِن قدرتك عَلَى القيام بها، فقل نعم .. ثم تعلّم كيفية القيام بها لاحقاً.

- ريتشارد برانسون

العامين اللذين قضيتهما بين مدينتي الحَديدَة وتعز منحاني ما يكفي مِن الإحساس ومن الاشباع بكل مدينة لأدرك أن هذه ليست أماكن أردت البقاء فيها، عَلَى الرغم مِن مخاوفي مِن التعامل مع سكَانَ صَنعاء، أردت الانتقَال إلَى العاصمة، عَلَى افتراض وجود فرص أفضل لي هناك. كُنت أدرك أيضًا أن صَنعاء لديها مجموعة كبيرة مِن المولدين، اليَمَنيين الَّذِين ولدوا فِي إثيوبيا. سيكون المكافئ الإنجليزي الفضفاض للمولدين هو mulatto - وهو مصطلح يستخدم لتسمية أولئك منا الَّذِين كَانَوا عرقا مختلطا (يعتبر الآن قديما ومهينا مِن قبل الكثيرين). الشباب الإثيوبي اليَمَني فِي أواخر العامين 1960s، 1970s، وأوائل العام 1980م تميل إلَى التركيز عَلَى

التعليم، وبالتالي كَانَوا يغادرون شمال اليَمَن إلَى الولايات المتحدة الأمريكية، المملكة المتحدة البريطانية، وحَتَّى الاتحاد السوفياتي السابق.. إن التواصل معهم سيمنحني فهما أكبر في خياراتي مغادرة شمال اليَمَن. بالإضافة إلَى ذلك، فقد مر أكثر مِن عامين منذ أن تحدثت اللغة الأمهرية، أو أكلت طبقا إثيوبيًا.. قررت الانتقَال إلَى صَنعاء فِي أقرب وقت ممكن.

***

يشير التعريف الأساسي لمصطلح "مولد" إلَى شخص مِن عرق مختلط، وتحديدا شخص لوَالِدين مختلفين ..الأب مِن أصل عربي والأم من اصل غير عربي افريقيا على الخصوص

يتشكل مِن خِلَال السياق والمنظور ؛ ومع ذلك، فإن الاستخدام – الَّذِي امتد إلَى الآباء اليَمَنيين والإثيوبيين – يعكس الممارسة المعاصرة فِي إثيوبيا. وبأغلبية ساحقة، يتتبع المولدين النسب اليَمَني مِن خِلَال خطوط الأب. وفقا لهَذَا التعريف، يمكن القول إن هويتي تشبه تراث جمال اليَمَني والفيتنامي المختلط أكثر مِن أي شخص إثيوبي بالكامل أو لديه أم يمنية وأب سعودي، عَلَى سبيل المثال... النساء العربيات لا يهاجرن عادة. لذلك، يولد الأطفال ذوو الأعراق المختلطة عادة لأمهات غير يمنيات فِي السودان أو كينيا أو تنزانيا أو الصومال أو إثيوبيا أو غيرها مِن البلدان المجاورة.

***

فِي فبراير/شباط 1981، بينما كُنت لا أزال مقيما فِي منزل باوزير، أخبرته بقراري الانتقَال إلَى صَنعاء، معطيا اياه الوقت الكافي حَتَّى يتمكن مِن إيجاد بديل يقوم بتغطية العمل الَّذِي كُنت أقوم به فِي مكتبه.

فِي البداية، عَندَمَا طلبت مقابلته، قَال "اعتقدت أنك أتيت للتحدث معي عَن المحادثة الَّتِي أجريناها عَلَى الشاطئ"، اقتراحه مِن قبل شهرين. لَكِنّ دون أن أقول ذلك، كَانَ يعلم أن زواجي مِن ابنته والبقاء معه فِي مدينة الحَديدَة كَانَ خارج المناقشة.

بعد أن اطلعته بخططي، نهض بصمت ومشى إلَى مكتبه المنزلي، حيث يحتفظ بقبو النقود فيه، وبعد لحظات، عاد حاملا حزمة مِن المال – 24,000 ريال يمني – أي ما يعادل 6,500 دولار أمريكي.. بسعر الصرف فِي ذَلِك الوقت. كَانَ هَذَا مبلغا ضخما مِن المال وربما يساوي الراتب السنوي لمدرس فِي اليَمَن فِي تلك الْأَيَّام.

"لِماذا هذا؟" سألته مندهشا وحائرا.

أجاب: "راتبك للأشهر الماضية احتفظت به لك ".

ولاء حضرمي ..

ذهلت. كَانَ لدي انطباع بأنني أعمل تحت ادارته مجانا وذلك لتعلم آليات الأعمال المكتبية، وربما مقابل السكن والمأكل الَّذِي قدمه لي والرسوم

المدرسية الَّتِي دفعها.

بهذه اللفتة، اعادني إِلَى الطبع الحضرمي النموذجي والمتجسد في الولاء والكرم والجدارة والثقة... نهضت مِن مقعدي وقبلته عَلَى جبينه كعربون احترام وامتنان.. لم يسبق لي أن صادفت شخصا حضرميا قَال لي الأكاذيب أو خدعني أو وجهني فِي الاتجاه الخاطئ. ومع ذلك، لم أكن منفتحا تماما عَلَى الوثوق به.. ميلي الطبيعي تمثل في أن أكون مشبوها، حيث تم استخدامي وإساءة معاملتي واستغلالي فِي الماضي، حَتَّى مِن قبل أفراد عائلتي. فِي المقام الأول بسبب الطريقة الَّتِي عوملت بها كطفل فِي إثيوبيا، كَانَ مستوى ثقتي للبالغين منخفضا. لذلك، لم يخطر ببالي أبدا أن باوزير لم يستغلني أيضًا. فِي تلك اللحظة، شعرت بالذنب تجاه كل الأفكار الخاطئة الَّتِي كَانَت لدي عنه، وجعلني أشعر بالفخر لكوني جزءا مِن سلالة الحضرمي.

هناك قول مأثور يفيد:

"لا يمكنك الوثوق على زوجتك برجل، ولكِنّ يمكنك أن تثق به في الحفاظ على أموالك".

لَكم أذلتني تلك اللحظة، ولكم افادتني فِي اكتساب فهم أعمق لحقيقة الولاء القبلي بكل ما يتضمنه من النزاهة.

الثامن
مولد الدين

جنسيتنا الحقيقية هِي البشرية.
- إتش جي ويلز

بعد شهر من اعطائه لي المال، اشتريت حقيبة وسجادة بنية صغيرة، وعبأت بعض الأشياء الَّتِي كَانَت مهمة بالنسبة لي ..شهادتي المدرسية، وكتاب محاسبة صغير، وكتاب مدرسي للطباعة، وصور، وبالطبع ملابس.. وركبت سيارة أجرة إِلَى صَنعاء. تبلغ المسافة بين الحَديدَة وصَنعاء 224 كيلومترا ، واستغرقت الرحلة ما يقرب مِن ثماني ساعات.. مقارنة بالحَديدَة، كَانَت صَنعاء مدينة مغبرة ومزدحمة. شعرت بالبرد، حيث كَانَ متوسط درجة الحرارة فِي الحَديدَة فِي ذَلِك الوقت مِن العام 36 درجة مئوية (97 درجة فهرنهايت)، وكَانَ حوالي 10 درجات مئوية (50 فهرنهايت) عَندَمَا وصلت إِلَى صَنعاء.

على الرغم مِن أن كلتا المدينتين تقعان فِي نفس الدولة، إلا أنهما بدوان وكَأنهما أجزاءً مِن دولتين مختلفتين... الناس ذوو البشرة الداكنة فِي الحَديدَة

مهذبين وأكثر هدوءً..فيما الناس فِي صَنعاء يتحدثون بشكل أسرع، وشبه مسعورين فِي أخلاقهم، وأظهروا موقفا متفوقا إِلَى حد ما.
شعرت كما لو كُنت صبي مزرعة مِن ولاية أيداهو يهبط فِي شوارع مدينة نيويورك المزدحمة والسريعة والصاخبة لأول مرة.
في اليَمَن، يتم بناء نوافذ المنازل بقضبان حديدية، عَلَى غرار ما تراه فِي السجون.. اليَمَنيون بطبيعتهم لا يسرقون، والسرقات ليست شائعة. عَلَى الأقل، السرقة ليست واضحة كما هِي فِي أجزاء أخرى مِن العالم.. الحماية الموضوعة حول المنازل، بما فِي ذَلِك البوابات الحديدية، هِي لحماية الساكنات من النساء.. تبذل جهود كبيرة لإبقاء النساء بعيدا عَن أنظار الرجال، ولا سيما المتحرشين الجنسيين. بالنسبة لرجل واحد ووحيد اي اعزب رغب في استئجار سكن فِي مجمع سكني يعد استدعاءً للمشاكل..اذ يمكن للنساء أو الفتيات الالتقاء بالعازب، ويمكن أن ينتهي الأمر بالرجل الأعزب إِلَى إغراء النساء بإقامة علاقات جنسية. لذلك، يفضل معظم الملاك منع الرجال العازبين مِن استئجار الوحدات السكنية..
ونتِيجَة لترد الملاك فِي التأجير للعزاب استغرق أمر حصولي على سكن أكثر مِن أسبوع.

مطعم اثيوبي بصنعاء...

أثناء اسبوع البحث عَن السكن، جعلت مِن هدفي العثور عَلَى شخص ولد

فِي إثيوبيا وكَانَ قادرا عَلَى قيادته إِلَى مطعم إثيوبي، إن وجد. فاتني الطعام الإثيوبي كَثِيرَا... فِي الشوارع، أسأل أي شخص عشوائي إِذَا كَانَ يعرف أي مطاعم إثيوبية.. يميل الناس إِلَى تجنب الرد ب "لا أعرف". لأنهم أرادوا أن يكونوا مفيدين ولم يرغبوا فِي الاعتراف بافتقارهم إِلَى المعرفة، كَانَوا يعطونني التوجيهات، وغالبا ما يوجهونني بشكل خاطئ، حَتَّى لو لم يكن لديهم أدنى فكرة عما كَانَوا يتحدثون عنه.

أَخَيَّرَاً وجدت مطعمًا واحدًا تملكه عائلة باناجاه بالشراكة مع سيدة إثيوبية.. كَانَت السيدة الإثيوبية تعيش فِي شمال اليَمَن ومتزوجة مِن يمني.

في ذَلِك المطعم، بينما كُنت أنتظر وصول الطعام، رأيت شابا فاتح البشرة ينتظر وجبته.. كَانَ الزبون الآخر الوحيد فِي المطعم. اعتقدت فِي البداية أنه مصري، لَكِنَّه كَانَ أصغر حجما من المصريين المعروفين بضخامة اجسادهم.. هو لم يكن كذلك.. اعتقدته أردنيا أو لبنانياً.

لم تخرج السيدات مِن المطبخ أو منطقة الطهي لتقديم الطعام. بدلا مِن ذلك، بمجرد أن أصبح الطلب جاهزا، قاموا بتسليم الطعام مِن خِلَال نافذة فِي الحائط تفصل منطقة الجلوس عَن المطبخ.

عَندَمَا تم استدعاء اسمه لتلقي وجبته، تحدث الرجل ذو البشرة الفاتحة باللغة الأمهرية مع السيدة خلف المنضدة. لَقَد وجدت ما كُنت ابحث عنه ..وجدته رائعا.. منذ أن سمعت رَجلاً بريطانيا يتحدث الأمهرية فِي كنيسة

إنجيلية فِي أَديس أبابا، إثيوبيا، لم أسمع أبدا عَن شخص لا يشبه أي شيء قريب مِن إثيوبي يتحدث اللغة الأمهرية. بعد وقت قصير مِن تلقي هَذَا الرجل طعامه، تم استدعاء اسمي أيضًا.

بعد أن التقطت وجبتي، لم أعد إِلَى طاولتي. بدلا مِن ذلك، اقتربت مِن الشاب وسألته عما إِذَا كَانَ بإمكَانِي مشاركة طاولته.. لم يمانع، وبدأنا نتحدث باللغة الأمهرية.. الأمهرية بعد أكثر مِن عامين! كُنت أتعثر فِي نطق الكلمات قليلا، لَكِنّ سرعان ما أصبح الأمر طبيعيا بالنسبة لي.

"مرحبا، اسمي عادل. لَقَد وصلت للتو مِن الحَديدَة قبل يومين. ما اسمك؟" سألت.

"أنا عبد الله العراسي".

"سمعتك تتحدث الأمهرية، وفوجئت نوعا ما، لأنني لم أتوقع أن تفعل ذلك. بسبب لون بشرتك وملابسك وبنيتك البدنية، لم أكن أعتقد أنك يمني ناهيك عَن شخص يمكنه التحدث باللغة الأمهرية".

قَال لي: "أحصل عَلَى ذَلِك كَثِيرًا". "والداي يمنيان. لَقَد ولدت وترعرعت فِي أَديس أبابا.. جئت إِلَى شمال اليَمَن منذ ما يزيد قليلا عَن خمس سنوات، فِي عام 1976".

أخبرته أنني جئت إِلَى اليَمَن قبل ثلاث سنوات وكُنت فِي مدينة تعز، حيث أنهيت دراستي الثانوية. أبلغته أنني قضيت وقتا طويلا فِي الحَديدَة

أيضًا.

"أنا أقيم فِي فندق وأبحث عَن مكَانَ للإقامة. أجد صعوبة فِي العثور عَلَى شقة لرجل أعزب".

ثم سألته: "أنت تتحدث الأمهرية جيدا. أين وكيف درستها، وماذا تفعل مِن أجل لقمة العيش؟

قال: " أعمل فِي المطار الدولي في وظيفة متابعة الركاب قبل صعودهم إِلَى الطائرة. أنا أحب الوظيفة. يعطيني فرصة للدراسة. إِذَا كنا محظوظين، فلدينا رحلتان فِي اليوم، لكنني أعمل أيضًا فِي بعض النوبات الليلية. إنها تدفع بشكل جيد، وأحصل عَلَى رحلات مجانية ".

سألته عما كَانَ يدرسه فِي الجامعة.

قال: "الأدب الإنجليزي".

ثم سألني عَن المَدِينَة الَّتِي ولدت فيها وأين نشأت. لَقَد فوجئ بأنني تمكّنت مِن الحصول عَلَى تعليم ثانوي، لأن معظم المولدين لم تتح لهم الفرصة للقيام بذلك. لَقَد تأثر عَندَمَا أخبرته عَن حبي للقراءة.

قلت له: "لم أشعر بالوحدة عَندَمَا قرأت الكتب خِلَال أيام طفولتي".

ووافق.

أخبرني أنه يريد أن يكون كاتبا، ربما كاتبا للقصص القصيرة. أسرت له أنني لم أطور أي اهتمام بالكتابة. الشيء الوحيد الَّذِي كتبته هو دفتر يومياتي،

الَّذِي حافظت عليه منذ أن كُنت فِي الحادية عشرة مِن عمري.

سأل: "ما هِي أنواع الكتب الَّتِي تحب قراءتها؟"

لَقَد أدرجتها جميعا - الكتب الخيالية وغير الخيالية الَّتِي قرأتها.

قال: "نعم، لَقَد قرأتها جميعا باستثناء عدد قليل مِن الكتب الماركسية الَّتِي ذكرتها".

بعد الانتهاء مِن الوجبة، أمضينا عدة ساعات فِي الدردشة حول الشاي فِي المطعم. فِي الواقع، لم أكن أدرك فِي ذَلِك الوقت أننا كنا نتحدث عَن كل شيء لمدة خمس ساعات عَلَى الأقل.

عَندَمَا التقيت به، كَانَ عبد الله العراسي طالبا جامعيا فِي السنة الثانية تخصص الأدب الإنجليزي فِي جامعة صَنعاء. كَانَ يكبرني بحوالي ست سنوات.. تحدث ببلاغة باللغات الأمهرية والعربية والإنجليزية، وأصبح عَلَى الفور بطلي، لأنه كَانَ شخصا مثقفا جيدا وله حضور فكري. النظارات المستديرة الشكل والَّتِي كَانَ يرتديها جعلته يبدو مثل جون لينون.. تحدث بهدوء وباسلوب منظم، مستخدما كلمات راقية وعالية المستوى ، وأظهر موقفا وسلوكا علميا.. لم يدرس عبد الله العراسي الماركسية بقدر ما درست أنا، ولم يكن مسجونا فِي إثيوبيا، لأنه لم يكن يهتم كَثِيرًا بالشيوعية خِلَال تلك الأَيَّام، ولَكِنّ كَانَ له رؤية وبُعد مختلفين عَن كثير مِن الناس.. كَانَ طالبا أدبيا وكَانَ يجيد القراءة.

انجذبت نحوه، وأسرتني سلوكياته. عَندَمَا أخبرته أنني لم أحصل عَلَى ما يكفي مِن الكتب لقراءتها خِلَال العامين الماضيين، عرض علي أن يريني أين يقع المجلس الثقافي البريطاني، لأن لديهم كتبا يمكنني استعارتها مِن مكتبتهم. عَندَمَا أسرت له تحدياتي فِي العثور عَلَى مكَانَ للإيجار، اقترح بسرعة، "لدي شقة بغرفة نوم واحدة. يمكنك الانتقَال للعيش معي الآن، ويمكننا البحث عَن شقة مِن غرفتي نوم. يمكننا تقاسم النفقات. هل أنت مهتم؟"

لطالما انجذبت إِلَى العقول الراديكالية. أجبته دون تردد: "نعم!"

واتفقنا عَلَى الاجتماع مرة أخرى فِي اليوم التالي.

الباناجة ملاك المطعم الَّذِي التقيت فيه عبد الله العراسي عائلة حضرمية تعيش أيضًا فِي إثيوبيا. بعد أن تبادلت لفترة وجيزة أخبار العائلة والتاريخ مع المالك فِي تلك الزيارة الأولية، دعتني إِلَى منزلهم لمقابلة بقية أفراد الأسرة، الَّذِين تألفوا مِن أخواتها الثلاث وأمهم. توفي والدهم منذ فترة طويلة فِي إثيوبيا. تزوجت صاحبة المطعم وإحدى أخواتها. لم تكن الابنتان الأخريان. كَانَت البنات الأربع، الزوجان، والأم يعشن تحت سقف واحد. كَانَت الأم إثيوبية مِن منطقة "ولّو" فِي شمال إثيوبيا، وهو مكَانَ لا يزال يتعايش فيه الناس مِن مختلف المجموعات العرقية والمعتقدات والثقافات بسلام فِي "ولّو" يمكن للمرء أن يجد أما مسلمة وأبا مسيحيا أو أشقاء فِي نفس المنزل.

عَندَمَا زرت منزلهم، سألتني الأم عدة أسئلة .. معظمها عَن طفولتي، وأمي، وكم مِن الوقت قضيا فِي اليَمَن، وماذا كُنت أفعل، وما إذَا كَانَ لدي عائلة فِي اليَمَن.؟ اعتقدت بانني كمن يجيب على الاسئلة كما المتقدم للعمل.. كَانَت تفحص سلوكي وموقفي بعناية، وتحجيمي كصهر محتمل لابنتيها غير المتزوجتين. لم يكن مِن الشائع دعوة صبي مراهق إِلَى منزل يعيش فيه عدد محدود مِن الفتيات العازبات، لكنهم فعلوا ذَلِك لأن لدينا خلفية مشتركة.. مِن منظور ديني وثقافي، كَانَت دعوة شاب أعزب إِلَى أسرة بها نساء عازبات (ولا تزال) غير مقبولة وغير مناسبة. أخذت السماح لي بالاختلاط فِي منزلهم كرمز للثقة، وتأكدت مِن أنني لم أخطو خارج حدودي.

لم يستغرق الأمر الكثير حَتَّى اكتشفت كم هي بريئة وساذجة. لذلك، بدأت تدعوني لتناول الغداء مع العائلة مرة واحدة فِي الأسبوع وتحديدا يوم الجمعة، حيث يستحضر القرآن أهمية يوم الجمعة كيوم مقدس للعبادة فِي سورة تسمى "الجمعة"، وهي مع العلم كلمة يوم الجمعة باللغة العربية.. يعتقد المسلمون أن الله اختار يوم الجمعة كيوم للعبادة. إنه اليوم، كما حدده الله، عَندَمَا يصلي كل مؤمن فِي جماعة. وفقا للإسلام، إنه اليوم الَّذِي خلق فيه آدم، أول إنسان، وهو أيضًا اليوم الَّذِي أخرج فيه آدم مِن الجنة.)

كَانَت الفتاتان المتزوجتان مِن باناجه متزوجتين مِن أبناء عائلتي بازارا

وباهارون، لَكِنّ هَذَا لا يزال يترك اثنين بالنسبة لي. سرعان ما تبين أن باهارون كَانَ أحد الرجال الَّذِين قابلتهم فِي تعز قبل ثلاث سنوات تقريبا. كَانَ عمه صديقا جيدا لوَالِدي.. كَانَ عم باهارون هو الرجل الَّذِي وقع فِي حب امرأة مِن العائلة المالكة الإثيوبية. عَندَمَا أخبرته أن أنفه كَانَ مشوشا، ذهب لإجراء عملية جراحية فِي أنفه، لَكِنَّه توفي أثناء العملية أو بعدها بوقت قصير. كَانَ هَذَا هو الصديق الَّذِي أثر موته عَلَى وَالِدي بعمق قبل وقت قصير مِن وفاته أيضًا. كَانَت عائلة بازارا أيضًا مِن معارف وَالِدي. قطعتان أخريان بالنسبة لي مِن لغز حياة وَالِدي.

لحسن الحظ، لم يكن هناك أي ضغط كبير بالنسبة لي للزواج مِن إحدى البنات، وفي النهاية، طورت علاقة قوية ورائعة مع العائلة.

منذ تلك اللحظة وصاعدًا، بقيت قريبا مِن عائلة باهارون، الَّتِي تعرفني أكثر مِن أي شخص آخر فِي المنطقة والَّتِي كَانَت تعرف وَالِدي الراحل. شَكَّلت علاقتي بعائلة باهارون حدثا دفعني إِلَى التمسك بهم ..لقد رغبت في استمرار الألفة، وعبرها تحقيق اتصال أعمق بوَالِدي وتاريخه.

.

التاسع
عبد الله العراسي

يمكنك معرفة أنه صديقك الحقيقي عَندَمَا يتصرف مثل أخيك.. اكتشفت الأخ الَّذِي لم يكن لدي أبدا عَندَمَا قابلت أعز أصدقائي.
مجهول

بقيت خِلَال شهر مارس من العام 1981 وحتى شهر يوليو من العام 1984م العيش مع عبد الله العراسي.. لَقَد لعب دورا مهما فِي حياتي خِلَال تلك السنوات.. لم يكن يكبرني بست سنوات وأكثر نضجا فحسب، بل كَانَ لديه أيضًا الكثير مِن تجارب حياة البالغين فِي كل مِن اليَمَن وإثيوبيا. كَانَ كاتبا وشاعرا، وعرّفني عَلَى العديد مِن أنواع الأدب الَّتِي لم أقرأها بعد، مثل ألبير كامو، وفيودور دوستويفسكي، وليو تولستوي، ومكسيم غوركي، وتشارلز ديكنز، وجين أوستن، ومارك توين، وإرنست همنغواي. لَقَد كَانَ رَجلًا ذكيا كَانَ بمثابة نموذج إيجابي يحتذى به، وكَانَ لدي احترام كبير له. قبل مجيئي إِلَى شمال اليَمَن، بخلاف القصة الشفوية الَّتِي تعلمتها عَندَمَا كُنت طفلا فِي إثيوبيا، ألف ليلة وليلة، لم أتعرض أبدًا للأدب العربي. كَانَ

اكتشاف وجود الكتاب والأدب العربي مثيرا للانتباه. ومن بين الكتب الَّتِي قادني عبد الله العراسي إِلَى قراءتها كتب نجيب محفوظ، وخليل جبران، وطه حسين، وعباس محمود العقاد، ونوال السعداوي.

كَانَ طول عبد الله العراسي حوالي 1.67سم يعادل 6'5 بوصة مع انحسار خط الشعر. كَانَ دائما يسحب شعره مِن الجانب لتغطية مناطق الصلع. لم يمضغ القات واختلط مع قلة مختارة فقط. عَلَى عكس العديد مِن اليَمَنيين والمولدين، نظم عبد الله العراسي عاداته وكَانَ منظما للغاية فِي حياته اليومية. لم يحب أو يريد أبدا قيادة سيارة، الأمر الَّذِي لم يكن له معنى بالنسبة لي. كَانَت هناك بعض الجوانب الأخرى الَّتِي أثارت فضولي.

الأول هو علاقته، أو عدم وجودها، مع أقاربه المباشرين. أدركت وجود إخوته وأخته ووَالِديه.

عَاش والده فِي أسمرة، إريتريا، وخدم فِي الجيش الإيطالي. كَانَ عبد الله العراسي الثاني مِن بين تسعة أطفال. ولدت والدته فِي أسمرة لعائلة يمنية. قابلت والده مرة واحدة، وفي غضون بضعة أشهر مِن لقائي به، بترت ساقه بسبب إصابته بمرض السكري، وتوفي. كَانَ للعراسي شقيقتان وستة أشقاء. كَانَ قريبا مِن إحدى شقيقاته، لَكِنّ للأسف توفيت هِي أيضًا فِي حادث سيارة بعد عامين مِن وفاة والدهما. تحدث عبد الله العراسي فقط عَن والده، وليس عَن بقية أفراد عائلته، صورة والده فوق أرفف الكتب.

عَندَمَا وصلتني أنباء بوفاة أخته، واسيته محاولا التخفيف عن حزنه .. لم أكن أعرف ماذا أفعل، لذَلِك قررت أن أخبر بعض الأصدقاء المشتركين عَن وفاتها مِن أجل السماح لهم بالتعبير عَن تعازيهم.. عَندَمَا جاء الناس إلَى سكننا لتقديم واجب العزاء، لم يكن راغبا في قبول تعازيهم..بادلني بكلمات قاسية.. لَقَد أوضح أنه لا ينبغي لي أن أخبر أحدا عَن وفاة أخته، فهو لم يكن يرغب أن يأتي أي شخص إلَى سكننا لتقديم احترامه.

بينما كُنت فِي حيرة مِن أمري بشأن هَذَا الأمر، بعد عدة أشهر علم أنني قابلت والدته. لم يكن هناك الكثير مِن المولدين فِي المَدِينَة، وكنا معروفين بشكل واضح لبعضنا البعض، لذَلِك عَندَمَا كنا نحن المولدين نتقاطع فِي الأسواق أو فِي حفلات الزفاف أو فِي أي مكَانَ آخر، كنا ننخرط فِي محادثات صغيرة. لَقَد قابلت والدته بشكل عابر، ومن قبيل الصدفة، عملت أيضًا فِي المستشفى حيث كَانَت أختي مريضة، لذَلِك تحدثت معها هناك أيضًا.

عَندَمَا ذكرت للعراسي أنني قابلت والدته، أجلسني ليكشف لي أنه أبتعد عنها بسبب أن علاقتهما لم تكن جيدة.. مكاشفته تلك حيرتني فما أعرفه بأن العلاقات الأسرية الوثيقة هي ذاتها فِي العديد مِن الشعوب والمجتمعات -تشمل اليَمَنية و الإثيوبية- لذا كَانَ مِن غير المستساغ بالنسبة لي أن يقول شخص ما "أنا لا أحب أمي ولا أتواصل بها "..

تصادف وفي عدة مرات ان التقيت بوالدته ..جاءت تلك اللقاءات عَندَمَا كَانَت أختي فِي المستشفى. كَانَت والدة عبد الله العراسي تعمل هناك فِي جناح النساء. كَانَت تسألني دائما: "كيف يمكنك العيش مع ابني؟ أعتقد أنه وحش وشيطان ".

تعليقها وعدم اكتراثه تجاه عائلته حيرني. لن أفكر فِي أمي أو ابني (اذا كَانَ لدي واحد) بالطريقة الَّتِي يفكرون بها فِي بعضهم البعض بغض النظر عَن تربيتي. بالنسبة لي، يجب عَلَى الأم والطفل احترام وحب بعضهما البعض عَلَى الرغم مِن أي اختلافات قد تكون لديهما.

من ناحية أخرى، كَانَ عبد الله العراسي ألطف شخص عرفته. كلما مرضت، كَانَ هناك مِن أجلي. فِي أي وقت كَانَت لدي مشاكل شخصية، كَانَ هو الشخص الَّذِي لجأت إليه للحصول عَلَى التوجيه والعزاء. رأيته يساعد العديد مِن الأشخاص الَّذِين يحتاجون إِلَى مساعدة مالية أو أنواع أخرى مِن المساعدة. ومع ذلك، لم يقدم أي شيء لعائلته المباشرة.

***

كَانَ عبد الله العراسي أكثر إنسان جنسي عرفته عَلَى الإطلاق. عَندَمَا قرأ كتابا يحتوي عَلَى تفاصيل حميمة، قام بوضع علامة عَلَى القسم وإعادة قراءته عدة مرات. لم أكن مهتما أبدا بالأدب أو الكتابة. (لطالما أحببت القراءة، لكنني أفضل السير الذاتية والكتب عَن الحرب والتاريخ والسياسة

والفلسفة وما إِلَى ذَلِك عَلَى الشعر والقصص. كَانَ عبد الله العراسي أكثر فِي صياغة الكلمات واستمتع بالشعر وما شابه.) بين الحين والآخر، كَانَ يميل إِلَى مناقشة الكتب الَّتِي كَانَ يقرأها معي وفي بعض الأحيان، قرأت بعضا منها. ظللت ألاحظ الإشارات المرجعية والنقاط البارزة فِي اللقاءات والأفعال الحميمة. لفت انتباهي النمط وكَانَ علي أن أسأله عنه. قَال لِي، "أفضل جزء فِي أي كتاب هو العلاقة الحميمة والجنس!" عَندَمَا كَانَ عقلي مشغولا بالتوفيق بين أولوياتي، كَانَ الجنس هو آخر شيء فِي ذهني.

في شمال اليَمَن خِلَال أوائل 1980s، كَانَ مِن المستحيل تقريبا ويحظر أيضًا أن يكون أي نوع مِن العلاقة مع امرأة خارج الأسرة ناهيك عَن ممارسة الجنس خارج إطار الزواج. ناهيك عَن العقوبات المرتبطة بها! (على سبيل المثال، أولئك الَّذِين يتبين أنهم ارتكبوا الزنا يمكن أن يتعرضوا للضرب فِي الشوارع؛ يتم دفن النساء حَتَّى رؤوسهن ويقوم الناس بإلقاء الحجارة عليها حَتَّى تموت). لا يبدو أن عبد الله العراسي قلق مِن أي تداعيات محتملة عَلَى لقاءاته الجنسية مع نساء مختلفات.

في عدد مِن المناسبات بينما كُنت أعيش معه، جاءت السلطات و أو الآباء المؤثرين لمختلف الفتيات والنساء للبحث عنه. فِي كثير مِن الأحيان، عرضني ذَلِك لمضايقات غير ضرورية. حَتَّى كوني طرفا ثالثا فِي آثامه، غالبا ما اتهمت بأنني متعاون معه. لم يكن هَذَا هو نوع الاهتمام

الَّذِي كُنت أبحث عنه فِي البلد الَّذِي كُنت أحاول فيه إيجاد السلام والوئام.

في عطلة نهاية أسبوع واحدة فِي عام 1982، بينما كُنت مستلقيا عَلَى السرير وأقرأ، سمعت صوت امرأة. استنتجت أن عبد الله العراسي يجب أن يكون لديه رفيقة فِي وحدتنا. واصلت القراءة. بعد مضي ثلاثين دقيقة تقريبا سمعت طرقا عَلَى باب شقتنا. انتظرت قليلا لأسمع ما إِذَا كَانَ يتكرر، حيث غالبا ما فتحت الباب لأجد أن الضربة كَانَت عَلَى باب الوحدة المقابلة لبابنا. نعم، سمعت ذَلِك مرة أخرى، وقفزت مِن سريري لأرى مِن كَانَ عند بابنا.

عَندَمَا فتحت الباب، رأيت إحدى السيدات اللواتي رأيتهن فِي شقتنا فِي الماضي، إحدى صديقات عبد الله العراسي. قلت لها: "هل تمكّنت مِن مغادرة الشقة؟ لم أسمع الباب يفتح". أضفت، "كُنت مستيقظا بينما كنتم تضحكون يا رفاق."

أعطتني نظرة مرتبكة وقالت: "لا!" وسألت: "هل عبد الله العراسي في؟ وهل ستدعوني إلي أم لا؟

تجمدت. أدركت عَلَى الفور وجود امرأة أخرى فِي شقتنا، فِي غرفة عبد الله العراسي.. جف فمي وحلقي بسرعة. وبينما كُنت أحاول التنفس، أجبته بسرعة، قائلا: "لا عبد الله العراسي ليس فِي المنزل".

قالت: "كيف ذلك؟ أخبرني اليوم أنه يوم إجازته مِن العمل. هل يمكنني الدخول؟"

قلت لها لا، وحاولت إقناعها بأنه غادر فِي وقت سابق، لذَلِك لم يكن هناك جدوى مِن أن تكون وحدها معي. علاوة عَلَى ذلك، قلت لها: "لست متأكدة متى سيعود".

أرادت حقا الدخول، وأصررت عَلَى أن تذهب بعيدا. لَقَد اشتبهت نوعا ما فِي وجود خطأ ما فِي الطريقة الَّتِي هزت بها. فِي الوقت نفسه، كُنت قلقا مِن أن تقتحم غرفة نومه وتجد امرأة أخرى فِي سريره. ذهب خيالي جامحا مع النتِيجَة المحتملة غير المقصودة. لحسن الحظ، أقنعتها أَخَيَّرَاً أنه لم يكن موجودا، وغادرت.

بقدر ما أعجبت به واحترمته لجميع صفاته الإنسانية الممتازة الأخرى، بدأت أشعر بالقلق مِن أنه يؤذي نفسه والآخرين. بدأت أقلق عَلَى زيارة أختي منى وابنة عمي فردوس لشقتنا خوفا مِن أن يتقدم بإيحاءات جنسية تجاههما. بإبعاد أخواتي وابن عمي عَن شقتنا، جاءتهم أنني لا أريدهم أن يكونوا بالقرب مني. لم يعرفوا سبب توقفي عَن دعوتهم.

بعد ما يناهز مِن أربعين عاما مِن فقدان الاتصال به، دفعني العمل فِي مشروع كتابي وقراءة العديد مِن إدخالات دفتر يومياتي مِن 1980s إِلَى السؤال عَن مكَانَ وجوده. اكتشفت أنه توفي بشكل غير متوقع فِي 4 يونيو

2016، فِي بلدة نائية تدعى بوتا جيرا، إثيوبيا. أدارت الكاتبة والشاعرة الإثيوبية أبرا ليما مراسم دفن عبد الله العراسي. ذهب ليما لإنشاء معرض للصور ومكتبة كنصب تذكاري حي للعراسي.

وفقا للتقرير الطبي، أرجع سبب وفاته الى اصابته بفيروس التهاب الكبد B.

دفن عبد الله العراسي فِي مقبرة القديس يوسف فِي أَديس أبابا، كما لو كَانَ مسيحيا.. لا يزال بعض الأصدقاء العرب والمسلمين يتحدثون عَن دفنه فِي مقبرة مسيحية بدلا مِن مقبرة إسلامية، وهو ما ذكرني بقصة وَالِدي عَندَمَا توفي عام 1967.. ما لا يفهمه العرب هو الظروف الَّتِي وقعت وقت وفاة عبد الله العراسي. بدون أبرا ليما، ابنة عبد الله العراسي، والمجتمع الداعم، لكَانَ قد تم وضع جثته فِي مكب نفايات البلدية، حيث لم يكن له أي قريب يتحمل المسؤولية عنه بعد وفاته. علاوة عَلَى ذلك، لم يكن لدى الأشخاص القريبين منه وقت وفاته أي معرفة أو اتصال بالمجتمع الإسلامي، لذَلِك لم يكن بإمكَانَهم توفير خدمة دفن إسلامية له. وبمعرفته كما فعلت، أفترض أنه إذَا أتيحت الفرصة للعراسي لاختيار مكَانَ الدفن، لكَانَ قد قال، "ضعني فِي المقبرة المسيحية".

من المحادثات واتصالات البريد الإلكتروني الَّتِي أجريتها مع الأشخاص المرتبطين به، أدركت أن عبد الله العراسي فِي إثيوبيا كَانَ أحد أبرز النقاد

الأدبيين للكتاب الإثيوبيين. بعض هؤلاء الناس أطلعوني عَلَى بعض كتاباته. قدم عبد الله العراسي للكتاب ومجتمعات الكتابة مقارنة وتحليل وتفسير وتقييم الأعمال الأدبية. كَانَت انتقاداته وآرائه الأدبية ذات قيمة عالية، حيث كَانَت مدعومة بأدلة تتعلق بالموضوع أو الأسلوب أو الإعداد أو السياق التاريخي أو السياسي.

العاشر
بطاقة لا تعبر عن الهوّية

كَانَ هناك العديد مِن الطرق المختلفة الَّتِي طلب منك مِن خلالها تقديم دليل مطلق عَلَى هويتك هذه الْأيَّام بحيث يمكن أن تصبح الحياة بسهولة مرهقة للغاية فقط مِن هَذَا العامل وحده، ناهيك عَن المشاكل الوجودية الأعمق لمحاولة العمل كوعي متماسك فِي عالم مادي غامض معرفيا.
دوغلاس آدامز

لا يُعامل اليَمَنيين المولودين خارج اليَمَن عَلَى قدم المساواة أو كأشخاص كاملين وأكفاء فِي شمال اليَمَن اذ تعطى الأفضلية لأولئك الَّذِين ينحدر آباؤهم مِن القبيلة الشيعية (الزيدية) - عائلات قبلية ذات علاقات جيدة. خِلَال أواخر 1970م وأوائل 1980م- فرص العمل فِي الصحف العادية، والتلفزيون، والإعلانات الإذاعية ذكرت بوضوح أنه للتقدم لأي نوع مِن الوظائف الحكومية، يجب أن يكون المرء من ابوين يمنيين، وكذَلِك أن يكون مولودا فِي شمال اليَمَن.. كَانَت هذا نظامهم في توجيه جميع

اليَمَنيين المولودين خارج البلاد وأمهات غير يمنيات بعدم التقدم لأي وظائف حكومية.. دون اي خجل ..كَانَ التمييز الصارخ ممارسة معيارية مقبولة بين الناس على العموم.

ينطبق عَلَى المنح الدراسية للسفر إِلَى الخارج إِلَى معظم الدول الغربية، وخاصة الولايات المتحدة الأمريكية والمملكة المتحدة البريطانية، للتعليم العالي. كَانَ التعليم فِي شمال اليَمَن دون المستوى المطلوب، ولم تكن هناك برامج كافية مثل الهندسة أو الطب خِلَال تلك السنوات. كَانَ عَلَى المرء مغادرة البلاد للحصول عَلَى تعليم مفيد. نتِيجَة للتمييز، قام كل شخص ولد ببشرة أفتح وقادر عَلَى التحدث بلهجة ولهجة شمال اليَمَن بتغيير وثائقه للإشارة إِلَى مكَانَ ولادته فِي شمال اليَمَن بقصد التأهل للعمل المحتمل والسفر إِلَى الخارج للتعليم. فِي ذَلِك الوقت، لم يرغب أحد فِي الاعتراف بأنه ولد خارج اليَمَن الشمالي، بما فِي ذَلِك اليَمَن الجنوبي الاشتراكي.

في شمال اليَمَن، كَانَ الحصول عَلَى بطاقة هوية يمنية أصعب مِن الحصول عَلَى شهادة جامعية، لكِنّ بدون بطاقة هوية شمال اليَمَن، لا يمكن للمرء الحصول عَلَى جواز سفر أو رخصة قيادة، أو التمكن من العمل، أو فتح حساب مصرفي، أو الالتحاق بالخدمات العسكرية. للحصول عَلَى بطاقة هوية، كَانَ عَلَى معظم الأطفال الحصول عَلَى شهادة مِن الأقارب وشيخ محلي.

استغرقت عملية استخراج بطاقة هوية من شمال اليَمَن مِن ستة إِلَى ثمانية عشر شهرا.. اعتمدت عمليات تسريع استخراج البطاقة إِلَى مقدار الأموال الَّتِي يمكن للمرء أن ينفقها فِي شكل رشاوي، بالإضافة إِلَى صبر مقدم الطلب ومثابرته فِي تحمل العملية الطويلة والتعامل مع الأشخاص المتعددين المشاركين فِي عملية الموافقة، بما فِي ذَلِك مكتب التحقيقات الفيدرالي.

كَانَ هناك عدة خطوات فِي الحصول عَلَى بطاقة هوية يمنية، والَّتِي اضطررت أنا والعديد مِن المولدين الآخرين إِلَى المرور بها. كَانَت العملية مختلفة وأكثر تعقيدا بالنسبة لنا نحن مِن جنوب اليَمَن مما كَانَت عليه بالنسبة للشماليين.

الخطوة الأولى

لبدء العملية، كَانَ لا بد مِن كتابة طلب مِن قبل كاتب المحكمة يطلب إصدار بطاقة هوية. لم يكن لدى الموظف مكتب ثابت أو ساعات عمل رسمية. كَانَ عَلَى المرء أن يطارد الموظف وصولا إِلَى منزله أو في الأماكن الَّتِي يمضغ فيها القات -يعد عرضة للتغيير اليومي - ربما تم العثور عليه عَلَى مقعد أمام المحكمة أو فِي محطات سيارات الأجرة، حيث كَانَ يعمل بدوام جزئي..

كَانَ الأمر أشبه بمنافسة فِي برنامج تلفزيوني بعنوان "السباق المذهل"!

لَقَد وجدت الكاتب.. لَقَد فزت بالجائزة، وكَانَت الجائزة فرصة لملء الأوراق الحكومية.

احتفظ الموظف بالورق الرسمي والختم فِي حقيبة صغيرة.. لم يتم قبول الطلبات بدون هؤلاء. أينما وجدت الموظف، ستجد مكتبه ومستلزماته المكتبية، بما فِي ذَلِك الورق ذي الرأسية والطوابع. وعلى الرغم مِن حصوله عَلَى أجر مِن الحكومة، فقد ضمن حصوله عَلَى رشاوى إضافية تتراوح بين 200 و250 دولارا لكل طلب. غالبا ما كَانَ يقسمها مع موافقة القاضي عَلَى الورقة. فِي 1980م، كَانَ 250 دولارا أمريكيا الكثير مِن المال - أي ما يعادل الأجر الشهري لموظف مدني، مدرس، إلخ.

بمجرد قبول نموذج الطلب وختمه، أخذ مقدم الطلب الورقة إِلَى قريته الأصلية للحصول عَلَى خطاب تأكيد إضافي يؤكد أنه يمني شمالي ويذكر أنه ينتمي إِلَى قبيلة واسم عائلة معينين. اعتمادا عَلَى الأسرة، فِي معظم الحالات، طلب القرويون مكافأة مِن نوع ما لتأكيد هوية الطفل أو الأطفال. اضطر جميع الأطفال تقريبا الَّذِين ولدوا خارج شمال اليَمَن إِلَى التخلي عَن جميع حقوق الميراث أو الملكية مِن جانب والدهم مقابل اعتراف عمهم بهم كأفراد فِي الأسرة. فِي بعض الحالات، قد تكون الأنثى الَّتِي تسعى إِلَى هَذَا التحقق مِن أحد أقاربها قد أجبرت عَلَى الزواج مِن ابن عمها بقصد حصول بقية أفراد الأسرة عَلَى بطاقة هوية اليَمَن الشمالي.

في حالتي، كفلني كلا من باوزير وباشراحيل ، لذَلِك كُنت محظوظا لأنه لم يكن لديهم دافع خفي ولم يتوقعوا أي شيء مقابل دعمي فِي طلبي.

الخطوة الثانية

ثم تم تقديم الطلب وخطاب التأكيد إِلَى شخص مسؤول - زعيم مجتمعي محلي (شيخ الحارة، كما يطلق عليه). كَانَ القصد مِن هذه الخطوة هو إثبات أن مقدم الطلب كَانَ مقيما معروفا وله عنوان فعلي. كما هو الحال مع البحث عَن كاتب المحكمة، قد يكون تحديد مكَانَ هَذَا الشخص مهمة شاقة، لأن هَذَا الشخص لم يكن لديه مكتب ثابت. كَانَ مِن الممكن جَدَّاً أن يكون مكتبه هو نفس المقعد الَّذِي كَانَ يجلس عليه الموظف عَندَمَا وجدته!

بمجرد اكتشاف موقع زعيم المجتمع (الشيخ)، كَانَ عَلَى مقدم الطلب محاصرته وإقناعه بتقديم التأكيد اللازم. قد يتطلب ذَلِك الانتظار بصبر عند بوابة منزله، ومطاردته، والقبض عليه لإجراء الاتصال اللازم.

هو أيضًا جمع بعض النقود لكتابة خطاب شهادة يفيد بأن مقدم الطلب كَانَ معروفا له بما فِي ذَلِك مدة العلاقة وعنوان مقدم الطلب. فِي كثير مِن الأحيان لم يكن الشيخ يعرف مقدم الطلب ؛ كَانَ ببساطة يجمع جميع المعلومات المطلوبة مِن مقدم الطلب لإكمال الأوراق.

كَانَ الأفراد مثله يسألون المتقدمين بشكل روتيني عما يفعلونه مِن أجل لقمة العيش. لم يكن بحاجة إِلَى هذه المعلومات للرسالة، ولم يكن يجري حديثا قصيرا معتقدا أنه قد صنع صديقا جديدا. لا. كَانَ القصد مِن ذَلِك

هو زيادة حجم المبلغ الَّذِي يمكنه ابتزازه مِن مقدم الطلب. غالبا ما أقول إنني كُنت طالبا حَتَّى تكون الرشوة المتوقعة منخفضة. ومع ذلك، أعطيت ضعف المبلغ الَّذِي طلبه. بهذه الطريقة، عَندَمَا عدت فِي غضون عامين لتجديد بطاقة هويتي، سيتذكرني ونأمل أن تكون العملية أكثر سلاسة.

الخطوة الثالثة

بعد الحصول عَلَى الحرفين أعلاه للطلب الأصلي، كَانَت الخطوة التالية هِي الذهاب إِلَى مركز الشرطة المحلي للحصول عَلَى خطاب براءة ذمة. بطبيعة الحال، لم يكن لدى مركز الشرطة المحلي سجلات لأي جرائم. لماذا؟ لم يكن مركز الشرطة هو المكَانَ الَّذِي ذهبت إليه للحصول عَلَى المساعدة مِن الشرطة. كَانَ المكَانَ الَّذِي يجلس فيه معظم الضباط والأصدقاء للاختلاط ومضغ القات. مكَانَ ذو رائحة كريهة ومزدحمة للغاية. حصل ضباط الشرطة عَلَى قوائم بالأشخاص الَّذِين احتجزوا لبضعة أيام بسبب نزاعات بسيطة، أو تخلفوا عَن سداد مدفوعات الإيجار، أو لم يتمكنوا مِن سداد المبالغ الَّتِي اقترضوها. أخذ أحد المتقدمين، مِن بين آخرين كَانَوا هناك للحصول عَلَى خطابات براءة الذمة، مقعدا فِي الغرفة وانتظر. وانتظر.

كَانَ النظام مِن يأتي أولا يخدم أولا. أتيحت الفرصة لمقدم الطلب الَّذِي وصل إِلَى المحطة أولا، عادة حوالي الظهر أو بعد ذَلِك بوقت قصير، للتحدث إِلَى الضابط المسؤول بمجرد أن يكون الضابط جيدا ومستعدا

لانتزاع نفسه مِن رفاقه فِي مضغ القات. عَندَمَا انتهى هَذَا الشخص، أخذ الشخص التالي مكَانَه لمعالجة أموره. فِي أي يوم، سيكون هناك ما يصل إلَى خمسين فردا يجلسون فِي الطابور. مع العلم أن الانتظار استغرق ما بين خمس إلَى ست ساعات، أحضر الجميع القات الخاص بهم وجلسوا هناك، وانضموا إلَى المضغ والاختلاط.

توقفت الإجراءات ثلاث مرات للصلاة بين الساعة 1 ظهرا و 8 مساء، والَّتِي تصادف أنها الساعات الَّتِي كَانَ فيها مركز الشرطة مفتوحا. كَانَت الانقطاعات الثلاثة فِي ساعات صلاة العصر الساعة 3 مساء، والمغرب الساعة 6:11 مساء، والعشاء الساعة 7:41 مساء. إذَا كَانَ مركز الشرطة يقع بالقرب مِن مسجد، يذهب الجميع إلَى هناك للصلاة. إذَا لم يكن الأمر كذلك، فسيقف الجميع ويؤدون الصلوات فِي المحطة. عادة لا أصلي، لَكِنّ عند معالجة الأوراق، صليت عَلَى مضض مع الجميع حَتَّى لا أزعج أي شخص بالامتناع.

عَندَمَا جاء دوري، فحص الضابط جميع الأوراق الَّتِي أحضرتها إليه، وطرح بعض الأسئلة، وجمع رشوته، وكتب ملاحظة فوق نموذج الطلب تؤكد أنه ليس لدي سجل جنائي دون معرفة ما إذَا كَانَ لدي سجل أم لا. كَانَ بإمكَانِي أن أكون تيد بندي اليَمَني، وكَانَ سيوافق عَلَى أوراقي بالمبلغ المناسب مِن الرشوة.

وقّع وختم الأوراق.

الخطوة الرابعة

أخيرا، نحن فِي الخطوة الأخيرة فِي هذه العملية! وكَانَت المهمة الأخيرة هِي زيارة شعبة الأمن الداخلي اليَمَني.

القوة الرئيسية والأكثر رعبا فِي اليَمَن للأمن الداخلي وجمع المعلومات الاستخباراتية هِي جهاز الأمن السياسي، بقيادة ضباط عسكريين. وهي تقدم تقاريرها مباشرة إِلَى الرئيس وتدير مراكز الاحتجاز الخاصة بها. ... لدى جهاز الأمن المركزي، وهو جزء مِن وزارة الداخلية، قوة شبه عسكرية، ولديه مرافق احتجاز خارج نطاق القضاء. كما ترتبط وزارة الداخلية بإدارة التحقيقات الجنائية التابعة للشرطة، الَّتِي تجري معظم التحقيقات الجنائية والاعتقالات. ... وطبقا لوزارة الخارجية الأمريكية، فقد ارتكب أفراد مِن جهاز الأمن السياسي وقوات الشرطة التابعة لوزارة الداخلية انتهاكات جسيمة لحقوق الإِنسان، بما فِي ذَلِك الاعتداء البدني والاحتجاز لفترات طويلة دون توجيه تهم رسمية إليهم.

(وزارة الداخلية، إدارة التحقيقات الجنائية، جهاز الأمن السياسي... كل هَذَا يبدو قليلا جَدَّاً أورويل.)

وكَانَ مِن المتوقع أن يقدم أولئك الَّذِين تعود أصولهم إِلَى جنوب اليَمَن، مثلي، جميع الأوراق إِلَى شعبة الأمن الداخلي. كَانَ للقسم نموذج خاص به

كَانَ عَلَى المتقدمين إكماله. احتوى النموذج عَلَى ما لا يقل عَن مائة سؤال مفصل وشخصي وقسم لمقدم الطلب لكتابة سيرة ذاتية. (بعد فوات الأوان، بعد كل العمل الَّذِي كَانَ علي أن أضعه فِي هَذَا النموذج وكل العمل الَّذِي وضعته فِي هذه المذكرات المكونة مِن ثلاثة مجلدات، كَانَ يجب أن أحتفظ بهذه الأشكال، وأغير بضع كلمات، وأنشرها كقصة حياتي!) إِذَا تم العثور عَلَى أي تناقضات بين الطلب السابق والحالي، يتم احتجاز مقدم الطلب وتعذيبه - كما لو أن طلب الحصول عَلَى بطاقة هوية شمال اليَمَن بأكمله لم يكن مزعجا بما فيه الكفاية.

غالبًا ما يُطلب مِن مقدم الطلب الحضور إِلَى المكتب فِي منتصف الليل.. منطقي تماما.. خِلَال زيارتي الأولى لهَذَا المرفق، حملت الطلب وأخبرت الوكيل أنني أعاني مِن ألم شديد فِي المعدة واضطررت إِلَى المغادرة عَلَى الفور.. غادرت المبنى مع طلب فارغ لم يلاحظ أنني أخذته معي.. فِي اليوم التالي، أكملت نموذج الطلب واحتفظت بنسختين قبل العودة إِلَى المرفق.. عند وصولي إِلَى الموقع، قمت بنسخ جميع معلوماتي فِي نموذج طلب جديد وسلمتها. فعلت الشيء نفسه فِي جميع الزيارات المستقبلية حَتَّى أتمكن مِن البقاء متسقا فِي قصصي وأكون قادرا عَلَى تجنب أي اختلافات فِي طلبي. مع ذلك، بالكاد تم استجوابي أو احتجازي أو تعذيبي مثل الآخرين قبلي.

كَانَ الحصول عَلَى تصريح مِن فوج الأمان هَذَا هو الخطوة الأكثر صعوبة - فقد تظل بعض التطبيقات فِي درج ملفات شخص ما لعدة أشهر، أو قد يضيع التطبيق الأصلي تماما. عَندَمَا حدث ذلك، كَانَ عَلَى مقدم الطلب أن يبدأ مِن الخطوة الأولى أعلاه.

إساءة استخدام النظام..

علمت مِن بعض أصدقائي وأقاربي بالعديد مِن الأفراد الَّذِين تعرضوا للضرب والاحتجاز وتلقوا معاملة قاسية أخرى أثناء عملية الحصول عَلَى بطاقات هويتهم.. كما علمت أن بعض الفتيات تعرضن للاعتداء الجنسي مقابل الحصول عَلَى بطاقة هوية لها ولبقية أفراد أسرتها. بعض ضباط الأمن لم يتوقفوا عند هَذَا الحد. استمروا فِي المطالبة بخدمات جنسية لبعض الفتيات عَلَى أساس منتظم حَتَّى بعد معالجة أوراقهن والموافقة عَلَى بطاقة الهوية. وتقبل معظم النساء المستضعفات مثل هذه المعاملة بدافع الخوف، أو الرغبة فِي الحماية، أو ببساطة كوسيلة للبقاء عَلَى قيد الحياة فِي مجتمع لا يحترم المرأة. أعرف أيضًا بعض الأفراد الَّذِين أجبروا عَلَى تسليم خواتم الزواج لهؤلاء المسؤولين الفاسدين مِن أجل الإفراج عَن الأوراق الموقعة.

عَندَمَا اكتشف المسؤولون المشاركون فِي الخطوات المذكورة أعلاه أن العملية كَانَت تستخدم للحصول على المزيد من الإيرادات، بدأوا فِي إضافة تواريخ انتهاء الصلاحية عَلَى تلك المعرفات، بحيث كَانَ علينا كل عامين

العودة لتجديد هوياتنا.. لَقَد كَانَ مصدرا كبيرا لكسب المال ووسيلة تلقى مِن خلالها العديد مِن اليَمَنيين المولودين خارج اليَمَن أكبر قدر مِن الانتهاكات العنصرية الجسيمة.

على الجانب الإيجابي، فِي 1970s و 1980s، لم يكن معظم اليَمَنيين يعرفون كيفية قراءة وكتابة اللغة العربية ناهيك عَن اللغات الأجنبية مثل الإنجليزية والفرنسية. تتطلب البنوك وشركات الطيران والسفارات والمنظمات غير الحكومية وما إِلَى ذَلِك الكثير مِن الموظفين مِن أجل إدارة الأعمال. لم يتمكن أي شخص غير اليَمَني الَّذِي ولد خارج اليَمَن مِن تلبية هَذَا الطلب، حيث جاء معظمنا إِلَى البلاد مجهزا بشكل أفضل لسد هذه الفجوات. خِلَال هذين العقدين، سيطر عَلَى 90 فِي المئة مِن وظائف القطاع الخاص أولئك الَّذِين ولدوا خارج اليَمَن، وهؤلاء هم الأشخاص الَّذِين كَانَوا يحصلون عَلَى رواتب جيدة. إِذَا كَانَ بإمكَانَ المرء تحمل التمييز الثقافي والاجتماعي، فقد كَانَ عصرا مزدهرا لمعظمنا.

الحادي عشر
مأرب

فلما سمعت ملكة سبأ بشهرة سليمان فيما يتعلق باسم الرب، جاءت لتمتحنه بأسئلة صعبة.
- 1 ملوك 10: 1

لم أكن على دراية أو سابق زيارة بصنعاء حين انتقلت اليها ..لم يكن سوى عبد الله العراسي والذي اخذني إِلَى وكالة تنمية المساعدات الأمريكية (USAID Yemen) للتقدم لوظيفة.. شجعني عَلَى التقدم للالتحاق بجامعة صَنعاء وساعدني فِي الالتحاق بكلية العلوم.
فِي ربيع عام 1981، بدأت العمل فِي الوكالة الأمريكية للتنمية الدولية كمحاسب، حيث كُنت أكسب حوالي 1800 دولار أمريكي فِي الشهر. كَانَ ذَلِك حوالي 21,000 دولار أمريكي معفاة مِن الضرائب سنويا - تقريبا نفس متوسط دخل الخريجين الجامعيين فِي الولايات المتحدة فِي ذَلِك الوقت.
وفرت لي هذه القدرة عَلَى شراء سيارة جديدة تماما، واستئجار شقة فِي حي راقي، وارتداء ملابس فاخرة وباهظة الثمن، وتجهيز محل سكني بأثاث

حديث، والتركيز أكثر عَلَى الاحتياجات غير الفورية.. لم أعد مضطرًا للقلق بشأن الطعام أو الملبس أو المأوى، والذي كَانَ التحدي الكبير خِلَال طفولتي.. فِي كل مرة كَانَ أي أميركي - موظف فِي السفارة أو أحد موظفي الوكالة الأمريكية للتنمية الدولية - يعود إِلَى منزله فِي إجازة، كُنت أطلب منهم إحضار كتابين لي لقراءتهما. وبحلول الوقت الَّذِي تركت فيه الوكالة الأمريكية للتنمية الدولية فِي عام 1984، تضاعف راتبي إِلَى 3500 دولار أمريكي شهريا، وهو ما كَانَ يعتبر دخلا جيدا، لذلك، كَانَت الحياة جيدة فِي اليَمَن، عَلَى الأقل اقتصاديا.. بالطبع لم تكن على المستوى الاجتماعي جيدة. أثناء إقامتي فِي صَنعاء، تمكّنت مِن التجوّل فِي جميع أنحاء البلاد وزيارة أماكن لم أكن قادرا فِي الماضي على الوصول اليها.. سافرت إِلَى مأرب ومواقع أخرى داخل شمال اليَمَن.. كَانَت مأرب عاصمة مملكة سبأ القديمة، والَّتِي "يعتقد بعض العلماء أنها [أرض] [ملكة] سبأ القديمة ذات الشهرة التوراتية". وفقا لمعلمي اليهود واللغة العربية الَّذِين كُنت أعمل معهم أثناء نشأتي، كَانَت ملكة سبأ شخصية أسطورية لذكائها وذكائها وحكمتها. تم تقديمها لي عَلَى أنها مساوية محتملة لسليمان، ملك إسرائيل فِي القرن العاشر قبل الميلاد والذي تم دعمه بشكل عام باعتباره الشخصية الأكثر حكمة فِي التاريخ اليهودي. (انظر الملحق الخَامِس لمزيد مِن المعلومات حول مأرب وملكة سبأ).

تقع مأرب فِي جبال السروات، عَلَى بعد حوالي 170 كيلومترا شرق صَنعاء.. معظم الأمريكيين الَّذِين عملت معهم في الوكالة الأمريكية للتنمية الدولية والسفارة الأمريكية قاموا برحلات متكررة إِلَى مدينة مأرب مع عائلاتهم.. غالبا ما دُعيت للترحال معهم، فِي المقام الأول بهدف مساعدتهم عَلَى التواصل مع السكَّانَ المحليين كمترجم.

يبدو أن الأمريكيين كَانَوا يعرفون الكثير عَن الناس والموقع قبل وقت طويل مِن وصولهم إِلَى مأرب، لكنهم أرادوا رؤيته بأنفسهم والتفاعل مع السكَّانَ المحليين، لَكِنّ ما لم يعرفوه هو التفاصيل المعقّدة للثقافة اليَمَنية والأسئلة المناسبة لطرحها عَندَمَا يريدون معرفة المزيد.. كَثِيرًا ما سأل الأمريكيون عَن مواضيع مسيئة للسكَّانَ المحليين اليَمَنيين مثل "كم عدد زوجاتك؟" و "كم تدفع للزوجة؟" لم أترجم هذه الأسئلة للسكَّانَ المحليين، لأنني كُنت أعرف كيف سيكون رد فعلهم.. لم يرغب اليَمَنيون فِي الحديث عَن هذه المواضيع، لَكِنّ الأسئلة الحساسة سارت فِي كلا الاتجاهين، حيث أراد السكَّانَ المحليون أن أطرح أسئلة عَلَى الأمريكيين مثل، "لِماذا لا تغطي ساقي زوجتك ووجهها؟" أو "لِماذا ابنتك غير متزوجة؟" لَقَد فرضت رقابة عَلَى هذه الأسئلة أيضًا، مِن أجل الحفاظ عَلَى السلام.

كَانَ بعض اليَمَنيين يشككون فِي الأمريكيين واعتقدوا أنهم جميعا جواسيس.. كَانَ هناك اعتقاد خاطئ بأن جميع البيض، وخاصة جميع

الأمريكيين، يدعمون إسرائيل. بسبب النظام القبلي العميق فِي المجتمع اليَمَني الشمالي، لقد افترض السكّانَ المحليين أن جميع البيض كَانَوا مِن نفس القبيلة - إذَا كُنت شخصًا أبيض، فيجب أن تكون يهوديا أو متعاطفًا مع اليهود.

مع طرح كلا الجانبين الكثير مِن الأسئلة غير اللائقة ووضعني فِي المنتصف كمترجم، شعرت أحيانا بعدم الارتياح الشديد، علاوة عَلَى كوني لست مرشدًا سياحيا.. أردت زيارة مأرب والاستمتاع بها، بدلا مِن الشعور وكَأنَني أعمل كمترجم غير رسمي، والأدهى غير مدفوع الأجر.

إجمالا، كَانَ المحليين مضيافين، وبالمقابل كَانَ الأمريكيين مراعين.. الكثير مِن الاحترام المتبادل الحقيقي.. جاءت الأسئلة المحرجة مِن مكَانَ يريد فهما أكبر للثقافة الأخرى.. حاول المحليين أن يكونوا مضيفين جيدين. اليَمَنيون معروفين بالكرم، عَلَى الرغم مِن أنهم لا يملكون شيئا.. كَانَوا دائما ما يظهرون الابتسامات والسعادة عَندَمَا يرون الأمريكيين.

***

أنشأت الوكالة الأمريكية للتنمية الدولية، بتمويل مِن الحكومة الأمريكية، وجودها فِي صَنعاء فِي عام 1975 وركزت جهودها فِي 1970م عَلَى توفير الغذاء والماء والطرق والتنمية الزراعية. زاد التمويل لشمال اليَمَن أربعة أضعاف فِي 1980م وتوسعت لتشمل المساعدة فِي التعليم والصحة

والمياه النظيفة.

خِلَال أواخر 1970م، قامت الوكالة الأمريكية للتنمية الدولية فِي اليَمَن وحكومة اليَمَن الشمالي برعاية مشروع المساعدة الفنية والتدريب المصمم لتحسين قدرة حكومة الجمهورية العربية اليَمَنية (YARG) عَلَى تخطيط ومراقبة برنامج وطني للتنمية الزراعية يدعم إنتاج وتسويق القطاع الخاص. حصلت المرحلة الأولى مِن المشروع عَلَى منحة تمويل ثنائية بقيمة 34,494,000 دولار أمريكي (السنوات المالية 1978 إِلَى 1988). زودت حكومة الولايات المتحدة وشركة وانغ للكمبيوتر المشروع بعدد كبير مِن أجهزة الكمبيوتر. واستخدم العديد منها لمعالجة النصوص وبعضها لإدخال البيانات وجدولتها.

من خِلَال واجباتي فِي العمل، والتعامل مع الدفاتر المالية والمسائل ذات الصلة، تعرفت عَلَى عمليات الحكومة الأمريكية أكثر مِن معظم اليَمَنيين الشماليين. وكَانَ جزء كبير مِن الموظفين المحليين مِن السائقين. وبالمثل، عَندَمَا عملت فِي شركة نفط، خِلَال أوائل 1990م، تم توظيف السكَّانَ المحليين للعمل عَلَى الحفارات. تم تنفيذ عمل إدارة المكتب مِن قبل الأجانب. ونتِيجَة لذلك، نادرًا ما أتيحت الفرصة للموظفين اليَمَنيين الشماليين للتعرف عَلَى الجوانب المالية للمنظمات الَّتِي عملوا بها، الأمر الَّذِي أدى فقط إِلَى إدامة مشكلة إبقاء السكَّانَ المحليين فِي الظلام فيما

يتعلق بتفاصيل عمل ذوي الياقات البيضاء والشؤون الدنيوية الحالية.

***

عَندَمَا كُنت أعمل فِي الوكالة الأمريكية للتنمية الدولية فِي اليَمَن كمحاسب وأمين صندوق، اختارني مديري ريتشارد مادي لأكون خبير الكمبيوتر المقيم وجعلني أظل مغتربا أمريكيا يدعى جيمس زيغلر. تمكّنت مِن إجادة تشغيل أجهزة الكمبيوتر، وكتابة رموز برمجة الكمبيوتر، وتدريب الموظفين المحليين الآخرين.. كنت، وما زلت بعد أربعين عاما، فخورًا بإنجازاتي، فقد كَانَ تعلم هذه المهارات إنجازا مهما بالنظر إلَى أنني كُنت نتاجا لبلد بدائي تخلّف كثيرًا عن الاستفادة من وسائل التكنولوجيا الحديثة.

بحلول منتصف العام 1982م، اكتسبت المزيد من الثقة فِي مهاراتي العملية وتطورت قدراتي وارتقت علاقاتي بالأمريكيين، وبدأت فِي الاتصال بالجامعات الأمريكية بهدف متابعة تعليمي العالي.

كَانَ ريتشارد مقتنعًا بأنه يتعيّن علي السفر إلَى الولايات المتحدة للحصول عَلَى مزيد مِن التعليم فِي مجال الكمبيوتر مِن أجل مساعدة اليَمَن فِي التوسّع المستقبلي للتكنولوجيا فِي البلاد، ومع ذلك، كَانَت هناك عقبات كبيرة للتعامل معها فِي الأنظمة الثقافية والقانونية والسياسية القديمة فِي شمال اليَمَن.. كُنت شخصا ملونا، ولدت فِي إفريقيا لأم إثيوبية.. لم أكن مِن شمال اليَمَن، بدلا مِن ذلك، كَانَت جذوري مِن منطقة حضرموت فِي

جنوب اليَمَن.. علاوة عَلَى ذلك، لم يكن لدي أنصار قبليون للدفاع عني عَلَى أي مستوى مِن مستويات النظم الاجتماعية أو البيروقراطية.
خِلَال العامين الأولين مِن إقامتي فِي شمال اليَمَن، لم أتمكن مِن التواصل مع أقاربي البيولوجيين الَّذِين كَانَوا يعيشون فِي كلا من جنوب اليَمَن والمملكة العربية السعودية والكويت والإمارات العربية المتحدة.. كَانَت رغبتي فِي التواصل مع عائلتي ضرورية بسبب احتياجاتي الفسيولوجية والرغبة في التخلص الشعور المريع بالوحدة والعزلة.
في الحقيقة اليمن وجميع دول الخليج ذات طابع قبلي.. ترتبط هوية الشخص وسلامته ورفاهه ارتباطا وثيقا بالقبيلة الَّتِي ينتمي إليها المرء. لا أحد يهتم بمدى تعليم الشخص وحسن الخلق. السؤال الأول الَّذِي يطرحه الجميع هو إِلَى أي قبيلة تنتمي... إنهم بحاجة إِلَى معرفة المكَانَ المناسب لك قبل أن يشكلوا أي نوع مِن الاتصال الاجتماعي أو الشخصي معك.
عَندَمَا انتقلت إحدى شقيقاتي إِلَى الكويت، تفاعل معها الأشخاص الَّذِين التقت بهم عَلَى الفور، مدركين أن الشيخ علي هرهرة هو اسم معروف ومحترم فِي العالم العربي. (وهي لا تزال تشير إِلَى نفسها باللقب الكامل للشيخ علي هرهرة، فِي حين أنني لم أستخدم سوى بن هرهرة كاسم عائلتي، وأسقطت كلمة "شيخ" مِن اسمي، كما فعل وَالِدي أيضًا. مع إدراج "الشيخ" يأتي التوقع بأنها يجب أن تقدم نفسها كشخص مِن المستوى الأعلى.)

تشترك هذه التجمعات القبلية فِي عقلية. إنهم يجمعون الناس معا ويضعون القواعد، مما يخلق إحساسا بالأمان والانتماء. تعمل الروابط القبلية عَلَى مواءمة الناس مع هدف محاربة عدو مشترك أو العمل معا لتحقيق إنجازات ذات مغزى. فِي مجال الأعمال التجارية، غالبا ما تكون القبائل مجموعات اجتماعية يربطها قائد، وتشترك فِي غرض أو هدف أو ثقافة أو حدود تنظيمية مشتركة.

قبلي دون هوية..

أثناء نشأتي فِي إثيوبيا، تحولت مِن طفل مهجور وتائه إِلَى مراهق شبه ماركسي، والآن تم دفعي إِلَى تبني هوية شاب يمني قبلي، لَكِنّ دون ان يكون لي أي صلات قبلية مباشرة. شعرت كما لو أنني غير موجود. لم أكن شيئا، لأنه لم يكن لدي هوية بدون قبيلتي. كُنت بحاجة إِلَى البدء فِي تعريف ليس كفرد ولَكِنّ كشخص عرقي داخل قبيلة، يحمل اسم عائلتي.

من الأدبيات الَّتِي قرأتها، اشتهر أفراد قبيلة هرهرة بأنهم محاربين شجعان وعلماء دين وسلاطين.. لم أكن محاربا ولا عالما ولا سلطانا... فِي الواقع، كُنت أتعرض باستمرار للسخرية مِن قبل شرطة المرور العادية فِي شمال اليَمَن أو عملاء الأمن المدني الَّذِين يحاولون انتزاع المال مني أو الإساءة إلي بإهانات عنصرية لمجرد أنني برزت بسبب بشرتي الداكنة.. كُنت محاصرًا فِي شد الحبل اليومي، أبحث عَن هويتي وأتطلع إِلَى العثور عَلَى أساس

أجدادي، بينما لا يزال المجتمع العام عَلَى مسافة ذراع - وهو مجتمع أنتمي إليه وراثيًا.

وهكذا، فِي عام 1982م، تحوّل اهتمامي مِن مجرد البقاء عَلَى قيد الحياة بالاستقرار فِي شمال اليَمَن، إِلَى العثور عَلَى أقاربي مِن ناحية الأب والَّذِين كَانَوا يعيشون فِي مدينتي عدن وحضرموت فِي جنوب اليَمَن.. وأبو ظبي في الإمارات العربية المتحدة; وجدة في المملكة العربية السعودية.

لقد حان وقت زيارتهم..!

الثاني عشر
قبيلتي

إن شعباً لا يعرف تاريخه وأصله وثقافته الماضية يشبه كما الشجرة التي بلا جذور.
ماركوس غارفي

ضمانا لعدم وقوعي في اشكالات او اي عملية ابتزاز اعتمدت في مسألة التحقق مِن أصولي والحصول عَلَى بطاقة هوية شمال اليَمَن عَلَى أصدقاء وَالِدي الحضرميين، والَّذِين تصادف أنهم يتقدمون فِي أعمارهم مع ظروف صحية سيئة. .توقعت أن معظمهم لن يعيشوا أكثر مِن خمس إِلَى عشر سنوات أخرى. بدأت أتساءل، ماذا سيحدث إِذَا ماتوا جميعا؟ مِن سيشهد لي أن أقول: "إنه ابننا، وهو صبي يمني"؟ بسبب مظهري، يمكن بسهولة الخلط بيني وبين العديد مِن اللاجئين الصوماليين والإثيوبيين الَّذِين يعيشون فِي شمال اليَمَن. هَذَا هو أحد الأسباب الَّتِي جعلتني بحاجة إِلَى العثور عَلَى أخواتي وأعمامي وأبناء عمومتي وغيرهم مِن أفراد عائلتي الممتدة مِن جانب وَالِدي وإعادة الاتصال بهم.

أصول..

جاء أسلافي مِن جانب وَالِدي مِن يافع، "مقر السلالة الحميرية القديمة، الَّتِي استمرت مِن تاريخ 110 قبل الميلاد إِلَى 632 بعد الميلاد، عَندَمَا تم دمجها بالكامل فِي الخلافة الراشدة".

قبيلة يافع هِي واحدة مِن أكبر القبائل الَّتِي تنحدر مِن الحميريين القدماء و "كَانَت تنقسم تقليديا إِلَى عشرة فروع أو مشيخات خمسة منها فِي يافع السفلى والخمسة الأخرى فِي يافع العليا"... انتقل أفراد قبيلة يافع واستقروا فِي بعض أجزاء حضرموت، وهي منطقة فِي جنوب شبه الجزيرة العربية تشمل حاليا شرق اليَمَن وأجزاءً مِن غرب عمان وجنوب المملكة العربية السعودية.. لَقَد اندمجوا وأصبحوا جزءً مِن الثقافة الحضرمية والنسيج الاجتماعي خِلَال الـ 300 عام الماضية.

كَانَت عائلة هرهرة شيوخا وسلاطين فِي يافع العليا مِنذ عام 1730 إِلَى عام 1967م.. بعض الدول الَّتِي يحكمها شيخ لا يشار إليها بالضرورة باسم المشيخات.. قد تكون مملكة أو إمارة أو مجرد دولة. حكام هذه البلدان لا يحملون لقب الشيخ. بدلا مِن ذلك، سيحملون لقبا ملكيًا مختلفًا، مثل الملك أو الأمير. "المشيخة هِي منطقة جغرافية، أو مجتمع يحكمه زعيم قبلي يُدعى بالشيخ.. المشيخات موجودة حصرا داخل الدول العربية، وخاصة فِي شبه الجزيرة العربية (دول الخليج)".

لَقَد قرأت وسمعت الكثير عَن حضرموت وأردت بشدة زيارة تلك المنطقة.. كَانَ اليَمَن لا يزال مقسما إِلَى دولتين دولة الشمال باسم الجمهورية العربية اليمنية ودولة في الجنوب باسم جمهورية اليمن الشعبية وذلك عَندَمَا كُنت أعيش فِي شمال اليَمَن..لم يكن التقسيم جغرافيا فحسب، بل كَانَ أيديولوجيا أيضًا.. بدا الشمال أشبه بالمناطق الَّتِي تحكمها طالبان فِي أفغانستان بسيطا ومتخلفا، وبدا الجنوب مثل بقية دول الخليج أو ربما الهند، ولَكِنَّ بنظام اشتراكي. كَانَ البلدان فِي حالة حرب عَندَمَا كُنت أعيش فِي تعز بين عامي 1978 و1979م.

وكما كَانَ الحال مع ألمانيا الشرقية والغربية وكوريا الشمالية والجنوبية وفيتنام الشمالية والجنوبية، كَانَ عبور الحدود بين البلدين اليَمَنيين أمرًا صعبا.. كَانَ اليَمَنيون الجنوبيون قلقين بشأن نوع الأشخاص الَّذِين سيدخلون البلاد.. متخوفين فِي المقام الأول مِن مراقبة العملاء الإسلاميين أو المجندين مِن المملكة العربية السعودية، وكَانَت حكومة اليَمَن الشمالي قلقة بشأن تسلل الاشتراكيين من جنوب اليَمَن..نتيجة لذلك واجهت خطتي زيارة عائلتي والَّتِي كَانَت تعيش فِي جنوب اليَمَن بعض العقبات التي ذكرت إِلَى بعضها.

قررت أن أغتنم الفرصة وأسافر إِلَى مدينة عدن جنوب اليَمَن لمقابلة صديق وَالِدي القديم عبيد بن شحنة والاستفسار عَن كيفية تواصلي مع أشقائي

الَّذِين يعيشون فِي عدن ومدن أخرى فِي جنوب اليَمَن. قبل التوجه إِلَى عدن، تلقيت رسائل مِن أصدقاء وَالِدي، بانصير وباوزير وباشراحيل لإضفاء الشرعية علي كابن حقيقي لوَالِدي ماجد.

في رحلتي الأولى للبحث عَلَى عائلتي، سافرت مِن صَنعاء إِلَى عدن. فِي غضون يوم واحد، وتمكّنت مِن تحديد مكَانَ فوزية، إحدى أخواتي والتي كَانَت تعيش فِي حي المنصورة بعدن مع والدتها (مريم) وابنها (بن بريك).

لدي أربع أخوات مِن جانب وَالِدي، وقبل وقت طويل مِن السفر إِلَى جنوب اليَمَن، لم أكن متأكدا حَتَّى مما إِذَا كَانَت أي مِن اخواتي عَلَى علم بوجودي.. عَندَمَا سافرت إِلَى عدن، حملت عدة صور لوَالِدي وكذَلِك بطاقة هويتي اليَمَنية وجواز سفري مع ذكر اسمي الكامل، لَكِنّ لم يكن أي مِن ذَلِك ضروريا لإثبات هويتي لأخواتي اللواتي قابلتهن فِي تلك الرحلة، كانوا يعرفون الاسم الذي لقبني به والدي في طفولتي (عاد).

عدن..

كَانَت عدن واحدة مِن أهم الموانئ ونقاط إعادة الشحن عَلَى الطريق بين الهند وبريطانيا... أبان وقوعها تحت سيطرة المستعمرة البريطانية، كانت ترسو زهاء 650 سفينة شهريا فِي الميناء، مما جعل من عدن كثاني أكبر ميناء فِي العالم بعد ليفربول، وعلى النقيض مِن صَنعاء القابعة فِي العصور الوسطى، ظلت عدن، عَلَى الرغم مِن كل آثار الاشتراكية، مدينة عالمية

أساسية لكلا البلدين اليَمَنيين.

تولّى ابن أخي، بن بريك (ابن فوزية)، مسؤولية اصطحابي فِي زيارتي الأولى إِلَى عدن.. كَانَ أصغر مني ببضع سنوات، ولَكِنَّه كَانَ كفؤا وفخورا بمعرفته بجنوب اليَمَن الاشتراكي.. كل يوم، كنا نغادر المنزل لزيارة مختلف مناطق عدن، بما فِي ذَلِك المتحف العسكري والواقع فِي حي التواهي ، والذي يحتوي عَلَى قطع أثرية رائعة مِن الثقافة العربية القديمة.. لَقَد دُهشت عند زيارة حديقة الدبابات، حيث تم استخدام خزانات المياه المستخدمة لتخزين الأمطار الَّتِي تسقط بشكل دوري عَلَى عدن منذ العصور القديمة.

أحد اللحظات المثيرة للاهتمام فِي زياتي عدن عَندَمَا أخذني بن بريك إِلَى منزل الشاعر الفرنسي آرثر رامبو، والَّذِي كَانَ يقع بالقرب مِن مكتب البريد الرئيسي.. اعتقد ابن أخي أنني شخص جيد القراءة ووجد أنه مِن الغريب أنني لم أكن أعرف شيئا عَن رامبو، والَّذِي وصل لأول مرة إِلَى عدن فِي عام 1880، وتفرغ للأدب عَندَمَا كَانَ فِي التاسعة عشرة مِن عمره.. عَلَى ما يبدو، عَاش رامبو أيضًا فِي إثيوبيا وعلم الملك الإثيوبي هيلا سيلاسي أثناء إقامته فِي هرر.

من تلك الرحلة وبقية رحلاتي اللاحقة إِلَى عدن، واصلت استكشاف مناطق أخرى مِن المَدِينَة، بما فِي ذَلِك خليج جولد مور، مع السباحة الممتازة.. أستمتعت بالمحيط، وبالتقاط الصور..الان أشعر بالحرج مِن

عرض تلك الصور، حيث يمكن للمرء أن يحسب أضلاعي لأنني كُنت نحيفا جدًا...

سمّي خليج عدن بجولد مور مِن لفظة Mohur، - عملة ذهبية سابقة للهند وبلاد فارس- كثيرا ما حذرني ابن أخي مِن السباحة في جولد مور بسبب وجود أسماك القرش .. لاحظت شبكة فولاذية لحماية الشاطئ مِن أسماك القرش المفترسة.

خِلَال العام 1982م تمكّنت مِن زيارة الكنائس المسيحية فِي عدن لولا تلك الرحلة، لم اكن قد رأيت أي كنائس مسيحية، منذ مغادرتي إثيوبيا..للعلم لم يكن يمانيو الشمال متسامحين مع هَذَا النوع مِن التنوع.

كريترهِي أقدم منطقة فِي عدن وكَانَ يعيش فيها أبناء عمومتي. اسمها الرسمي هو سيرا، وتسمّى بفوهة البركَانَ، لأنها تقع فِي فوهة بركَانَ قديم. في زمن مضى كَانَ خليج فوهة البركَانَ مع شبه جزيرة سيرا، حَتَّى منتصف القرن التاسع عشر، الميناء الأصلي للمدينة.

رافقني في جميع زياراتي إِلَى جنوب اليَمَن ابن أخي حتى في مشاهدة الأفلام والاستمتاع ببارات الديسكو.

عَندَمَا كُنت فِي إثيوبيا، كُنت صغيرا جَدَّاً على الخروج إِلَى المقاهي أو الحانات وفِي شمال اليَمَن، لم تكن هناك حانات وعدد قليل مِن دور السينما اللائقة للذهاب إليها.. كَانَ التواجد فِي عدن ورؤية الأولاد والبنات

يذهبون إِلَى المدَرسَة ويذهبون إِلَى السينما ويرقصون فِي الحانات معا تجربة جديدة تماما.. لم أكن أعتقد أن مثل هَذَا الاختلاط موجود.. بالتأكيد لم أكن أتوقع أن أراه فِي الثقافة العربية. لاحظ ابن أخي كم كُنت خجولا فِي تلك الأماكن والمواقف، فقَال لي: "هَذَا هو جنوب اليَمَن. إنها دولة حرة! استمتع بها!"

كُنت أنا وابن أخي مراهقين، لَكِنَّه طلب البيرة المحلية ووجدني غريبا لعدم شرب أي منها.. كَانَ يشرب بيرة سيرا فِي عدن. سألته عما إِذَا كَانَت البيرة مستوردة أو مصنوعة او تم تخميرها فِي عدن. قال: "نعم، بالطبع تختمر بفخر فِي عدن!"

كَانَت عدن المَدِينَة الوحيدة فِي شبه الجزيرة العربية الَّتِي تمسكت بتقاليدها فِي إنتاج البيرة منذ أيام الاستعمار بينما تصاعد الضغط الإسلامي فِي كل مكَانَ ضد استهلاك الكحول.. فِي الدولة الأكثر يسارية فِي العالم العربي، جنوب اليَمَن، لم يكن الجميع يخجلون مِن انتهاج النظم العلمانية فِي بلادهم.. كُنت فخورًا بتراثي اليَمَني الجنوبي لمجرد أن لديهم الحرية فِي اختيار شرب البيرة!

بعد الحرب الأهلية عام 1994، عَندَمَا استولى الشماليون عَلَى جنوب اليَمَن بالقوة، أزال زعماء القبائل مِن شمال اليَمَن البيرة مِن المخازن وأحرقوا مصنع البيرة عَلَى الأرض..كما حولوا الكنائس المحلية إِلَى مبان تخزين.. ومن

المفارقات أنه بينما تم حظر الخمور فِي شمال اليَمَن، يمكنك الذهاب إِلَى منازل الناس والعثور عَلَى حانات كاملة.. كَانَ هَذَا أحد جوانب الحياة المنافقة الَّتِي شهدتها باستمرار، مما جعلني أتساءل إِلَى متى ستستمر مثل هذه الأعمال؟

الثالث عشر
مريم

النفوس البريئة تجد طريقها إليك، سواء كَانَت مِن رحمك أو مِن رحم شخص آخر.
شيريل كرو

في اليوم الَّذِي التقيت فيه بزوجة أبي مريم (والدة فوزية وجدة بن بريك)، قضيت الليلة بأكملها أتحدث معها. أمضت زوجة أبي ما يزيد قليلا عَن خمس سنوات فِي إثيوبيا، وعلى الرغم مِن أنها غادرت إثيوبيا قبل أكثر مِن خمسة وعشرين عاما، إلا أنها تمكّنت مِن تذكر بعض الكلمات والجمل الأمهرية.. كَانَت أجمل امرأة رأيتها فِي حياتي.

تركّز الجزء الأكبر مِن حديثي معها عَلَى وَالِدي.. بدا أنها تعرف جوانب أخرى مِن وَالِدي لم يكن بانصير يعرفها.. أخبرتني عَن أيام طفولة وَالِدي، وخلافاته مع أخيه الكبير، وخدمته العسكرية، والإصابات الَّتِي تلقاها أثناء خدمته العسكرية، وعاداته فِي إقامة حفلة منزلية كل أسبوع، وافتتانه بالسيارات والبنادق، وإدمانه عَلَى الكحول - ومدى حبها له.

ظللت اطالبها بمزيد من التفاصيل حول كيفية لقائها بوَالِدي.. أخبرتني أنها كَانَت امرأة متزوجة عَندَمَا التقيا. كَانَ زوجها خارج البلاد فِي ذَلِك الوقت، وكَانَ وَالِدي فِي المَدِينَة لزيارة والدته.

"عرفتني والدته عليه.. ثم بدأت أتبادل الرسائل معه مِن خِلَال زوجته زينب الَّتِي كَانَت ترتبط بي بصلة قرابة.. لم تكن زينب تجيد القراءة والكتابة. فِي ذَلِك الوقت، كَانَ أخي مريضًا، وتظاهر والدك بإرسال معلومات حول علاجات الاسترداد. أبقتنا والدته وزوجته عَلَى اتصال. هكذا بدأت الأمور".

"حملت بينما كَانَ زوجي لا يزال بعيدا. قام والدك برشوة وتهديد كل سلطة وقاض فِي البلدة لمنحي الطلاق مِن زوجي حَتَّى أتمكن مِن الزواج منه.. ولدت أختك بعد بضعة أشهر فقط مِن زواجي مِن والدك. كَانَت هذه أكبر قصة فِي القرية، وكُنت أنا وابنتي معزولين عَن سلسلة الأسرة بأكملها. ثم اعتقد والدك أنه سيكون مِن الأفضل أن أغادر مسقط رأسي وأتوجه إِلَى بلد آخر، ولهَذَا السبب ذهبنا إِلَى أَديس أبابا، في إثيوبيا ".

كانَت مريم حاملا فِي شهرها الخَامِس عَندَمَا طلقت زوجها وتزوجت وَالِدي.!

الجزء المثير للاهتمام مِن القصة هو أن جدتي (والدة وَالِدي) كَانَت الخاطبة. علاوة عَلَى ذلك، كَانَت زوجته زينب من تحمل رسائل الحب بين زوجها (وَالِدي) وابنة عمها مريم، عشيقته فِي ذَلِك الوقت. ولأن زينب لم تكن

تعرف القراءة والكتابة، لم يكن لديها أدنى فكرة عما يحدث.

كَانَت جدتِي ملحقة بالفضيحة بأكملها.. كَانَ وَالِدي ثالث وأصغر أبناء والدته، وكَانَت تحبه أكثر مما أحبت طفليها الآخرين. إما أنها، مثل زينب، لم تكن تعرف محتوى الرسائل، أو لأنها أحبته كَثِيرًا، فقد وافقت ببساطة عَلَى العلاقة كمشارك راغب.

أنجبت زينب بنتين هن(هند وشيخة) وابن هو (حسين)، ولم يكن لمريم سوى واحدة هي (فوزية)..نتِيجَة لهذه العائلة المختلطة والعار الذي لحقها بسبب علاقة الحب تلك، لم ينقطع أولاد العم، زينب ومريم، عَن التواصل مع بعضهما البعض فحسب، بل لم تتواصل اختاي مِن الوالدتين مع بعضهن البعض عَلَى مدى السنوات الأربعين الماضية، حاولت بسبب اشتداد الخلاف لم شمل أخواتي معا دون فائدة..بعد فشل محاولاتي اضطررت إِلَى إقامة حفل زفاف حَتَّى تتمكن كل أخت مِن حضور حفل زفافي بشكل منفصل.

ذكرنِي هَذَا الوضع دائمًا بمقولته " العرب لديهم ذاكرة طويلة مثل الأفيال، لَكِنّ الجزء المحزن هو أنهم لا يغفرون أو ينسون أبدا ناهيك عَن التعلم".

كَانَ لدى مريم ذكريات حية وجميلة عَن أَديس أبابا، بما فِي ذَلِك الشوارع الَّتِي عاشت فيها، والأشخاص الَّذِين قابلتهم، وأسماء خادماتها. أثناء إقامتها فِي أَديس أبابا، وجدت أن الظروف الجوية تمثل تحديا، حيث تقع أَديس

أبابا عَلَى ارتفاع أعلى، لذا فهي أكثر برودة مما اعتادت عليه. كما كافحت مع اللغة.

سألتني عَن العديد مِن العائلات الحضرمية الَّتِي عرفتها واختلطت بها فِي ذَلِك الوقت: باهارون، البر، بانصير، باجريش، باشراحيل، بن سليم، إلخ. عَلَى وجه الخصوص، سألت عَن حالة بانصير، لأنه كَانَ يدعمها بشكل كبير كما كَانَ معي.. أخبرتني ذات مرة أنه بينما كَانَت تعيش فِي إثيوبيا خِلَال أوائل 1950م تعرضت لإجهاض توأمين فِي خمسة أشهر.. عَلَى ما يبدو، لم يكن وَالِدي موجودًا فِي أي مكَانَ فِي ذَلِك الوقت، وأخذها بانصير إِلَى المستشفى وبقي بجانبها. قالت إنها لن تنسى أبدا لطفه وأن "ماجد مدين لبانصير بالكثير!" أعطيتها جميع التحديثات والأخبار عَن حال تلك العائلات .. بقدر ما تذكرت أو عرفت.

سألتني إِذَا كَانَت والدتي تقود سيارة مِن قبل، فقلت لها لا، "كَانَ لوالدك العديد مِن الصديقات، وكَانَت إحداهن تأتي وتنتظره بالقرب مِن منزلنا. اعتادت الخادمات أن تخبرني أنها أوقفت سيارتها فِي الخارج وانتظرت منه مغادرة المنزل حَتَّى يتمكنا مِن الالتقاء. لَقَد قاتلنا باستمرار حول مواقفه مِن زير النساء وعادات الشرب. أخرجني مِن ثقافتي وحاول أن يجعلني أبدو وأتصرف كامرأة غربية. أخذني إِلَى فندق راس للرقص بين الحين والآخر. حَتَّى أنه طلب مني حضور قداس الكنيسة الأرمنية، وهو ما

رفضته".

وطالبة المغفرة من الله استمرت فِي إخباري ببعض القصص الحميمية عَن وَالِدي.

سألتها عَن أنواع الموسيقى الَّتِي يستمع إليها والمواد الَّتِي يقرأها.

"كَانَ يحصل عَلَى صحف ومجلات مِن مصر ولبنان، بما فِي ذَلِك صحيفة الأهرام المصرية . الأهرامات]. غالبا ما كَانَ يستمع إِلَى المطربين المصريين، وخاصة أم كلثوم. كَانَ لديه أفضل خط يد باللغتين الإنجليزية والعربية. كَانَ ينظف أسنانه مرتين فِي اليوم"، وأشارت إِلَى أنني ورثت أسنانه. "كَانَ لديه أجمل ابتسامة أيضًا"، تتذكر.

أكدت ما يتذكره معظم الناس عنه. لم يكن ليرتدي نفس القميص طوال اليوم. كَانَ يغيره منتصف النهار كل يوم حَتَّى يبدو دائما نظيفا ويرتدي ملابس جيدة.. كَانَ يدخن الغليون، وبشكل عام، كَانَ رَجلاً سعيدا!

"لَقَد كَانَ مِن النوع الَّذِي الرائق صاحب المزاج العال والذي لا يتوانى التعبير عَن رأيه. كَانَ يعشق التخييم والحياة فِي الهواء الطلق. يمكنه قتل وإشعال النار لطهي العشاء. كَانَت معظم زوجات أصدقائه يخشونه، حيث أخبرهم مباشرة عَلَى وجوههم ما إِذَا كَانَت الوجبات الَّتِي يطبخونها لذيذة أم لا. كَانَت موافقته عَلَى أي شيء مهمة جَدًّاً لمن حوله. تطلع الكثيرون فِي المجتمع إِلَى توظيف خادمات يعملن فِي منزلنا لأن الجميع كَانَوا يعرفون

أنهم مدربون جيدا ويعرفون كيفية الاعتناء بالمنزل. لم يعش حياته مثل أي عائلة عربية نموذجية".

ثمة أمر.. كُنت أشعر بالفضول حياله.. ماجد ليس اسما يمنيا نموذجيا لأولئك الَّذِين ولدوا قبل 1980م وربما أكثر حداثة. علاوة عَلَى ذلك، كَانَت أسماء شقيقه علي وصالح ويحيى – أسماء يمنية نموذجية – وربما كَانَ نصف سكَانَ اليَمَن يحملون هذه الأسماء. سألت لِماذا وكيف كَانَ لديه مثل هَذَا الاسم المختلف والحديث بالمقارنة.

"جدك، وهو تاجر معروف جَدَّاً فِي المكلا، كَانَ له شريك تجاري مِن عمان اسمه ماجد. فِي إحدى الأمسيات عَندَمَا وصل التاجر العماني إلَى ميناء المكلا لمقابلة جدك، كَانَ مِن المتوقع أن تنجب جدتك طفلا، وطلب الرجل العماني مِن جدك تسمية الطفل ماجد إذَا تبين أنه صبي. كَانَ والدك طفلا رضيعا، لذَلِك أطلق عليه جدك اسم ماجد كما طلب شريكه فِي العمل".

أخبرتني بالعديد مِن الصفات الشخصية الَّتِي لم أكن لأعرفها عَن وَالِدي.

"تسأل معظم النساء.. لِماذا تزوجت مِن رجل داكن البشرة؟. اجبتهم أن قلبه نظيف مثل الحليب أو صاف مثل مياه النهر النظيفة. لم يأخذ أبدا أموال أي شخص أو يسيء معاملة أي شخص أو يكذب بشأن أي شيء".

الأهم مِن ذَلِك كله، أنها أحبته بسبب تصرفاته الغريبة.. أخبرتني أنهم

اعتادوا الذهاب إِلَى سودور، وهي منتجع فِي إثيوبيا، كعائلة، كما صادف وان كان ملك إثيوبيا فِي نفس منطقة المنتجع.

"سبح والدك مثل سمكة. كَانَ يغوص فِي عمق الماء ويختفي لفترة طويلة. فِي بعض الأحيان، اعتاد الملك هيلا سيلاسي أن ينتظره بشكل مثير للدهشة ليرى أي جانب مِن الماء سيخرج منه ويبتسم. كَانَ والدك فنانًا، عَلَى أقل تقدير ".

سألت عَن ثروة وَالِدي فِي إثيوبيا، حيث فوجئت بأن لا أحد يعرف ما حدث لها.. أخبرتها أنني لا أعرف شيئا عَن ذلك، وأنني نشأت فقيرا.. لم تكن قادرة عَلَى فهم أنه فقد كل أمواله. أخبرتها أنه ربما دخل فِي ترتيبات تجارية سيئة وخسر المال.. هنا بدأت فقط فِي معرفة حقيقة ما حدث لثروة وَالِدي فِي عام 2010م... وأخبرتها أنه قتل أحد أصدقائه عَن طريق الخطأ وكَانَ عليه دفع مبلغ ضخم كتعويض.

مكثت فِي منزل أختي لمدة أسبوعين، وطوال الوقت، خضنا الاحاديث عَن وَالِدي وطفولتي، وكذَلِك حياة مريم مع ابنتها بعد عودتها إِلَى جنوب اليَمَن مِن أديس أبابا.

"هل تعرف رَجلاً يدعى بيكيلي مولا؟" سألتني مريم ذات يوم.

"نعم، لَقَد سمعت بهَذَا الاسم."

"لَقَد كَانَ صديقا جيدا لوالدك. فِي الواقع، اقترض الكثير مِن المال مِن والدك

لبناء سلاسل فنادقه فِي جميع أنحاء إثيوبيا. اعتاد أن يعلق صورة لعائلتنا فِي غرفة معيشته".

بعد سنوات، عَندَمَا اتصلت بأقاربي فِي إثيوبيا، سألت والدتي البيولوجية وبانصير عَن بيكيلي مولا... قالوا لي إن القصة صحيحة.. لم ينكر بيكيلي مولا اقتراض المال مِن وَالِدي، ولكِنّ بعد وفاة وَالِدي، طلب منهم إحضار الورقة المذيلة بتوقيعه والتي تثبت اقتراضه للمبلغ وتقديمها له كدليل لسداد الأموال الَّتِي اقترضها.. رفضت الأسرة الَّتِي استولت عَلَى منزل وَالِدي تسليم أي أوراق مِن هَذَا القبيل.

في عام 2020م سألت عَن مكَانَ وجود هَذَا الرجل وتعاملاته التجارية ووجدت أحد أبناء بيكيلي مولا.. ذكرت له القصة الَّتِي أخبرتني بها زوجة أبي وسألته عما إِذَا كَانَ سيحدد صور وَالِدي فِي منزل عائلته. وذكر أن لديه بعض الصور، وأنه سيبحث عنها.. لَقَد أرسل لي مؤخرا رسالة نصية ليخبرني أنه لم يجد شيئا.

***

كَانَ مِن النادر والمستهجن بالتأكيد فِي ذَلِك الوقت أن تدخن النساء اليَمَنيات، لَكِنّ وَالِدي كسر تلك القاعدة وعرض عَلَى مريم سيجارة ذات يوم، قبلتها.. ونتِيجَة لاستمراره يوما عن اخر في اعطاءها سيجاره تلو أخرى أصبحت مدمنة وانتهى بها الأمر إِلَى أن تقضي بقية حياتها مدخنة

.. بسبب تأثيره عليها، جربت الرقص.. كَانَ الذهاب للمراقص العامة رفقته يعد فضيحة فِي ذَلِك الوقت وفي تلك الثقافة.

لم يكتفى بذلك فقط بل أزال حجابها، ومضى دون توقف ..لقد كَانَت جميلة جدا، التقط صورة لها بدون حجابها وأرسل الصورة إِلَى أصدقائه، متفاخرا بزوجته الجميلة.

كل هذه الأفعال، الَّتِي تخللتها حقيقة أنها حملت مِن وَالِدي بينما كَانَت لا تزال متزوجة مِن رجل آخر، جعلتها امرأة غير صالحة. عَلَى الرغم مِن مخالفاتها الخاصة، إلاأن تعاطيه للإناث والكحول كَانَ فِي النهاية أكثر مِن اللازم بالنسبة لها. عَندَمَا ذهب بعيدا فِي رحلات عمل وكَانَ مِن المحتمل أن يتلذذ مع نساء أخريات، كَانَت تصب الكحول فِي المرحاض. دفعتها تصرفات وَالِدي الغريبة فِي النهاية إِلَى تركه والعودة إِلَى جنوب اليَمَن بمساعدة صديق وَالِدي باجريش.

الرابع عشر
بَعْض مِن شَيْء

كونك فرداً من عائلة يعني أنك جزءً مِن شيء رائع للغاية. هَذَا يعني أنك ستحب وتكون محبوباً لبقية حياتك.
ليزا ويد

فوزيه

فوزية هي من بين شقيقتي الباقيتان عَلَى قيد الحياة مِن جانب وَالِدي .. لست متأكدًا مما إِذَا كَانَ وَالِدي قد فكر فِي الأمر بهذه الطريقة، لَكِنّ اسمها - الَّذِي يعني النصر - مناسب بالنظر إِلَى ظروف زواج وَالِدي مِن والدتها (مريم) وكيف جاءت فوزية إِلَى هَذَا العالم ونجت مِن الموت.
الطفل المولود خارج رباط الزوجية بموجب الشريعة الإسلامية غير مؤهل للحصول على الميراث مِن والده المتوفى.. لو لم يتزوج وَالِدي مريم بالسرعة الَّتِي تزوج بها، لما كَانَت مريم وفوزية تتعاملان مع المحرمات الاجتماعية فحسب، بل لكَانَتا ممنوعتين أيضًا مِن الحصول عَلَى أي ميراث.. كَانَت

فوزية فِي نفس المأزق الَّذِي كُنت واقعا فيه عَندَمَا توفي والدنا.
فوزية شخصية هادئة وتحتفظ دائمًا بمشاعرها وآرائها لنفسها. لا أعرف سببا لذلك، لَكِنّ صمتها كمن يتحدث عَن مجلدات دون أن ينبس ببنت شفة.. خيارها بالتزام الصمت يعني، "من الأفضل عدم التحدث عَن ذَلِك ["إنه" أي شيء صعب أو مؤلم، بما فِي ذَلِك وفاة والدنا]. لا يوجد شيء للحديث عنه". بدلا مِن مناقشة القضايا، اختارت دفعها جميعا جانبا ونسيانها. إنها لا تتفاخر باسم عائلة هرهارا كما تفعل أخواتي الأخريات، ولا تريد التحدث عَن أخطاء والدنا، إلخ.
أثناء إقامتي فِي منزل فوزية فِي عدن، كُنت دائمًا لا أتوقف عن الانخراط فِي المحادثة المطولة مع ابنها ووالدتها.. وجدني ابنها شخصا مثيرا للاهتمام، لأنني لم أكن أصلي، ومع ذَلِك لا أشرب الكحول أو أمضغ القات.

كَانَ يشرب الكحول، لكنني لم أفعل، وكَانَ ذَلِك مسليا له. لَقَد ولد ونشأ فِي بيئة اشتراكية، وكَانَ مفتونا بأسلوب حياتي.. لَقَد رآني أفعل أشياءً مختلفة يعلمنا الإسلام ألا نفعلها، لكنني فِي الوقت نفسه أتبع بعض التعاليم الإسلامية.. بالنسبة له، لم أكن مسلمًا ملتزما ولا اشتراكيا.. رآني أستمتع بحياة حرة نسبيا فِي شمال اليَمَن وأحلم بالسفر إِلَى الولايات المتحدة.. كَانَت البرجوازي هِي الكلمة الَّتِي استخدمها لوصفي، و كَثِيرًا ما قَال لي، "بغض النظر عَن مدى فقرك عَندَمَا كُنت طفلا، فأنت لا تزال

برجوازيا".

كَانَ فِي السابعة عشرة مِن عمره، أصغر مني بعام أو عامين فقط، عندما قَال لي ما قاله لأول مرة..

بينما كُنت أعمل عَلَى مسودة هَذَا الكتاب، أجرينا أنا وهو عدة محادثات مطولة تركزت حول الوقائع التي شهدناه مِن أوائل 1980م. انتهى به الأمر مصابا بفيروس كوفيد COVID-19 فِي ديسمبر 2021م وتوفي قبل أن تتاح له الفرصة لرؤية نسخة الكتاب.

يتفاقم صمت فوزية مع الحزن عَلَى وفاة ابنها الوحيد. كما هو حالها، فهي لا تتحدث عَن وفاته.. لا أستطيع أن أرى حزنها، لكنني أعلم أنها حزينة.. لن تقول أبدا "لَقَد تأذيت. إنه الابن الوحيد لدي، وأنا أفتقده". إنها لا تعبر عَن حزنها ولا تبكي.. لا تزال صامتة.

وبما أنها مطلّقة وتوفي ابنها الآن، فليس لديها أي مصدر مالي. لذلك، نقلت إليها كل ميراث جاء فِي طريقي.. كما أوضحت بالتفصيل فِي المجلد الأول، لم أتلق أي ميراث عَندَمَا توفي وَالِدي، ولا أمي أو أي مِن زوجة أبي. ومع ذلك، منذ ما يقرب مِن 400 عام، امتلكت عائلتي عقارا فِي الشحر، حضرموت، وفي عام 2019، قررت العائلة بيعه. لم يرغب معظم أفراد عائلتي فِي بيعه لأنه جزء مِن إرث عائلتنا، ولكِنّ الحقيقة هِي أنه لم يكن

هناك سبب وجيه للاحتفاظ به.. هناك ما بين 150 و 200 حفيد. جزء صغير منا فقط يكسب المال خارج اليَمَن، ولا أحد منا يستطيع شراء العقار بشكل فردي، لذَلِك قمنا ببيعه، وبقيامنا بذلك، اضطررنا إِلَى احتضان العار الَّذِي يصاحب عدم القدرة عَلَى الاحتفاظ به. بسبب الثقافة السائدة، هناك وصمة عار مفادها "أننا لسنا رجالا بما يكفي للاحتفاظ بالميراث".

تم بيع الارث والورث، ووفقا لتقاليد الميراث الإسلامي، تم تقسيم الأموال بين الأولاد فقط.. اعتقادي هو أن الرجل لا ينبغي أن يأخذ مِن النساء.. شعرت أن أخواتي يحق لهن الحصول عَلَى نفس القدر مِن الميراث مثلي، نظرا لأنني أعيش فِي كندا وأكسب جيدا، فقد أعطيت كل نصيبي بالتساوي لجميع أخواتي، وهي ممارسة غير شائعة.. كَانَت هند قد ماتت، فأعطيتها نصيبها لابنتها.

هند

كَانَ اسم أختي الكبرى هند، وهو ما يشير الى الهند. ومع ذلك، أطلق عليها الجميع اسم مجودة، لأنه فِي العادات والتقاليد الحضرمية المحلية، إِذَا كَانَت الطفلة الكبرى أي البكر فتاة، يتم إجراء تغيير طفيف عَلَى اسم والدها ويتم إعطاء اسمه المعدل لها.. عَلَى سبيل المثال، إِذَا كَانَ اسم والدها علي، يتم تسميتها بعلياء أو عالية.. فِي حالة هند، لأن اسم والدنا كَانَ ماجد، كَانَت تدعى مجودة.

في عام 1982م، سافرت مع ابن أخي بن بريك مِن عدن إِلَى مدينة المكلا الساحلية، حيث استقلنا سيارة أجرة إِلَى مدينة الشحر، عَلَى بعد حوالي أربعين كيلومترا مِن مطار المكلا.. تم ابلاغ هند بخبر زيارتي قبل وصولي المكلا، لذَلِك كَانَ امامها أسبوعين للاستعداد والتحضير لإقامتي.. عَندَمَا وصلت، رأيت المنزل قد تم تنظيفه وطلاؤه، وتم إخطار جميع سكَانَ القرية بزيارتي المعلقة.. تم تنظيم الطعام والموسيقى.. كَانَ الاستقبال يفوق توقعاتي.

في التقاليد الحضرمية، الصبي هو الذهب.. كُنت الابن الوحيد لماجد الَّذِي سيحمل اسم العائلة، لذَلِك كُنت الشخص الوحيد الَّذِي يعيل أخواتي.. وتأكدت مِن أن المجتمع بأكمله يعرف أن ابن ماجد كَانَ فِي المَدِينَة.

خِلَال زيارتي، لم يكن لدي وقت لإطلاق الريح لأن الناس كَانوا يتدفقون باستمرار للزيارة. كُنت أعتقد أنني أزور أختي، لَكِنّ بدا الأمر كما لو أن البلد كله جاء ليقول مرحبا.. كَانَ علي أن أحافظ عَلَى نظافتي، وأن أرتدي ملابسا جيدة، وأن أجلس بشكل لائق، وأن أتحدث بشكل صحيح.. كَانَ مِن المتوقع أن أصور حضورًا سلطانيا، وأن أتصرف باحترام، وأن أحافظ عَلَى صورة العائلة ومكَانَتها.. يا له مِن تناقض مع الخلفية المتواضعة الَّتِي نشأت فيها!

لم أتدرب أبدًا عَلَى القيام بتلك الافعال وبالطريقة الَّتِي يتوقع مِن الشيخ أو

السلطان أن يتصرف بها.. كَانَ كل شيء ساحقًا للغاية وكَانَ أول لمحة قوية عَن مدى أهمية عائلتي فِي هَذَا المجال.

كل يوم كَانَ بمثابة عطلة ملحقة بوليمة كبيرة... الفائض والتنوع فِي الطعام الَّذِي قدمته أختي لجميع الزوار جعل الْأَيَّام تبدو وكَأنَها حفل زفاف صغير أو حفلة عيد ميلاد كبيرة.. كَانَ هناك عدد لا نهائي مِن الحلويات المحلية الصنع اي غير المستوردة والهلام والأسماك ولحم الضأن.. تم ذبح الخروف وتتبيله ثم طهيه فِي الأرض تحت الصخور الساخنة.

لَقَد حرصت عَلَى أن يقوم الأشخاص الأكثر أهمية وتأثيرا بزيارة أثناء وجودي هناك، حيث كُنت بطريرك الأسرة. لم يحضر الزوار أي شيء.. لَقَد جاءوا فقط مع أطفالهم لزيارتهم، لأن أختي، بصفتها المضيفة، كَانَ عليها توفير المشروبات والطعام.. حاول معظم الناس عدم القدوم فِي وقت الطعام، ولكِنّ بغض النظر عَن الوقت مِن اليوم، لا تزال أختي تقدم الشاي والقهوة والتمر.

تمت دعوة بعض الأشخاص المختارين خصيصا لتناول العشاء، وعادة ما كَانَ العشاء يضم حوالي ثمانية عشر شخصا. فِي السنوات اللاحقة، مع العلم بنفقات أختي، أحضرت معي الكثير مِن المال لدفع ثمن هذه الاحتفالات. كُنت أعرف التوقعات - أنها ستستضيف الناس بسخاء. لم تسمح لي أبدا بدفع ثمن أي شيء، ولكِنّ قبل أن أغادر بعد كل زيارة، كُنت

أخفي النقود تحت الوسادة أو فِي مكَانَ آخر حَتَّى تجدها بعد رحيلي.
العرب هم أكثر الناس سخاءً.. الضيافة فِي الشرق الأوسط لا حدود لها.. فِي حضرموت، بعد استضافتك - عَندَمَا تغادر وتقول وداعا - يطلبون المغفرة عَن أي شيء ربما فاتهم.. عَندَمَا غادرت منزل أختي بعد زيارتي الأولى، طلبت ان اغفر لها ان قصرت ..طريقة متواضعة وسخية لإظهار الاحترام.

***

قالت لي هند: "باستثناء طولك، كل شيء فيك يتمثل في والدنا: قدميك ويديك وشكل فمك وأنفك". وأضافت: "لا أحد منا يمتلك ابتسامته غيرك.. فِي اللحظة الَّتِي ابتسمت فيها، رأيت وَالِدي.. لديك ابتسامته وأسنانه .. يجب أن تكون والدتك قصيرة ".
كَانَت أختي الكبرى أطرف أخواتي. .كَانَت الصورة مهمة جَدًّاً بالنسبة لها.. أرادت أن أتصرف كما الغني وأن اكون مُهيبًا.
"أنت ابن هرهرة مِن سلالة يافع!" اعتادت الترديد.. كَانَ يجب أن تكون الطريقة الَّتِي أرتدي بها ملابسي وجودتها عالية ودقيقة، لقد كَانَت تضايقني كما لو كُنت طفلها.
قدمت توقعات أختي بُعدا إضافيا لم أكن مستعدًا له.. بالكاد تمكنت من الصلاة .. كَانَت معارفي الاسلامية متواضعة جدا، حَتَّى أنني لم اكن

أحفظ معظم آيات القرآن... كُنت صبيا ضائعا نجا بالكاد مِن كونه يتيما بلا مأوى.. هي لم تريدني أبدًا أن أقول إنني كُنت فتى فقيرا. قالت لي: "لا ينبغي لأحد أن يعرف أنك كُنت فقيرا فِي يوم مِن الْأَيَّام!" أخبرتها أن هذه هِي الحقيقة .. لَقَد كُنت بالفعل فقيرا.

قالت: "نعم، أنا لا أطلب منك أن تكذب، لَكِنّ لا يجب أن تتحدث عَن مصائبك الماضية اليوم.. سيتم قياسك مِن خِلَال وضعك الحالي ".

لَقَد حرصت عَلَى أن أتظاهر بأنني رجل ميسور الحال حَتَّى يفترض الناس أن لدي أموال والدنا.

"لَقَد كَانَ رَجلًا متطورا، لذا مِن فضلك لا تخذله بذكر أي مِن التحديات الَّتِي واجهتها. تحديات الحياة والسجون مخصصة للرجال الحقيقيين ويجب تحملها فِي صمت إلا إِذَا كُنت تريد أن تعتبر نفسك امرأة. إِذَا كُنت رجلا، فلا تشتكي. إِذَا اشتكيت سيظن الناس الظنون مما يعني أنه سينظر إلي عَلَى أنني ضعيف.. في المجتمع العربي، إِذَا قضى المرء وقتا فِي السجن، فإنه يعتبر رَجلًا حقيقيا - رَجلًا شجاعا وقويا.. كَانَ التعبير الَّذِي ستستخدمه هِي وآخرون هو "السجن بني للرجل"، مما يعني أن الفتيات لم يسجنن أبدا. تم سجن الرجال الأقوياء فقط.) لَقَد أخافني تصميمها وهوسها بالصورة وأثار إعجابي.

سألت بسرعة ..كم كسبت ولمن عملت، وأرادت أن تعرف مستوى التعليم

الَّذِي حققته.. بدأت تخبر جميع الزوار الَّذِين جاءوا لتقديم احترامهم أنني عملت مع الأمريكيين وكسبت حوالي 3,500 دولار أمريكي شهريا، وهو مبلغ ضخم مِن المال لخريج مدرسة ثانوية فِي جنوب اليَمَن، فِي وقت كَانَ متوسط الراتب الشهري يتراوح بين 135 و 150 دولارا أمريكيا.. أخبرتهم أنني أتحدث الإنجليزية والعربية والأمهرية. فِي حضرموت، لم يتظاهر أحد بأنه يحب الاتحاد السوفيتي السابق، وحرصت عَلَى إخبار الجميع أن شقيقها مرتبط بالأمريكيين، وليس الروس الفقراء. كَانَت تزين كل شيء، وبدأت أشعر بالقلق.

في وقت لاحق، اكتشفت أنها كَانَت تبني صورتي حَتَّى تقبل أي عائلة بفارغ الصبر أي عرض زواج إذَا صادف أن قدمت واحدا. بالإضافة إِلَى ذلك، كَانَ مِن المهم بالنسبة لها الحفاظ عَلَى صورة عائلتنا وسمعتها سليمة.. أكدت لي باستمرار أن عائلتنا ووالدنا كَانَا يحظيان باحترام كبير.. عَندَمَا كَانَ يتجول لزيارة الناس، اعتاد أطفال الحي عَلَى الاصطفاف خارج المنازل لجمع علب السجائر الفارغة.. كَانَ والدنا متحضرا ومن الطبقة العليا، وكَانَت السجائر الَّتِي يدخنها مِن إنجلترا، وحَتَّى عَندَمَا لم يتم إرسال أي فتاة إِلَى المَدرسَة، أرسلها والدنا إِلَى المكلا للذهاب إِلَى المَدرسَة.

لم يقتصر هوسها بالحفاظ على صورة عائلتنا عَلَى زيارتي.. هكذا عاشت حياتها، وقدمت نفسها كعضو مشرف مِن سلالة وَالِدي، لَكِنّ زيارتي

أعطتها سببًا إضافيا لزيادة عرض هذه الصورة، لأنني كُنت الذكر الباقي عَلَى قيد الحياة وبالتالي رب الأسرة الجديد.

قابلت جميع أبناء عمومتي وأقاربي البعيدين وخِلَال تلك الزيارة والزيارات اللاحقة تجولت فِي جميع أنحاء المَدِينَة وقمت برحلات إِلَى المواقع التاريخية مثل تريم وشبام وسيئون.. تريم هِي مدينة تاريخية تعرف باسم المركز اللاهوتي والقانوني والأكاديمي لوادي حضرموت. "تشير التقديرات إِلَى أن تريم تحتوي عَلَى أعلى تركيز لأحفاد النبي محمد [صلى الله عليه وسلم] فِي أي مكَانَ فِي العالم".

شبام هِي مدينة صغيرة مسورة يبلغ عدد سكَانَها حوالي 7000 نسمة. تعرف باسم مانهاتن الصحراء بسبب مبانيها الشاهقة القديمة المبنية مِن الطوب اللبن والَّتِي يعود تاريخها إِلَى القرن السَّادِس عشر. يصل ارتفاع بعضها إِلَى أحد عشر طابقا. تم تعيينه كموقع للتراث العالمي لمنظمة الأمم المتحدة للتربية والعلم والثقافة (اليونسكو) فِي عام 1982. وسيئون ، فِي وسط وادي حضرموت، هِي أكبر مدينة فِي المنطقة. كَانَت المَدِينَة عَلَى ما يبدو نقطة استراحة للمسافرين تاريخيا. كَانَ أحد الأماكن البارزة الَّتِي يتوقف فيها المسافرون مقهى تديره امرأة تدعى سيئون، لذَلِك سميت المنطقة عَلَى شرفها. أثارت زيارة مثل هذه المواقع إعجابي بالأهمية التاريخية لهذه المدن، وشعرت بوجود سلالة عائلتي فِي هذه المنطقة.

كَانَت زياراتي دائما قصيرة بسبب تربيتي المتواضعة والصعبة. لم أنشأ مع أخواتي، لكنهم عاملوني كما لو كُنت أهم شخص بالنسبة لهم، مما تطلب مني إجراء تعديل فكري كبير بسرعة.. لم أكن أحب اليَمَنيين الشماليين، لكنني سرعان ما بت أحب اليَمَنيين الجنوبيين، وعلى وجه الخصوص، عائلتي. أريد أن أحتفظ بهويتي كجنوب يمني بسبب أخواتي حَتَّى اليوم.. لا شيء يحملني إِلَى البلاد بقوة كما تفعل أخواتي.. بقدر ما تعرضت لسوء المعاملة فِي الشمال، فقد عوضوا عَني بحسن معاملتهم لي.. لَقَد ساعدوني عَلَى إدراك أنني لست أقل شأنا.

ذات مرة اعتذرت عَن عدم قدرتي على التحدث باللهجة المحلية والتي تسمى باللهجة الحضرمية، لأنني ولدت فِي إثيوبيا.. أصيب السكَّانَ المحليين والَّذِين كَانَوا هناك يستمعون ألي بخيبة أمل.

قالوا إن لغتي العربية ممتازة بما يكفي لفهمها، والأهم مِن ذلك، "أنت هنا تبحث عَن جذورك داخل عائلتك.. هَذَا هو كل ما يهم. أنت ابننا .. لا أكثر ولا أقل ".

انسان كامل..

سماع أخواتي يقلن لي: "أنت أخونا. أنت ابن أبينا"، جعلني إنسانا كاملا. كَانَت معاملتهم لي فِي تناقض صارخ مع الإساءة الَّتِي تعرضت لها عَندَمَا كُنت طفلا مِن شقيق أمي الأكبر لمجرد أن وَالِدي كَانَ عربيا. كَانَ عمي

يدفعني للشعور بالنقص، لَكِنّ أخواتي كافحني بأكثر مما فقدته فِي أول ثمانية عشر عاما. لقاء عائلتي كَانَ يلتقي بالنصف الآخر مني.

بعد أن كُنت فِي اليَمَن لمدة عامين، بدأت أركز عَلَى تكوين وبناء علاقات قوية مع أخواتي. كُنت أعيش كل عام فِي شمال اليَمَن بعد أن التقيت بأختي الكبرى لأول مرة، وأخذت خمسة وأربعين يوما فِي شكل إجازة مدفوعة الأجر وغير مدفوعة الأجر لزيارتها. للأسف، توفيت فِي عام 1998م بسبب مضاعفات مرض السكري.

بعد هذه الرحلات، تم وضع جميع أزمات هويتي فِي الفراش. نفخت صدري بثقة كبيرة. بينما كُنت أغادر فِي إحدى المناسبات، أعطاني أحد أبناء عمومتي بعض الكتب لأقرأها عَن تاريخ عائلة هرهرة، الَّتِي يعود تاريخها إِلَى عدة قرون. أنا بفخر أمتلك هذه الكتب حَتَّى اليوم. يتضمن أحد الكتب شجرة عائلة ظلت عَلَى مدار الـ 300 عام الماضية. كَانَت رؤية اسمي موشوما فِي شجرة العائلة أفضل مِن الحصول عَلَى شهادة الدراسة الثانوية!

شيخة...

الأخت الوحيدة الَّتِي عرفتها مِن الصور والمكالمات الهاتفية ولكني لم أقابلها أبدا انتظرت أكثر مِن ثلاثين عاما لرؤيتي شخصيا. وذَلِك لأنني عَندَمَا كُنت أعيش فِي شمال اليَمَن، منع معظم اليَمَنيين مِن دخول الإمارات. كَانَ مِن الصعب جَدَّاً الحصول عَلَى تأشيرة، لذَلِك لم أستطع السفر إِلَى

الإمارات العربية المتحدة حَتَّى حصلت عَلَى جواز سفري الكندي.

كَانَ اسمها شيخة، وكَانَت أما لخمسة أطفال. الشيخة تعني القائد أو الباحث. عَلَى الرغم مِن كونها الطفلة الثالثة للعائلة، إلا أنها كَانَت الَّتِي اعتنت بالجميع، بما فِي ذَلِك أختها الكبرى وأطفال بنات شقيقها الراحل الَّذِين يعيشون فِي جدة، المملكة العربية السعودية. إلَى جانب كونها شخصا طيب القلب، بعد أن هاجرت إلَى دول الخليج الغنية (الكويت والإمارات العربية المتحدة) مع زوجها، كَانَت فِي وضع مالي لدرجة أنها تمكّنت مِن إرسال التحويلات المالية والأدوية والملابس والهدايا بشكل منتظم إلَى أقاربها فِي اليَمَن.

عَندَمَا وصلت إلَى منزلها فِي يوم الـ 13 من ديسمبر 2003 –تصادف انه نفس اليوم الَّذِي تم فيه القبض عَلَى صدام حسين!- استقبلني العشرات مِن أبنائها وأحفادها، معظمهم مِن الفتيات. وقد أتاح لي التبادل السابق للرسائل والصور فرصة للتعرف عَلَى بعض الأطفال، لذَلِك تمكّنت مِن مناداة بعضهم بأسمائهم. بعد رحلة طويلة مِن كندا، كُنت مرهقا، لكِنّ رؤية العائلة أعطتني دفعة فورية، لذَلِك واصلت التحدث ورواية القصص. بعد وقت قصير مِن وصولي إلَى المنزل، جاءت أختي إلَى الغرفة لتحيتي. عانقتها طويلا. لَقَد رغبت فِي عدم البكاء، عَلَى الرغم مِن أنني أردت ذلك. لَقَد بكت قليلا. ظللت أبتسم وقلت لنفسي: أخيرا، تمكّنت مِن مقابلة الأخ

الأخير، وهو الوحيد مِن بنات ماجد الَّذِي لم ألتق به حَتَّى الآن. لَقَد كَانَ مزيجا مِن المشاعر - مِن النصر ولم الشمل.

تحدثت شيخة بهدوء، عَلَى عكس أختنا الكبرى، ولم تمزح كَثِيرًا. كَانَت شخصا محسوبا وملاحظا. هناك نمط واحد ثابت بين أخواتي رغم ذلك. كلهم لائقون وكريمون. يبدو أنهم يمتلكون حضورا غير مرئي للسلطة وسمات أخرى يتوقع المرء رؤيتها مِن أفراد العائلة المالكة أو كبار الشخصيات أو غيرهم مِن الأشخاص ذوي المكَانَة العالية. إنهم يظهرون الاحترام عَلَى الفور. هناك شيء عنهم يجعل الآخرين يتعرفون عليهم كقادة أو أشخاص ذوي سلطة. جميعهم يعانون مِن مرض السكري ومثل وَالِدي، فهم مزاجيون - غالبا ما يكونون متطلبين وسريعي الغضب عَندَمَا لا تسير الأمور فِي طريقهم، ولا يقبلون أبدا بالرفض كإجابة. إنهم يحتقرون تماما أولئك الَّذِين يكذبون ويغشون وأولئك الَّذِين هم كسالى أو نجسون أو غير مرتبين.

على الرغم مِن أن ابنة أخي وجدان اعتنت باحتياجاتي خِلَال هذه الزيارة، إلا أن أختي أعطت أوامر للخادمات للتأكد مِن أنني قد أكلت وأن منطقة نومي جاهزة. كَانَ لديها خمس خادمات وتأكدت مِن الاعتناء بي تماما واتباع جميع البروتوكولات المناسبة. طوال فترة إقامتي، تأكدت أيضًا مِن غسل ملابسي وكيها بشكل مثالي. فِي الليلة الَّتِي وصلت فيها وقبل التوجه إِلَى غرفتها، وعدت بتناول الإفطار معي فِي صباح اليوم التالي.

لشدة دهشتي، كَانَت اختي أول من قدم إِلَى غرفتي فِي صباح اليوم التالي حاملا بيضتين مسلوقتين وثلاث تمرات وفنجان قهوة. .كَانَ هَذَا هو الإفطار المفضل لدي منذ 1980م فِي تلك اللحظة، تسللت الدموع من عيني.. كَانَت أفعالها متسقة مع نمط وطريقة معاملتي مِن قبل جميع أخواتي فِي عدن وحضرموت وصَنعاء، عَلَى الرغم مِن أنه كَانَ فِي الصباح الباكر، إلا أنها كَانَت ترتدي ملابسها وتهيئها بشكل صحيح. جلست بجانبي وبدأت تسأل عَن رحلتي.. ثم سألت عَن زوجتي .. فِي المقام الأول أين وكيف قابلتها؟.

بدت وكَأنَها تحب بناتي حقًا وذكرت أن أكبرهم كَانَ مهذبا وهادئا. علقت عَلَى ابنتي الصغرى: "أنا أحب ابتساماتها!" قالت.

بطريقة نموذجية لأخواتي الأخريات، تأكدت مِن أنني مستعد جيدا لمقابلة أقارب آخرين. كَانَ الانطباع مهما بالنسبة لها أيضًا. لَقَد أعدتني خصيصا لأكون مستعدا لمقابلة ابنها الأكبر وليد. فِي الثقافة الحضرمية، يعامل الأبناء بشكل مختلف عَن البنات. يحصل الأولاد عَلَى أفضل ما فِي كل شيء - الوجبات والملابس وما إِلَى ذلك، ويحصلون عَلَى غالبية ميراث الأسرة. يتم إرسال الأولاد إِلَى المدَرسَة محليا وخارجيا. أيضًا، مِن المتوقع أن يعتني الأولاد بالاحتياجات المالية للأسرة بأكملها. لَقَد جعلتني عَلَى دراية بأزواج أطفالها وصفاتهم.

بمجرد أن التقيت بأطفالها خِلَال الْأَيَّام القليلة التالية، تحول تركيزها إِلَى طفولتي، بالإضافة إِلَى متابعة الأخبار حول حضرموت. عَلَى عكس أخواتي الأخريات، لم تسأل شيخة عَن ثروة وَالِدي. عَلَى الرغم مِن أنها غادرت المنزل خِلَال أواخر 1960s، إلا أنها كَانَت عَلَى دراية بما حدث فِي الوطن فِي حضرموت خِلَال الأربعين عاما الماضية.

على عكس رحلتي الأولى إِلَى حضرموت وعدن، عَندَمَا كُنت بالكاد أعرف أحدا، تمكّنت هذه المرة مِن التحدث مع شيخة عَن أبناء عمومتي والمحلات التجارية والأقارب - بمن فيهم أولئك الَّذِين يعيشون فِي المملكة العربية السعودية والكويت - ومسائل عائلية أخرى. كَانَ لدينا العديد مِن النقاط المرجعية والأشخاص للحديث عنهم. يمكن أن تسألني عَن أقاربي فِي اليَمَن لأنني عشت هناك لعدة سنوات فِي 1980s و 1990s وكَانَت قد غادرت فِي عام 1970، قبل ثماني سنوات مِن انتقالي إِلَى هناك لأول مرة. كُنت بحاجة إِلَى متابعة الأخبار حول الوطن، لأنني أيضًا كُنت بعيدا منذ ما يقرب مِن عشر سنوات، وبما أن لديها ذكريات لا تشوبها شائبة مِن الماضي، فقد تمكّنت مِن إطلاعي عَلَى السرعة. كَانَت معطاء. بدت مشغولة برفاهية الآخرين. أخبرتها أن الجميع يجب أن يكونوا مسؤولين عَن شؤونهم الخاصة، لأنه سيكون مِن المستحيل عليها مساعدة الجميع.

في منتصف إحدى محادثاتنا، توقفت وقالت لي: "شكرا جزيلا لك عَلَى

مساعدة أختي مجودة [هند] عَندَمَا بترت ساقها قبل عقد مِن الزمن".
قلت لها: "لم أفعل ما يستحق الشكر.. إنها أختنا، ويجب أن أفعل ما بوسعي".

***

خِلَال شتاء عام 1993م، بينما كَانَت متجهة لحضور حفل زفاف، داست أختي الكبرى، هند، عَلَى مسمار أثناء مرورها بمنزل قيد الإنشاء. بسبب الحرارة الشديدة، يرتدي الناس فِي المنطقة صنادل رفيعة، والَّتِي توفر القليل مِن الحماية، لذَلِك فإن الظفر مخوزق قدمها. عَلَى الرغم مِن أنها أصيبت ونزفت، تجاهلت الإصابة وتوجهت إِلَى الحفلة.

في اليوم التالي، عَندَمَا كَانَت القدم متورمة ومؤلمة، ذهبت لطلب المساعدة الطبية. الطبيب الَّذِي فحص الإصابة وضع أختي عَلَى مسكنات الألم الثقيلة. علاوة عَلَى ذلك، قطع الساق المصابة لتنظيف الدم واستنزافه. لم يكن يعلم أن أختي كَانَت مريضة بالسكري وكَانَت تأخذ حقن الأنسولين للسيطرة عَلَى مستويات السكر فِي الدم. مع ارتفاع مستوى السكر فِي الدم، ودرجة الحرارة فوق ثلاثين درجة، والتقليل مِن مدى الإصابة، لم تتمكن الساق مِن الشفاء. يتضاءل تدفق الدم إِلَى الأطراف بشكل عام لدى مرضى السكري، مما يعني أن الأنسجة فِي هذه المناطق غير قادرة عَلَى الشفاء بسرعة. نتيجَة لذلك، يمكن أن تتطور العدوى بسهولة أكبر. أصيبت

بالغرغرينا الرطبة دون علمها نتِيجَة لإصابة القدم. انتشرت هذه الحالة بسرعة كبيرة لدرجة أنها بدأت ترى تغيرات واضحة فِي جلد المنطقة المصابة فِي بضع دقائق فقط. لم تكن تعرف أن هذه كَانَت أعراض الغرغرينا الغازية، وبالتالي، لم تذهب إلَى غرفة الطوارئ عَلَى الفور. كما عمل ضدها حقيقة أن نظام الرعاية الصحية لم يكن مستعدا للمساعدة لأنه لم يكن لديهم علاجات جيدة أو مهنيين مدربين تدريبا جيدا.

بحلول الوقت الَّذِي اتصلت بي بعد بضعة أشهر، قيل لها إنه ليس لديهم خيار سوى قطع قدمها تحت الكاحل (عظم الكاحل). كَانَت فكرة فقدان قدمها لا تطاق بالنسبة لها. اتصلت بي وهي تبكي، وتتوسل إلي أن أساعدها فِي إنقاذ قدمها. كَانَ حفل زفاف ابنتها فِي الأفق، وقد دمرت مِن فكرة رؤيتها فِي حفل الزفاف بدون قدمها.

اشتريت لها تذكرة طيران وجعلتها تطير بها مِن حضرموت إلَى صَنعاء، حيث كُنت أعيش فِي ذَلِك الوقت. عَندَمَا يتعلق الأمر بالعلاج الطبي، لم يكن لدى اليَمَن بأكمله ما يقدمه، لكنني اعتقدت أنني قد أتمكن مِن الحصول عَلَى آراء خبيرة حول حالتها. تم إدخالها عَلَى الفور إلَى غرفة الطوارئ فِي مستشفى الكويت فِي صَنعاء. (تم تمويل كل مستشفى فِي اليَمَن مِن قبل الكويتيين، لذَلِك سميت المستشفيات باسمهم).

بمساعدة صديق، تمكّنت مِن التحدث إلَى الدكتور أمين الجنيد، مدير

المستشفى، لاستكشاف الخيارات، بما فِي ذَلِك ربما إرسالها إِلَى عمان، الأردن. كَانَ الدكتور الجنيد مباشرا وواضحا فِي رسالته: لم يكن هناك أمل فِي إنقاذ ساقها بغض النظر عَن البلد الَّذِي أرسلتها إليه. فِي الواقع، نظرا لأن البتر قد تأخر بالفعل لأكثر مِن شهر، فبدلا مِن بتر قدمها تحت الكاحل، كَانَ عليهم أن يقطعوا أسفل ركبتها للحصول عَلَى أي فرصة لشفاء ساقها. وأضاف: إِذَا انتظروا أكثر مِن ذلك، فإن العدوى ستنتشر أكثر وربما تضطر الساق بأكملها إِلَى الذهاب.

كَانَ مِن الواضح لي أن الوقت ينفد. ومع ذلك، كَانَ كسر هذه الحقائق والخطوات التالية لأختي أصعب مهمة كَانَ علي مواجهتها فِي حياتي. كَانَ عَلَى الدكتور جنيد أن يخبرها بينما كُنت أقف بجانبه فِي غرفة المستشفى. بينما كَانَت تبكي، أعطتني نظرة لا أستطيع نسيانها. جعلتني هذه النظرة أشعر وكَانَني كُنت أشاهد أختي تسقط مِن منحدر مع عدم قدرتي عَلَى مساعدتها.

أخذ الأطباء عينات دم، حيث كَانَوا بحاجة إِلَى خطط فِي حالة فقدان الدم أثناء البتر، واتضح أنني وأختي لم نكن نتشارك نفس فصيلة الدم. كُنت يائسة. تبرع صديق لي يدعى أمين باهمام، والذي صادف أنه كَانَ لديه نفس فصيلة الدم، بدمه حَتَّى يتمكنوا مِن المضي قدما فِي العملية. مع اتباع نظام غذائي أكثر صرامة وجميع التدابير المعمول بها، كَانَ الإجراء

ناجحا. تمكّنت أختي مِن الوقوف عَلَى ساقها الاصطناعية فِي حفل زفافي وزفاف ابنتها.

***

كلما تحدثت أكثر عَن هند، كلما ذرفت شيخة دموعها عَلَى أختها الميتة.. توقفت اثر ذلك عَن الحديث عنها.. فِي الشحر، القرية الَّتِي ولدت فيها أخواتي وقضى وَالِدي شبابه، أشاد الناس بزينب، زوجة أبي الأولى وزوجة وَالِدي الأولى، كشخص طيب ومهتم. كَانَت هادئة وتتحدث بعينيها أكثر مِن الكلمات. رأيت شيخة كمقدمة رعاية لطيفة للجميع مثل والدتها زينب. بينما كَانَت أختنا الكبرى فِي المستشفى تتعافى مِن بترها، كَانَت شيخة عَلَى أهبة الاستعداد للتأكد مِن أن أختها بخير. الآن، لم تستطع إلا البكاء.

قضيت أسبوعين كاملين مِن إجازتي فِي التعرف عَلَى عائلة ابنة أخي وجدان وأبناء وأحفاد أختي الآخرين. توفيت شيخة فِي عام 2012 بسبب مضاعفات مرض السكري.

مُنى..

أختي الرابعة، منى، وأنا أقرب بكثير مني إِلَى أخواتي الأخريات بسبب قربنا فِي العمر ومسقط رأسنا. أنا أكبر منها بأربع سنوات. هِي أصغر أبناء والدنا. منى باللغة العربية تعني "النبيلة الصغيرة والوحيدة". فِي بعض الأدبيات

العربية، تعرف منى بأنها "أمنيات لا يمكن الوصول إليها". بالتفكير فِي أسماء جميع أخواتي، اختار وَالِدي أسماء علمانية وليست دينية فِي دلالتها.
ولدت أنا ومنى فِي إثيوبيا، وعشنا كلانا فِي شمال اليَمَن، حَتَّى نتمكن مِن التواصل مع بعضنا البعض بشكل جيد. كَانَت تعيش فِي صَنعاء حَتَّى أجبرتها الحرب الأهلية اليَمَنية عَلَى العودة إِلَى إثيوبيا فِي عام 2016. مِن بين جميع أخواتي، هِي أيضًا الوحيدة الَّتِي قاتلت معها وتصالحت معها عدة مرات. إنها شخص طيب القلب وستذهب إِلَى القمر لتحصل لي عَلَى أي شيء طلبته. تمدحني منى علنا، لكنها أيضًا أول مِن يوجه لي أقسى الانتقادات عَلَى انفراد.
على الرغم مِن أنها لم تتلقى الكثير من التعليم، إلا أنها كَانَت ركيزة فِي مساعدة إخوتها الصغار مِن جانب والدتها فِي إكمال تعليمهم وكذَلِك الحفاظ عَلَى مستوى معيشي جيد. عَلَى الرغم مِن افتقارها إِلَى التعليم الرسمي أو ربما بسببه، فهي مؤيدة قوية للتعليم. عَندَمَا نجري أنا وبناتي مكالمات هاتفية بعيدة المدى معها لسؤالها عَن أحوالها، تستفسر دائمًا عَن حال بناتي فِي مدارسهن. عَندَمَا كَانَت بناتي فِي المَدرَسَة الابتدائية، شجعتهن عَلَى استهداف المَدرَسَة الثانوية. بمجرد الانتهاء مِن المَدرَسَة الثانوية، تحدثت معهم عَن البرامج الجامعية. عَندَمَا أكملت ابنتي الكبرى دراستها الجامعية، طلبت منى معرفة متى ستبدأ ابنتي برنامج الماجستير. إنها ترفع المستوى

باستمرار وتريد أن تراهم ناجحين. تقول لهم: "أنتم تتعلمون لي ولنفسك. لديك فرص لا أملكها، ويجب أن تحقق أقصى استفادة مِن الآفاق الَّتِي لديك فِي كندا، كنساء حرات ".

كلما كُنت فِي صَنعاء، تشرف عَلَى شؤوني. مِن بين معظم الناس هناك، أنا معروف بكوني شقيق منى، كما لو أنني لا أملك اسما خاصا بي. مثل أخواتي الثلاث الأخريات، فهي منهكة جَدًّاَ فِي وضع الأسرة وصورتي. نظرا لأنني عشت طويلا فِي أمريكا الشمالية، فأنا أميل إِلَى الانفتاح والمضي قدما.. فِي كثير مِن الأحيان، أمزح أو أذكر بشكل متكرر مدى فقري خِلَال طفولتي. هَذَا ممنوع فِي كتبها. إنها لا تريد أن يعرف أي شخص الجانب الضعيف مني.

تقول لي مرارا وتكرارا: "هنا، لا يحترمك الناس عَندَمَا تخبرهم أنك مررت بمصائب فِي الماضي". مِن المفترض أن أكون الفتى الذهبي مِن عائلة هرهرة. نظرًا لأنني قضيت ثلثي حياتي فِي كندا والولايات المتحدة، فإن مهاراتي فِي اللغة الأمهرية تتلاشى تدريجيا، وغالبا ما تصادف لغتي العربية بنية الجملة الإنجليزية بدلا مِن العربية. إنها تفضل أن تتحدث نيابة عني حَتَّى نترك انطباعا جيدا بدلا مِن السماح لي بالمضي قدما فِي طريقتي الخرقاء فِي الحديث. قالت لي، "أنت لا تعرف كيف تتكلم!"

كَانَت والدتها امرأة يمنية بالكاد تتحدث بعض الكلمات الأمهرية. لَقَد

نشأت مع عائلة إثيوبية مِن خلفية عرقية أمهرة، لذَلِك كَانَ لدي ميزة أكبر فِي تعلم اللغة المحلية، ولكِنّ اتضح أنها أفضل مني فِي التحدث باللغة الأمهرية ... ربما تم تحويل انتباهي إلَى اللغة أكثر إلَى العربية والإنجليزية.
كلما زرتها، لديها قائمة بالأقارب الَّذِين يجب أن أزورهم. فِي معظم الحالات، تحتوي قائمتها عَلَى أقارب توفي أفراد أسرهم منذ عدة سنوات، وزيارتي هِي عربون تعبير عَن التعازي. حَتَّى لو كُنت لا أعرف أو لم أعد أتذكر هؤلاء الناس، فلا يهم. إنه مهم بالنسبة لها ويجب القيام به.
على الرغم مِن التحديات الصحية والمالية الَّتِي واجهتها، لم تطلب مني أبدا سنتا واحدا. لا تزال امرأة كريمة وفخورة. فِي البداية، لم تقدر أبدا جهدي للعثور عَلَى سجلات أو صور وَالِدي العسكرية. اعتقدت أنه كَانَ مضيعة للوقت. حَتَّى كتابة كتاب كَانَ أمرا غير مهم لاستثمار وقتي فيه، بقدر ما كَانَت تشعر بالقلق. إنها لا تريد أبدا أن تنظر إلَى الوراء. تركيزها هو المستقبل فقط.

بعد الكثير مِن النقاش، وتأكيدي بأنني سأقدم تصويرا كاملا وعادلا لعائلتنا ولن أركز بالضرورة عَلَى السلبية أو عَلَى أي فضيحة، وافقت أَخيَّراً عَلَى كتابة سيرتي الذاتية.
"طالما ذكرت بعض التفاصيل الإيجابية عن بعض السيئين، أعتقد أنه لا بأس،" رضخت.

الخَامِس عشر
الخدمة العسكرية

أخبرتها أنني أعرف متى سأموت، لأن شهادة ميلادي عليها تاريخ انتهاء صلاحية.

ستيفن رايت

ألزمت حكومة شمال اليمن في أوائل العام 1980م كل الَّذِين أكملوا المدَرسَة الثانوية أو حصلوا على الشهادة الجامعية الخضوع للخدمة العسكرية.. كَانَت الخدمة العسكرية إلزامية للرجال الَّذِين يرغبون فِي السفر إِلَى المملكة العربية السعودية للعمل كعمال مؤقتين.. دعمت الحكومة السعودية نظام الدفاع العسكري بأكمله فِي شمال اليَمَن. فِي الوقت نفسه، دعم الاتحاد السوفيتي الجيش فِي جنوب اليَمَن، حيث لم يكن لدى أي مِن البلدين الموارد اللازمة لتمويل أنظمة الدفاع الخاصة بهما.. طُلب مِن كل رجل يمني شمالي سليم جسديا تجديد رخصة قيادة أو بطاقة هوية وتقديم دليل يثبت تقديمه الخدمة العسكرية، باستثناء الرجال الَّذِين كَانَوا الابن الوحيد فِي أسرهم...للعلم كَانَت النساء قادرات عَلَى القيادة، لَكِنّ لم يكن

مطلوبا منهن أداء الخدمة العسكرية.

فِي عام 1982م، لم أتمكن مِن تجديد رخصة قيادتي بسبب عدم وجود شهادة الخدمة العسكرية المدنية.. ابلغت وزارة الدفاع بانني فِي الأصل مِن جنوب اليَمَن، ولدت فِي إثيوبيا لأم إثيوبية، والذكر الوحيد الباقي عَلَى قيد الحياة فِي عائلتي.. كَانَ هدفي الحصول عَلَى ورقة إعفاء مِن الخدمة العسكرية.. طلب مني الشخص المسؤول صياغة خطاب طلب وتقديمه إِلَى السلطات المختصة، وهو ما فعلته. كُنت آمل أن يتم اتخاذ القرار بسرعة حَتَّى أتمكن مِن استئناف الحياة الطبيعية.. وبدلاً مِن ذلك، أُمرت بالالتحاق بالفرع العسكري للتدريب بينما كَانَ يجري التحقيق فِي قضيتي.. اضطررت إِلَى أخذ إجازة غير مدفوعة الأجر مِن وظيفتي، مما أجبرني عَلَى العيش عَلَى دخل عسكري قدره 175 دولارا أمريكيا فِي الشهر.

خِلَال الفحص الأولي وعملية المقابلة بيني وبين الشباب الَّذِين جندوني، اكتشفت السلطات أنني قادر عَلَى القراءة والكتابة باللغتين العربية والإنجليزية.. لَقَد أعجبوا أيضًا بخطي الجميل.. عَلَى ما يبدو، كَانَ هناك طلب داخل خدمات الهجرة والمواطنين للأفراد الَّذِين يمكنهم كتابة الأسماء والمعلومات ذات الصلة باللغة الإنجليزية.

على الفور، قيل لي أنه بعد أربعة أسابيع مِن التدريب العسكري التدريب البدني الأساسي، إتقان كيفية إقامة خيمة وارتداء الزي الرسمي، تعلم كيفية

الاصطفاف والسير، وما إِلَى ذلك، علي تقديم تقرير إِلَى مكتب الهجرة.. تقرير، وتم تكليفي بواجباتي: كل صباح، كُنت أسلم ما بين 125 و 150 جواز سفر للمواطنين لترجمتها مِن العربية إِلَى الإنجليزية.

في تلك الْأَيَّام، تضمنت جوازات سفر شمال اليَمَن الاسم الأول، واسم العائلة، واسم الأب، ومكَانَ الميلاد والتاريخ، وفصيلة الدم، والمهنة، والحالة الاجتماعية، وقائمة الدول الَّتِي يمكن استخدام جواز سفر شمال اليَمَن فيها كوثيقة سفر.

سرعان ما لاحظت أنه فِي النسخة العربية مِن جميع جوازات السفر، كَانَ تاريخ ميلاد كل شخص هو 1 يناير، وكَانَت فصيلة دم كل شخص O، وكَانَ الجميع عاملاً مِن حيث المهنة.. بعد ترجمة ما يقرب مِن أربعين جواز سفر إِلَى الإنجليزية، اقتربت مِن الضابط المسؤول لكشف ما إِذَا كَانَ ما شاهدته خطأ أم صحيح.. هل فاتني شيء؟ ما الَّذِي كَانَ يحدث هنا؟ شيء غريب !!

أجابني، "مرحبًا، أيها الفيلسوف، ليس لدينا وقت لمراجعة طلبات المواطنين.. ما عليك سوى نسخ جميع المعلومات ذات الصلة إِلَى جوازات السفر.. جميع المتقدمين تقريبا لا يعرفون تاريخ ميلادهم، ولا يعرفون أنواع دمائهم.. تسعون فِي المئة مِن اليَمَنيين هم عمال مهاجرين متجهين إِلَى المملكة العربية السعودية للعمل كعمال.. فقط ترجم جوازات السفر كما

هي، ولا أريد أن طرح المزيد مِن الأسئلة!

صمت وعدت إِلَى مكتبي لمواصلة الترجمة.

بعد أسبوعين، خِلَال استراحة لتناول القهوة، سألت أحد ضباط الجيش الَّذِي كَانَ يملئ جوازات السفر باللغة العربية.. لِماذا يختار باستمرار فصيلة دم المتقدمين لتكون O فقط.؟ اجاب: "كما تعلمون، فإن الحرف O هو حرف مطابق للرقم 5 [٥] فِي نظام الأرقام العربية. لا أعرف أي أنواع دم أخرى، ولا أعرف كيفية كتابة الحروف الإنجليزية، لذَلِك اخترت O ".

كَانَ الأمر منطقيا تماما بالنسبة لي.!

بعد أربعة أشهر مِن هَذَا النوع مِن الخدمة العسكرية فِي جيش شمال اليَمَن، تم تسريحي مع إعفاء لأنني كُنت الذكر الوحيد الباقي عَلَى قيد الحياة مِن عائلتي. خِلَال تلك الأشهر الأربعة، قمت بترجمة حوالي 4000 جواز سفر.. رسميا، ولد هؤلاء الأفراد البالغ عددهم 4000 شخص فِي 1 يناير.. جميعهم لديهم فصيلة الدم O، وكَانَوا جميعا عمالاً حسب المهنة.

ومرة أخرى، كُنت منبوذا، لأنه عَلَى الرغم مِن ولادتي قبل شهرين مِن الأوان، فإن تاريخ ميلادي هو 6 يناير. أراد الضباط أن يجعلوا تاريخ ميلادي عَلَى جواز سفري فِي 1 يناير ، لكنني أصررت عَلَى الاحتفاظ بتاريخ ميلادي الفعلي (6 يناير) عَلَى جواز سفري، ودعمني مديري. كُنت سعيدا لأن لدي اتصالات ومعرفة بالأشخاص المناسبين لإبقائها كما كَانَت!

السَّادِس عشر
الاضطرابات الثقافية

لا تدع أي شخص يخبرك أنك مجرد نصف شيء.
دين عطا

في الاعوام الممتدة من 1970م وحتى 1980م، كَانَ شمال اليَمَن بوتقة أنصهر فيها المستشارين والعمال الأجانب، بعضهم كَانَ عدوا تقليديا للاخر ..الكوريون الشماليون والكوريون الجنوبيون، الصينيون الشيوعيون والصينيون القوميون مِن تايوان.. كَانَ هناك أيضًا متطوعون فِي فيلق السلام الأمريكي وسعوديون، وكلاهما يحمل هدايا ضخمة.. قدم الأمريكيون الأسلحة والسيارات وغيرها مِن المعدات، ودفع السعوديون ثمن هذه الإمدادات.. كما اجتذبت اليَمَن الميكَانيكيين الإيطاليين والأطباء الهولنديين والطيارين الباكستانيين والنوادل الفلبينيين والمعلمين المصريين. غالبا ما تتقاطع مشاريع المساعدات الدولية بشكل حاد مع الخطوط الوطنية والأيديولوجية. المطار، عَلَى سبيل المثال، بدأ مِن قبل الاتحاد السوفياتي فِي أوائل 1970م والانتهاء مِن قبل ألمانيا الغربية فِي منتصف

1970م. ثم تم توسيعه مِن قبل الصين فِي أوائل 1980م.

كما تم بناء الطرق المعبدة الرئيسية الثلاثة فِي شمال اليَمَن مِن قبل مجموعات مختلفة. الطريق مِن صَنعاء إلَى تعز كَانَ مهدا مِن قبل الأمريكيين والألمان الغربيين، والطريق مِن تعز إلَى الحَديدَة مِن قبل الروس، والطريق مِن الحَديدَة إلَى صَنعاء مِن قبل الصينيين.

كَانَ معظم المعلمين والأطباء وموظفي الخدمة المدنية فِي ذَلِك الوقت مِن المصريين الَّذِين بلغ عددهم 25000. كَانَ فندق شيراتون، الَّذِي اكتمل فِي عام 1980، يعمل به إلَى حد كبير فلبينيون، جاءوا بعقود لمدة عامين. أفضل مطعم فِي العاصمة كَانَ مملوكا للبنانيين.

خِلَال 1960م و 1970م، مع عدم وجود النفط ومعدل الأمية مِن 80 %، أصبح العديد مِن الرجال اليَمَنيين الشماليين تقريبا معتادين عَلَى حمل البنادق كما كَانَوا يرتدون الجمبية التقليدية، أو خنجر منحني يرتديه عَلَى جانب الخصر معظم الرجال فِي البلاد. كَانَت الجمبية تقليديا رمزا لشرف الذكور ومكَانَتهم فِي شمال اليَمَن. .يتم الاحتفاظ بالشفرة الفولاذية فِي غلاف مصنوع مِن الخشب، مغطى بقطعة قماش أو خشب. تمثل الزخرفة الموجودة عَلَى الغمد الحالة، فكلما كَانَت مزخرفة، ارتفعت قيمتها.. المقبض هو أهم جزء فِي الجمبية. اعتادت أن تكون مصنوعة مِن قرون وحيد القرن، ولَكِنّ مع السياسات الأخيرة الَّتِي تحظر الصيد غير المشروع، أصبحت

المقابض مصنوعة الآن مِن قرن الثور وعظام الحيوانات الأخرى. مثل الجامبيا، ترمز البندقية إِلَى الرجولة والرجولة بينما تعمل كوسيلة للحماية فِي مجتمع مستعد للمعركة. كَانَ لدى كل رجل مسدس، وكَانَ كل رجل قاتلا محتملا - هَذَا ما يعنيه أن تكون قبيلة (رجل قبيلة) - رجل مستعد للذهاب إِلَى الحرب دون سابق إنذار أو قصير.

وفي الوقت نفسه، كَانَ جنوب اليَمَن يدعو إِلَى تحرير اليَمَنيين مِن القبلية المتخلفة. داخل جنوب اليَمَن، كَانَ هناك انقسام بين نماذج ماو وروسيا للجماعات الاشتراكية. أثارت المبادرات التصالحية للجماعة الماوية تجاه شمال اليَمَن الخوف بين الفصيل الموالي للسوفييت، مما أدى إِلَى مزيد مِن عمليات القتل فِي جنوب اليَمَن.

في يونيو 1978، بعد ستة أشهر مِن وصولي إِلَى اليَمَن الشمالي، قتل زعيم اليَمَن الشمالي الموالي للسعودية فِي انفجار حقيبة مفخخة سلمها قادة اليَمَن الجنوبي إِلَى صَنعاء. وبعد شهرين، وصل قائد عسكري متوسط الرتبة يدعى علي عبد الله صالح إِلَى السلطة. كَانَت الشائعات أن صالح قد بنى قاعدة قوة عسكرية مِن خِلَال حصة مسيطرة فِي تجارة الجيش فِي الكحول المهرب. الجزء المثير للاهتمام هو أنه فِي غضون ثمان وأربعين ساعة، تم القضاء عَلَى رؤساء كل مِن شمال وجنوب اليَمَن حيث تم إعدام سالم ربيعي علي، رئيس الدولة فِي جنوب اليَمَن، فِي 26 يونيو 1978 بعد محاولته

الاستيلاء عَلَى السلطة ضد كبار مسؤولي التحالف الآخرين.

كَانَت الاختلافات الأيديولوجية الأساسية بين شمال اليَمَن وجنوبه تغذيها حقيقة أن كلتا الدولتين كَانَتا تحتضنان حركات المعارضة المنفية لجارتهما. فِي عام 1979، اندلعت الحرب بين البلدين، واستولى الجنوب عَلَى عدة بلدات خارج الحدود، مما جعلها تحت السيطرة فِي غضون أشهر. وفي الوقت نفسه، وعدت الولايات المتحدة بتقديم 300 مليون دولار لدعم شمال اليَمَن. سرعان ما كَانَت الطائرات الأمريكية تتنقل مِن وإلى شمال اليَمَن، حاملة الدبابات والصواريخ المضادة للدبابات. وشمل التدخل الأمريكي أيضًا وصول عدة مئات مِن المدربين العسكريين الأمريكيين إلَى شمال اليَمَن.

***

ابتداء مِن منتصف العام 1970م، كَانَت التوترات غير المرئية تتراكم بين المواطنين الأصليين المحليين وما يسمى باليَمَنيين (المولّدين) كما أطلقوا علينا.. كَانَ مصدر الصراع خماسيا.. اقتصادي وسياسي وثقافي واجتماعي وتاريخي.

من الناحية الاقتصادية، كَانَ المولدين يكسبون دخلا مِن الطبقة المتوسطة مِن خِلَال التوظيف بسبب المزايا المذكورة أعلاه بسبب مهاراتنا اللغوية وما إلَى ذلك. تمكنا مِن شراء وقيادة سيارات جديدة بسرعة، والسفر بشكل

متكرر، وبناء أو استئجار منازل تعتبر فخمة وفقا لمعايير البلاد بسهولة. شغلنا مناصب كمديري مناطق ومديري فروع فِي معظم الصناعات بينما ترك معظم السكّانَ المحليين كمتفرجين عَلَى نجاحات المولدين فِي وطنهم. علاوة عَلَى ذلك، خِلَال 1960م وأوائل 1970م، عَندَمَا انخرط شمال اليَمَن فِي حرب بين الملكيين المدعومين مِن السعودية والجمهوريين بدعم مِن الرئيس المصري جمال ناصر، أشرف جميع المولدين تقريبا عَلَى عمليات تجهيز المعدات العسكرية، حيث كَانَوا قادرين عَلَى قراءة التعليمات. وكَانَ الأفراد اليَمَنيون الَّذِين ولدوا خارج اليَمَن مِن بين طياري الطائرات المدنية والعسكرية أيضًا.. هَذَا ليس لأن المصريين الَّذِين دربوهم فضلوهم عَلَى السكّانَ المحليين.. كَانَ ذَلِك ببساطة لأن السكّانَ المحليين لم يكن لديهم الخلفية التعليمية لتولي مثل هذه الأدوار.

سياسيا، عَندَمَا فرض أفراد القبيلة الزيدية نفوذهم عَلَى الأنظمة السياسية فِي شمال اليَمَن، قاموا بشكل منهجي بإزالة هؤلاء المولدين مِن مناصبهم، وفي بعض الحالات، قضوا عليهم. كَانَ الصراع نتِيجَة لصراع عَلَى السلطة قائم عَلَى الغيرة ومزيج مِن الخوف والكراهية الخالصة تجاه أولئك الَّذِين ولدوا فِي الخارج.

عَندَمَا كُنت فِي شمال اليَمَن خِلَال أواخر 1970م، أصبح الإسلام الَّذِي ترعاه السعودية سلاحًا ضد الأيديولوجيات القومية العربية اليسارية

والتخريبية الَّتِي هددت المنطقة. لعبت قبيلتا الزيدية وحاشد دورا أكثر بروزا فِي الحكومة والسياسة الوطنية.

كَانَ أيضًا وقتا كَانَت فيه دول جنوب وشمال اليَمَن عَلَى خلاف، وكَانَت وفاة الحمدي، الرئيس السابق لليمن الشمالي، لا تزال حية فِي أذهان العديد مِن اليَمَنيين الشماليين. كَانَ العقيد إبراهيم الحمدي قائدا تقدميا حظي بدعم العديد مِن الناس. ومع ذلك، أدت محاولته لتقليل تأثير طرق التفكير القبلية إِلَى استياء العديد مِن الأشخاص البارزين منه. بالإضافة إِلَى ذلك، تجاهل الحمدي التأثير الحتمي للسعوديين وحاول تطبيع التعاملات مع جنوب اليَمَن الشيوعي مِن خِلَال إجراء محادثات مع قادتهم. وبعد فترة وجيزة مِن انتهاء رئاسته، اغتيل هو وشقيقه قبل إجراء محادثات الوحدة فِي عدن. مِن الواضح أن السعوديين كَانَوا يخشون التأثير الزاحف للاشتراكية فِي المنطقة، وصدق الجمهور عَلَى نطاق واسع شائعات تورط السعودية فِي قتل القادة اليَمَنيين. بأغلبية ساحقة، أحبت غالبية المولدين الحمدي ودعمته.

ثقافيا واجتماعيا، كَانَ لدى اليَمَنيين الَّذِين عاشوا فِي شرق إفريقيا وفيتنام وأماكن أخرى نظرة دنيوية أكثر بكثير. بسبب التعرض لمستويات معيشية أكثر دقة وحداثة فِي الخارج، ارتدى المولدين الملابس الغربية وبدو أنظف مِن السكَانَ المحليين. فِي كثير مِن الأحيان، لم تغطي النساء وجوههن

أو شعرهن.. فِي بعض الحالات، عرف عَن المعولين تجمعهم فِي الأوساط الاجتماعية للحفلات، وهو تجاوز وفقا للإسلام، وبالتالي فهو محظور فِي عادات شمال اليَمَن.

الجيل الَّذِي عاد إِلَى اليَمَن فِي أواخر 1970 وأوائل 1980م أولئك الَّذِين كَانَوا أكبر مني ببضع سنوات تعرضوا للتأثيرات الماركسية اللينينية، الجزء الغالب منهم بمن فيهم أنا لم يشاهدوا أبدا خِلَال صلاة مسجد الجمعة.. كما أن الاحتفالات لكل مِن ولد فِي إثيوبيا وتزوج خِلَال تلك العقود كَانَت تتم وفقا للعادات الإثيوبية، والَّتِي تضمنت رقص الرجال والنساء معا.. لم يسمع بهَذَا مِن قبل فِي شمال اليَمَن.

كَانَ الجانب التاريخي للصراع مجرد ذريعة لتبرير القضيتين المذكورتين أعلاه - الاقتصاد والثقافة - عَندَمَا أدى العجز الفعلي عَن التوفيق أو قبول تدفق الوافدين الجدد إِلَى إغلاق متخلف للبلاد لعدة قرون.. كَانَ استياء سكَانَ شمال اليَمَن المحليين مغلفاً بذريعة تاريخية، ويرجع ذَلِك فِي المقام الأول إِلَى حكم الملك الإثيوبي أبرهة والدمار الَّذِي فرض عَلَى الشعب اليَمَني فِي القرن الخَامِس عَندَمَا تم إدخال المسيحية، وتعرض يهود اليَمَن للاضطهاد. نتِيجَة أفعاله هِي قرون مِن الكراهية العميقة الجذور.

***

فِي الفترة الواقعة ما بين العام 500 قبل الميلاد و 520 بعد الميلاد، شرع

حاكم حميري يهودي فِي شمال اليَمَن يُدعى ذو نواس فِي هجومه العسكري على المسيحيين الأكسوميين فِي إثيوبيا والعرب المسيحيين المحليين.. تم ذبح العديد مِن أعضاء المجموعة المسيحية الحميرية.

ك اِنَ أبرهة الأشرم جنرالا فِي جيش أكسوم، ثم نائب الملك فِي جنوب شبه الجزيرة العربية لمملكة أكسوم الَّذِي أعلن نفسه فيما بعد ملكا مستقلا لحمير. حكم أبرهة الكثير مِن شبه الجزيرة العربية واليَمَن الحاليتين مِن 531-547 إِلَى 570-555 م عَلَى الأقل.

قاد الأشرم جيشه المكون مِن 100000 رجل مع مئات الأفيال لسحق كل مقاومة للجيش اليَمَني الشمالي بنجاح، وبعد ذلك، بعد انتحار ذو نواس، استولى عَلَى السلطة وأسس نفسه فِي صَنعاء. بالإضافة إِلَى ذلك، بنى الأشرم كنيسة القليس بقصد أن يوجه جميع الحجاج أنفسهم إِلَى كاتدرائيته الجديدة، وبالتالي تحقيق المزيد مِن الأرباح للمنطقة.

كَانَت كنيسة القليس، صَنعاء، كنيسة ميافيسيت شيدت فِي وقت ما بين 527 م وأواخر 560 [خارج] مدينة صَنعاء. جعلت الزخارف الفخمة للكنيسة مكَانًا مهما للحج فِي منافسة مع الكعبة [المبنى فِي وسط مكة] فِي مكة المكرمة.

نظرا لأن الأحصر قد بنى كاتدرائية لمنافسة الكعبة فِي مكة المكرمة وجاء عَلَى وجه التحديد مع قواته مِن الأفيال لتدمير الكعبة، رسم اليَمَنيون

الشماليون المحليون صورة دامغة لجميع هؤلاء الوافدين الجدد الَّذِين استولوا عَلَى السلطة، كما فعل الأشرم، وبالتالي لطخت سمعتهم.

بدا أن وفاة الحمدي وتأثير الشخصيات القبلية الزيدية فِي الدوائر الحكومية كَانَت بداية التمييز والتحيز ضد أولئك الَّذِين ولدوا خارج اليَمَن. فِي محاولة لتحديث اليَمَن وإنشاء مؤسسات مدنية، أصدر الحمدي تذاكر طيران مجانية لنقل اليَمَنيين المولودين فِي الخارج إِلَى وطنهم الأصلي (اليَمَن الشمالي) وإعادتهم. كَانَ يعرف فوائد مساهمات الأفراد ذوي المهارات العالية نحو شمال يمن أفضل. استفاد معظم المعولين مِن الفرص وتوافدوا إِلَى شمال اليَمَن. انضم جميعهم تقريبا إِلَى القوى العاملة، بما فِي ذَلِك الجيش. أولئك الَّذِين فِي الجيش يشغلون مناصب رفيعة المستوى. قاتل العديد مِن المولدين إِلَى جانب الجمهوريين لهزيمة الملكيين المدعومين مِن السعودية، مما أدى إِلَى زيادة الكراهية مِن الملكيين. ومع ذلك، تمت إزالة المولدين تدريجيا أو سجنهم بشكل منهجي. سمعت أيضًا عَن مقتل عدد قليل بسبب صراعات عَلَى السلطة.

نتِيجَة لذلك، استمرت العزلة المنهجية والاضطهاد والتمييز والتحيز فِي شمال اليَمَن لعقود. أنا أيضًا كُنت متلقيا لقدر كبير مِن الآثار اللاحقة.

ما هو التأثير المباشر علي؟ المضايقات والإذلال المستمرين، مما يجعل مِن

الصعب العيش.. أستطيع أن أتكهن بأنه كَانَ مشابها لكيفية معاملة الأمريكيين السود فِي الجنوب خِلَال 1950م.. لَقَد عانيت مِن طريقة حياة بدائية ومن النظام الفاسد .. حُرمت مِن مِن المنح الدراسية أو العمل فِي أي كيانات حكومية.. كَانَ علي أن أقاتل باستمرار للحصول عَلَى رخصة قيادة أو بطاقة هوية، وتم استجوابي بقسوة فِي كل مرة كُنت أنوي السفر إِلَى جنوب اليَمَن لزيارة أخواتي.

كُنت غارقا في كل هَذَا..لقد أصبح امر المغادرة مِن شمال اليَمَن أكثر إلحاحا مِن أي وقت مضى!

السابع عشر
يا حبشي.. يا مولّد...

سلّم مؤخرتي أو سأمزق كراتك.
كاتي ماكغاري

لدي عادة سيئة عَلَى الدوام تتمثل فِي ذيل السيارة أمامي. جميع حوادث السيارات الَّتِي تعرضت لها تورطت فِي إنهاء الشخص الَّذِي أمامي. في أحد أيام عام 1982م، كُنت أقود سيارتي فِي شوارع صَنعاء بسرعة عالية وامامي سيارة من نوع فولفو ..من لوحتها بدت سيارة دبلوماسية ..وأثناء ما كنت أقوم بتبديل شريط كاسيت موسيقي فِي السيارة توقفت السيارة التي امامي فجأة، وانتهى بي الأمر إِلَى صدم الجزء الخلفي منها.. خرجت أنا والسائق الآخر مِن سياراتنا لتفقد مدى الضرر.. فِي الوقت نفسه توقفت خلفنا شاحنة عسكرية تحمل عدة جنود.. ترجل سائق الشاحنة العسكرية وضابط مِن الشاحنة للتحدث إلينا.. لاحظ الضابط أن الرجل فِي فولفو لم يكن يمنيا واستفسر عَن البلد الَّذِي يمثله الدبلوماسي فِي شمال اليَمَن.
وقدم السائق الآخر نفسه عَلَى أنه سفير العراق.. حيا الضابط السفير عَلَى

الفور واعتذر له.. ثم التفت إلي وطلب هويتي.. عَندَمَا نظر إِلَى هويتي، ولاحظ أنني من مواليد إثيوبيا صرخ فِي وجهي، "يا حبشي! يا مولد"، بمعنى "مهلا، أنت، اليَمَني المولود والمستورد الإثيوبي!" واصل الصراخ فِي وجهي، "لَقَد تسببت فِي بعض المشاكل هنا.. مِن علمك كيفية القيادة، عَلَى أي حال؟ أين رخصة قيادتك؟" سلمته رخصتي، واحتفظ بها وبطاقة هويتي. قَال الضابط للسفير إنه سيتابع معه فِي مكتب السفارة لمواصلة مناقشة كيفية إصلاح السيارة.. كما أكد للعراقي أنني سأبقى فِي السجن، حَتَّى يتم تسوية الوضع. كَانَ السفير فِي حيرة مِن أمره لَكِنَّه لم يقل أي شيء.

ثم التفت الضابط صوبي وأمرني بالقفز إِلَى مؤخرة الشاحنة العسكرية مع الجنود المتبقين الَّذِين يزيد عددهم عَن عشرين جنديا. بدلا مِن تهدئة المشكلة، أمرني الضابط بالذهاب إِلَى مركز الاحتجاز المروري. كما أمر أحد الجنود بقيادة سيارتي إِلَى أقرب مركز للشرطة حيث سيتم حجزها حَتَّى يتم حل الحادث. عَندَمَا وصلنا إِلَى السجن، غادر الضابط برخصة قيادتي وبطاقة هويتي.

قضيت ليلة الـ 13 من ديسمبر 1982 فِي السجن.. أتذكر ذَلِك التاريخ جيدا لأنه كَانَ اليوم الَّذِي شهد فيه شمال اليَمَن زلزالا بلغت قوته 6.2 ميغاواط، وعمقه أكثر مِن ستة أمتار.

كُنت مستيقظا طيلة الليل أتساءل كيف سأدفع ثمَن السيارات المتضررة

- سيارتي والسفير. بالإضافة إِلَى ذلك، لم أكن أعرف حَتَّى اسم الضابط الَّذِي أخذ رخصة قيادتي وبطاقة هويتي.. إِذَا لم أتمكن مِن تحديد مكَانه، لم يكن لدي أي فكرة عَن المدة الَّتِي سأستغرقها للحصول عَلَى بدائل لتلك الوثائق الحيوية.

كَانَ معي نحو 17 رَجلاً فِي زنزانة الاحتجاز.. تم سجنهم جميعا بسبب مخالفات مرورية وحوادث.. وقتل بعضهم المارة. وكَانَ آخرون مِن سائقي سيارات الأجرة لمسافات طويلة الَّذِين تورطوا فِي حوادث مرورية مميتة. كَانَ البعض هناك دون أي خطأ مِن جانبهم. بدلا مِن ذلك، صادف أنهم تعرضوا لتصادم مروري مع زعيم قبيلة قوي أو شخص مؤثر آخر. فِي كل مرة كَانَ هناك موقف مِن هَذَا القبيل، كَانَ السائق الَّذِي تصادف أنه رجل يمني فقير يعتبر مخطئا ويوضع فِي السجن.

في اليوم التالي، حوالي الساعة 4 بعد الظهر، بعد أكثر مِن ثلاثين ساعة مِن سجني، وبينما كَانَ المساجين الاخرين فِي الحجز يمضغون القات ويصرخون، غفوت.

في غضون أربعين دقيقة أو نحو ذلك، شعرت بجسدي يتحرك. اعتقدت أنني كُنت أحلم أو أستعيد الزلزال مِن اليوم السابق، لكنني شعرت بعد ذَلِك بشخص يحاول سحب سروالي، وشعرت بيد تلمس أردافي.. قفزت بعنف مِن نومي ووقفت.. كَانَ أحد الرجال الَّذِين كَانوا مستلقين

بجوار المكَانَ الَّذِي كُنت أنام فيه مندهشا مِن سرعة استيقاظي وخائفا مما سأفعله.

أدركت عَلَى الفور ما كَانَ يحاول فعله بي.. ليس لدي أي فكرة مِن أين حصلت عَلَى القوة أو القدرة عَلَى التحول إلَى عنيف. قلت لنفسي، إما أن أصبح رَجلاً صلبا، أو سأكون عاهرة هَذَا الرجل الصغيرة. أمسكت بالعصبة (كلمة يمنية حضرمية تعني غطاء الرأس أو العمامة العربية، وتسمى أيضًا إمامة باللغة اليمَنية-الحضرمية أو معدة باللغة العربية)، ووضعتها عَلَى رقبته، وحاولت قتله. سرعان ما أمسك بي الرجال الآخرون فِي الغرفة وحاولوا إبعادي عنه. استغرق الأمر خمسة رجال للفصل بيننا. بينما كَانَ يكافح لإبعادي عنه، أخرجت قضمة مِن أذنه، مما أدى إلَى الكثير مِن النزيف والصراخ. أضاف الحراس إلَى النضال مِن خِلَال الاندفاع والفصل بيننا.

صاح أحد الحراس: "هَذَا الحبشي !" (كَانَ يشير الي). سأل الحارس الآخر مِن يعرف ما الَّذِي أثار الشجار، فقَال أحد السجناء الآخرين: "سأفعل الشيء نفسه إِذَا كَانَ كلب مثل هَذَا يحاول العبث بمؤخرتي. كُنت سأقتله". شعرت بالرضا لأن معظم الرجال والحراس وقفوا معي بالثناء عَلَى رد فعلي وإدانة الرجل الَّذِي حاول الاعتداء علي. تعلمت أن أفضل شيء أفعله هو الدفاع عَن فِي جميع الأوقات.

***

لست متأكدا مما دفع السفير العراقي للاستفسار عني، ولَكِنّ بعد أن احتجزت لمدة أسبوع تقريبا، ظهر فِي زنزانة المرور حيث كُنت محتجزا.. لم أكن مرتبكا ومندهشا مِن زيارته فحسب، بل كَانَ الحراس وزملائي فِي الزنزانة كذلك.. لم يستقبل أحد أي زوار، لذَلِك كَانَ مظهره ذا أهمية كبيرة للجميع.

كَانَ المكَانَ الَّذِي احتجزت فيه منزلا نموذجيا مِن غرفتي نوم فِي شمال اليَمَن مصنوع مِن الحجر مع سقف مسطح وسياج سلسلة وممر كبير وبوابة معدنية. كَانَت البوابة مقيدة بالأغلال، وجلس حارس أو حارسان فِي الخارج حاملين بنادق، للتأكد مِن أننا لن نهرب. كَانَ الحمام مثل مبنى خارجي، مع مياه جارية بما فِي ذَلِك دش. قضينا معظم أيامنا فِي الخارج فِي الفناء جالسين عَلَى الحجارة المرصوفة بالحصى تحت أشعة الشمس، وذهبنا إِلَى داخل المنزل فِي المساء للنوم، لذَلِك كَانَ الجميع فِي الخارج وشاهدوا السفير عَندَمَا قاد سيارته واقترب مِن المنزل. كَانَ أكبر وأطول وأخف بشرة مِن اليَمَني العادي، وكَانَ لديه سائق، لذَلِك كَانَ أولئك الَّذِين كَانَوا فِي السجن معي يعرفون أنه شخص مهم.

عَندَمَا وصل، اصطحبني إِلَى باب (بوابة) زنزانة المرور.. تذكر السفير اسمي وسألني: "كيف حالك يا عادل؟" كما سألني عما إِذَا كُنت سودانيا، لأن

اسم عادل لم يكن اسما شائعا فِي شمال اليَمَن. قلت له إنني يمني مِن الجنوب. حَتَّى أنه أصبح مهتما بسماع اسم وَالِدي أيضًا.

"اسمك واسم والدك ماجد هما اسمان شائعان فِي العراق"، أخبرني.

ومضى يسألني عما إِذَا كَانَ لدي أي زوار وما إِذَا كُنت آكل وأعتني بعائلتي أثناء وجودي فِي السجن. أخبرته أن كل شيء عَلَى ما يرام معي. وعدني أنه سيعود، وغادر. عدت إِلَى زنزانة الاحتجاز.

بدأ الرجال فِي زنزانتي يستفسرون عَن زيارته وما تحدثنا عنه. فِي هذه الأثناء، التفتوا إِلَى الرجل الَّذِي حاول أن يركبني، قائلين له: "أنت تعبث مع الصبي الخطأ".

معظم الرجال فِي زنزانتنا كَانَوا هناك لمدة ثمانية أسابيع تقريبا دون أن يسمعوا بالتحقيق فِي قضيتهم أو معالجتها. كَانَ جذب انتباه السفير فِي غضون أقل مِن أسبوع أمرا غير مسبوق، واعتقدوا جميعا أنه سيتم إطلاق سراحي بسرعة.

بينما كَانَ الجميع يقدمون تحليلهم لحالَّتِي والنتِيجَة المحتملة، انتظرت. فِي غضون ساعة أو نحو ذلك، عاد السفير وطلب أن أراه مرة أخرى. هذه المرة، قال: "لَقَد تحدثت للتو إِلَى رئيس إدارة المرور، الشخص المسؤول عَن زنزانة السجن هذه، حول القضية. أخبرته أنني لم أعد مهتما بتوجيه اتهامات، لأنني سأصلح سيارتي. كما طلبت منهم إطلاق سراحك فورا".

وقلبي ينبض بسرعة، سألته: "ماذا قال؟"

أجاب: "لم يوافق فِي البداية، لأنه شعر أنك بحاجة إِلَى العقاب". وقَال أيضًا: "ربما يحتاج إِلَى بعض المال المدفوع له وللموظفين لإطلاق سراحك وعن سيارتك. هل لديك مال؟"

"يمكنني تدبر أمري"، أكدت له.

قبل مغادرتي المنطقة المجاورة مباشرة، سألني السفير: "أي نوع مِن الناس هؤلاء؟ نحن لا نضع حيواناتنا فِي هذه الأنواع مِن الظروف. هَذَا مكَانَ مروع يجب حبسه". سلمني بطاقة عمله واقترح علي زيارته فِي مكتبه إِذَا اخترت ذلك.

بعد رشوة الضباط ودفع غرامة، تم إطلاق سراحي بحرية وخالية مِن سيارتي المنبعجة بشدة. تمكّنت أيضًا مِن الحصول عَلَى هويتي ورخصة قيادتي بعد تقديم رشاوى إضافية.. لم أمانع فِي دفع الرشاوى، لأنها كَانَت ستكلفني ضعف المال وتستغرق الكثير مِن الوقت والجهد للحصول عَلَى وثائق جديدة.

لا يسعني إلا أن أتكهن لِماذا ساعدني السفير.. أعتقد أنه لم يعجبه الطريقة الَّتِي عُوملت بها، وكَانَ يعتقد بشكل خاص أن ظروف السجن لم تكن مناسبة للبشر.. لَقَد رآني عاجزا عَن التعامل مع ضابط عاملني عَلَى الفور كما لو كُنت مجرما.. لَقَد غلّب إنسانيته إِلَى الموقف. عَلَى الرغم مِن أنني

فكرت فِي زيارة السفير العراقي لأشكره مرة أخرى وربما أسأله عَن الحصول عَلَى منحة دراسية، حيث ذهب اثنان مِن أصدقائي إِلَى بغداد للحصول عَلَى شهادات فِي الهندسة والطب، قررت التخلي عَن الفكرة والاستمرار فِي التركيز عَلَى الهجرة إِلَى الولايات المتحدة. فِي 1960م و 70م و 80م، تم الاعتراف بالعراق عَلَى أنه يحتوي عَلَى أفضل الجامعات فِي الشرق الأوسط، ولذا فكرت لفترة وجيزة فِي متابعة تعليمي هناك. ومع ذلك، شجعني بانسر عَلَى الذهاب إِلَى الولايات المتحدة الأمريكية أو المملكة المتحدة البريطانية، ومعرفة أن وَالِدي كَانَ مواطنا بريطانيا، شعرت بالانجذاب إِلَى تلك الأماكن.

***

بعد حوالي أسبوعين أو ثلاثة أسابيع مِن إطلاق سراحي، بدأت أرى أن الإمدادات الغذائية الَّتِي أرسلها العديد مِن المانحين الدوليين إِلَى شمال اليَمَن تباع فِي محلات البقالة المحلية. نعم، يمكنني القول إن جزءا مِن المساعدات الَّتِي كَانَ مِن المفترض أن يتم تسليمها لضحايا الزلزال لم يستفد منه المحتاجون. بدلا مِن ذلك، تم بيعها تحت الأرض مِن قبل المسؤولين الفاسدين. سرعان ما أدركت أنه عَلَى الرغم مِن كونهم مواطنين فِي بلد عربي وإسلامي، يصلون عدة مرات فِي اليوم، ويصومون، فإن اليَمَنيين فاسدون مثل أي مجموعة مِن الأشخاص الَّذِين نتحدث عنهم بالسوء. لَقَد

شعرت بالإحباط مِن مثل هذه الأعمال.

عَندَمَا عدت إِلَى اليَمَن مِن الولايات المتحدة فِي عام 1993، كَانَ الغذاء وغيره مِن أشكال الدعم الَّتِي كَانَ برنامج الأغذية العالمي يرسلها لمساعدة اللاجئين الصوماليين فِي شمال اليَمَن يتم تداولها علنا فِي الأسواق المحلية. بدأت أدرك أن المساعدات الدولية مثل النفط والحليب واللقاحات والأدوية الأخرى المرسلة إِلَى البلدان النامية لا تصل بالضرورة إِلَى المتلقين المقصودين. يأخذ الناس هذه المنتجات مِن الموانئ ويبيعونها. مِن خِلَال ما شاهدته، لم أشك فِي الأفراد البالغين فحسب، بل طورت أيضًا شكوكا تجاه أي منظمات إغاثة أو حكومات تقدم مساعدات للبلدان النامية. تقوم العديد مِن المنظمات غير الحكومية بتضليل الجمهور عمدا، وتطلب التبرعات والمساعدات ولَكِنّ بعد ذَلِك تعيد توجيه الموارد.

من تجربتي المباشرة، يبدو أن معظم أموال المساعدة الاجتماعية لا تصل أبدا إِلَى الوجهة المقصودة. وبدلا مِن استخدامها للتنمية الاجتماعية وبناء الطرق والمستشفيات والمدارس، تنتقل الأموال مِن جيب إِلَى آخر أو يبتلعها المسؤولون المحليون الفاسدون بالكامل. عَلَى الرغم مِن انتهاء الإمبريالية منذ سنوات عديدة، لا تزال البلدان النامية تعمل بشكل غير مباشر تحت حكم المستعمرات الجديدة السابقة. قبل عقود، استولت الدول الأوروبية عَلَى البلدان النامية للحصول عَلَى المواد الخام وحكمت بالقوة. فِي هذه

الْأَيَّام، النهج مختلف ولَكِنّ النتِيجَة هِي نفسها. وبدلا مِن الحكم بالقوة، تقدم الدول الغربية القروض، مع العلم أن الغالبية العظمى مِن الأموال ستنتهي فِي أيدي الأفراد الفاسدين. عَندَمَا لا تستطيع الدولة المقترضة سداد القرض، يأخذ الغرب المواد الخام كشكل مِن أشكال الدفع. إنه شكل حديث مِن أشكال الاستعمار، بنفس القدر مِن القسوة وخدمة الذات مثل ما تم القيام به فِي العقود السابقة.

الثامن عشر
العمرة

قَال النبي محمد (صلى الله عليه وسلم) الحج مبرور ليس له جزاء إلا الجنة".

حديث شريف

كَانَ أوسين، أخي الأكبر غير الشقيق، ثاني أبناء ماجد.. ولد فِي حضرموت، وقضى الشطر الأكبر مِن شبابه بين عدن وأَديس أبابا.. لم ينضم إِلَى المدَرسَة العربية، وكَانَت لغته الأولى هِي الإنجليزية.. لم يكن ذَلِك مفاجأة بالنسبة لي، لأن والدنا أراد أن يكبر أطفاله بأساليب ومعايير غربية.. أخذ والدنا حسين إِلَى أَديس أبابا فِي عام 1948م، عَندَمَا كَانَ حسين فِي السابعة مِن عمره، وسجله فِي مدرسة سانفورد الدولية كيبينا.

تأسست مدرسة سانفورد الدولية كيبينا فِي أوائل 1940م عَندَمَا أرادت السيدة كريستين سانفورد، زوجة العقيد سانفورد، رئيس البعثة العسكرية البريطانية إِلَى إثيوبيا خِلَال الحرب العالمية الثانية، فتح مدرسة ناطقة باللغة الإنجليزية لأطفالها.

قاد العقيد سانفورد، جنبا إِلَى جنب مع كننغهام ووينجيت، الوحدة

البريطانية الَّتِي أرسلتها الحكومة البريطانية لمساعدة الإمبراطور هيلا سيلاسي الأول والجيش الإثيوبي عَلَى استعادة البلاد مِن خمس سنوات مِن الاحتلال الإيطالي فِي ظل حكومة موسوليني.

سميت فِي البداية بمدرسة سانفورد الإنجليزية المجتمعية.. توسعت بسرعة، ونتِيجَة لاتفاق مع الحكومة الإمبراطورية، سمح للنخبة الإثيوبية بما فِي ذَلِك العائلات الملكية وغيرها مِن العائلات الرائدة بتسجيل أطفالهم فِي المدَرسَة أيضًا.. كَانَ دور المدَرسَة فريدا فِي إثيوبيا وأفريقيا منذ تأسيسها. "لَقَد كَانَت واحدة مِن أولى المدارس الدولية فِي إفريقيا لكل مِن المواطنين والمغتربين الَّذِين يتعلمون عَلَى قدم المساواة" ولا تزال حَتَّى اليوم.

انتقل حسين لاحقا إِلَى مدرسة داخلية ثانوية بدون نظام دعم عَلَى الجبهة الداخلية، كَانَ يستمتع بالحفلات والشراب والتردد عَلَى الحانات والنوادي الليلية.. لم تكن درجاته مثيرة للإعجاب، وكَانَت تحدث بينه ووالدنا خلافات.. وفقا لأصدقاء وَالِدي وحسين، كَانَ الوضع متوترا بينهما، وفي عام 1959 عَندَمَا كَانَ حسين فِي التاسعة عشرة مِن عمره، غادر إثيوبيا إِلَى اليَمَن. ربما كَانَ مغادرة حسين إثيوبيا إِلَى عدن أفضل نتِيجَة لجميع الأطراف.

بعد قضاء عدة سنوات فِي عدن عمل خلالها فِي شركة بيس، وبعد أن حصل اليَمَن عَلَى استقلاله عَن البريطانيين، حزم حسين أمتعته مرة أخرى

وغادر إلَى جدة، المملكة العربية السعودية فِي عام 1969. كَانَ متزوجا مِن امرأة حضرمية ولديه أربع بنات قبل وفاته فِي عام 1979 عَن عمر يناهز الثامنة والثلاثين. كَانَت الخطة أنه بمجرد وصولي إلَى شمال اليَمَن وتغيير جواز سفري، سأتوجه إلَى جدة لمقابلته. ومع ذلك، فقد توفي بعد عام مِن وصولي إلَى شمال اليَمَن وقبل أن أتمكن مِن زيارته ومقابلته.

بوفاته، أصبحت الابن الوحيد الباقي عَلَى قيد الحياة لماجد.. كَانَ مِن المتوقع أن أقوم بزيارة هؤلاء الفتيات الأربع اللواتي تركهن حسين وراءهن. لم تكن زيارتي لتقديم أي دعم مالي أو إنقاذهم مِن أي شيء، ولَكِنّ لأكون عم رمزي..

فِي عام 1983، بعد تبادل بعض المكالمات الهاتفية والرسائل مع العائلة هناك، خططت لرحلتي إلَى جدة، المملكة العربية السعودية.

كَانَت رحلتي إلَى جدة أول رحلة إلَى خارج شمال اليَمَن، وكَانَت الخطوط السعودية، المعروفة آنذاك باسم الخطوط الجوية العربية السعودية، أكبر شركة طيران كُنت عليها خِلَال أوائل 1980م.

جاءت أروى ابنة حسين الكبرى والّتِي كَانَت فِي الثالثة عشرة مِن عمرها فِي ذَلِك الوقت، وخالها (شقيق والدتها) إلَى المطار لاصطحابي. كَانَوا يعيشون فِي منطقة تسمى باب مكة. ذكرني ذَلِك بمنطقة باب اليَمَن فِي صَنعاء. كَانَت هناك مبان حديثة، فضلا عَن بيوت طينية، والكثير مِن

الحاضرين.

جدة هِي أقدس مدينة فِي الإسلام. باب مكة، البوابة المقوسة الَّتِي تشير إِلَى مدخل مدينة مكة المكرمة، هِي البوابة الأكثر أهمية تاريخيا لجدة لأنها الحدود الرسمية بين الحرم (المنطقة المقدسة حيث لا يسمح لغير المسلمين) وبقية المَدِينَة. لَقَد مر مليارات الحجاج تحت هذه البوابة فِي القرون الأربعة عشر الماضية أثناء قيامهم بالحج إِلَى مكة المكرمة، مسقط رأس النبي محمد (صلى الله عليه وسلم).

أطفال حسين هم أروى، ابتسام (عشرة)، أماني (تسعة)، وأميرة (سبعة). لَقَد شعروا بسعادة غامرة لرؤيتي. بصرف النظر عَن الأكبر سنا، لم يكن لدى الأطفال أي ذكريات عَن والدهم. حاولت أن أحث والدتهم عَلَى مشاركتي قصصا عَن زوجها الراحل، لكنها إما كَانَت تعرف القليل عنه أو اختارت عدم التحدث عنه كَثِيرًا. أخبرتني أنه سافر كَثِيرًا للعمل وذكرت أنه قضى وقتا طويلا فِي بيروت، لبنان.

بعد يومين فِي جدة، طلبت مني عائلتي الاستعداد لرحلة إِلَى مكة المكرمة لأداء العمرة، الحج الإسلامي. عَلَى عكس الحج، الَّذِي يتم تحديده فِي تاريخ محدد كل عام والذي يتعين عَلَى كل مسلم (رجالا ونساء) القيام به مرة واحدة فِي حياتهم، يمكن أداء العمرة إِلَى مكة المكرمة فِي أي وقت مِن السنة. عَلَى الرغم مِن أنني درست القرآن فِي سن مبكرة وعشت فِي

شمال اليَمَن لعدة سنوات فِي تلك المرحلة، إلا أنني لم أذهب للصلاة بانتظام أو أمارس الإسلام، كما كَانَ متوقعا مني. بحلول الوقت الَّذِي زرت فيه جدة، كُنت قد نسيت تماما بروتوكولات الوصول إِلَى حالة التطهير الَّتِي تحققت مِن خِلَال إكمال طقوس التطهير، وارتداء الملابس الموصوفة، والامتناع عَن بعض الإجراءات. أخذت أراوا عَلَى عاتقها مسؤولية إعطائي دورة تنشيطية حول جميع جوانب البروتوكولات. قالت لي، والَّتِي سأتذكرها دائما بوضوح، "عمي، معرفتك بالدين مثيرة للشفقة للغاية." ضحكت.

تتطلب العمرة مِن المسلمين أداء طقسين رئيسيين: الطواف والساعي. الطواف هو موكب دائري عكس اتجاه عقارب الساعة حول الكعبة، والذي يجب إكماله سبع مرات. يوصى بإجراء الدوائر الثلاث الأولى بوتيرة سريعة، تليها أربع جولات بوتيرة أكثر راحة. يتبع الطواف الساعي، وهو نزهة ذهابا وإيابا بين الصفا والمروة فِي الحرم المكي، وهي مسيرة تحيي ذكرى بحث هاجر عَن الماء لابنها وعن رحمة الله فِي استجابة الصلوات. يختتم الحجاج الحج بالحلق ، وهو تقصير جزئي أو كامل للشعر.

الكعبة قبلة المسلمين حيث يُعامل فيه الرجال والنساء عَلَى قدم المساواة، إلا فِي أوقات الصلاة يكون الرجال فِي مقدمة منطقة الصلاة فيما النساء فِي الخلف.

تعتبر العمرة أحيانا الحج الأصغر مِن حيث أنها ليست إلزامية ولكنها من الموصى بها بشدة.. مِن الممكن عموما إكمال العمرة فِي غضون ساعات قليلة مقارنة بالحج، الأمر الَّذِي قد يستغرق بضعة أيام. كما لا يقصد بالعمرة أن تفسر عَلَى أنها بديل للحج. ومع ذلك، كلاهما دليل عَلَى تضامن الشعب المسلم وإخلاصه لله. تمكّنت مِن القيام بكل ما هو مطلوب للعمرة لإرضاء الأسرة.

***

خلاصة رحلتي تمثلت في تعرفي عَلَى بنات حسين.. مضينا اوقاتا مرحة ..اتذكر منها ميلهن إلَى تغيير مظهري .. لَقَد استمتعن بإلباسي ملابس النساء ووضع المكياج علي..

بسبب لون بشرتي، اعتقدوا أنه سيكون مِن المضحك محاولة جعلي أبدو كخادمة صومالية أو إثيوبية.

بعد زيارة العديد مِن أفراد عائلتي وأصدقاء أخي وقضاء الكثير مِن الوقت الممتع مع بنات أخي انهيت زيارتي التي استمرت لأسبوعين عائدا إلَى شمال اليَمَن.

التاسع عشر
الزواج مقابل التعليم

فليكن بين وجودكم معا فسحات تفصلكم بعضكم عن بعض حتى ترقص ارياح السماوات فيما بينكم.. أحبّوا بعضكم البعض ولكن لا تقيدوا المحبة.
جبران خليل جبران

جعلت اختي الكبرى هند من العثور عَلَى زوجة لي تتسم بالجمال وتكون قادرة على تكوين أسرة مناسبة لي هدفها ومن أبرز أولوياتها.
فِي الثقافة العربية، غالبا ما يتم ترتيب الزيجات بين الوَالِدين .. لا خجل أو ذنب حيال ذَلِك.. ولَكِنّ بما أنه لم يكن لدي والدان، فقد تولت أختي القيام بدورهما.
يقَال أن حب الطفل يولد لحظة ميلاده .. مِن المفترض أن يكون الزواج مشابها لميلاد الطفل، حيث يتناسق نمو الطفل مع نمو حب شريك الحياة. في ذَلِك الوقت، فِي رأيي، لم يكن هناك شيء أنبل مِن الزواج مِن فتاة جميلة اختارتها أختي.. كَانَ ذَلِك يعني مزيدا من الترابط مع عائلتي وتعزيزا لوضعي الأسري... كُنت قد غادرت إثيوبيا فِي سن مبكرة.. لم يكن لدي

أي خطط للعودة إِلَى إثيوبيا أو الزواج مِن فتاة إثيوبية. بسبب إدراكي وتعرضي للتعصب الخفي للأمهرة المسيحيين تجاه المسلمين أو العرب، لم تخطر ببالي فكرة الزواج مِن فتاة إثيوبية.

الفتاة الَّتِي اختارتها لي عائلتي كَانَت أيضًا صديقة لابنة أخي (ابنة هند) وكَانَت مِن حضرموت.. تمكّنت ابنة أخي مِن إحضار صورة زوجتي المستقبلية سرا لأراها.. فِي الواقع، كَانَت الفتاة جميلة وذكرتني بزوجة أبي مريم.. لِماذا نختار شركاء يشبهون وَالِدينا؟

في ذَلِك الوقت، كُنت أعيش فِي اليَمَن الشمالي (الموالية للغرب)، وكَانَت هي تعيش فِي جنوب اليَمَن (الموالية للاتحاد السوفيتي). كَانَ التنقل ذهابا وإيابا بين البلدين مُعقدا وفي بعض الأحيان شبه مستحيل.. مِن خِلَال ابنة أخي، تمكّنت سرًا مِن تبادل الرسائل مع الفتاة، واشتد حبنا يوما بعد يوم.. بدأت فِي طلب هدايا الزفاف - الذهب والملابس مِن دول الخليج.. تحدثنا كَثِيرًا عَن حياتنا المستقبلية، وأطفالنا، وتعليمنا، والبلدين.. لم أكن مهتما بالعيش فِي جنوب اليَمَن الجنوبي، ولم ترغب هي فِي مفارقة عائلتها وبلدها.. عَلَى الرغم مِن هذه العقبات، كنا متفائلين بأن الأمور ستنجح بيننا.

بعد التشاور مع أفراد العائلات مِن كلا الجانبين، تم الاتفاق عَلَى أن يتم الزواج فِي 26 مارس 1984. شرعت كلتا العائلتين فِي تجديد منزليهما وكذَلِك اتخاذ الترتيبات اللازمة.

***

قبل انتشار الإسلام في جنوب الجزيرة العربية - القرن السابع قبل الميلاد- كَانَت ثمة ممارسات وتقاليد اخرى للزواج، وأكثرها شيوعا الزواج بالتراضي، والزواج بالأسر، والزواج بالمهر، والزواج بالميراث، و"الزواج" أو زواج المتعة. فِي بلاد ما بين النهرين، كَانَت الزيجات أحادية الزواج بشكل عام، باستثناء بين الملوك، الَّذِين سيكون لديهم حريم يتكون مِن زوجات ومحظيات. اتبع المجتمع الساساني الزرادشتية، الَّتِي اعتبرت المرأة ممتلكات فِي الزواج، عَلَى الرغم مِن أن الموافقة كَانَت مطلوبة فِي كل مِن الزواج والطلاق.

بسبب المواقف المنحازة للرجل تجاه النساء، لم يكن للمرأة رأي يذكر فِي أي القرارات المتعلقة بزواجها.. اذ لم يمنحن حق اختيار مِن يتزوجن، بل ولم يسمح لهن بطلب تطليق أزواجهن.. تم منح المزيد مِن هذه الحقوق للنساء عَندَمَا جاء الإسلام إِلَى المنطقة وسمح لهن بالتفاوض عَلَى شروط عقد زواجهما وامكانية طلب الطلاق.

اليوم، موافقة كل مِن العروس والعريس مطلوبة فِي الزيجات اليَمَنية الحضرمية. كما يطلب مِن ولي العروس (الوصي، الوصي، الحامي، إلخ، عادة والدها أو، فِي حالة عدم وجود أب، قريب ذكر مهم آخر) الموافقة عَلَى الزواج. يتم ترتيب الزواج ولَكِنّ ليس قسريا. سواء كَانَ شفهيا أو كتابيا، فإن

العقد الرسمي الملزم ضروري للتحقق مِن صحة الزواج الإسلامي، ويحدد العقد حقوق ومسؤوليات العروس والعريس.

بمجرد التوصل إِلَى اتفاق، يمكن البدء في الترتيب لحفل الزفاف.. يتم إجراء مراسم الزواج علنا ويفضل أن يكون ذَلِك بمشاركة فاعلة من زعيم ديني أو شخصا عَلَى دراية بالممارسات الدينية. بعد الحفل والذي يسمى بحفل العرس تقام حفلة اخرى وفقا للعادات المحلية تسمى بحفل الاستقبال حيث يتم فيه استقبال اقارب الطرفين وبعض المقربين والمهنئين ..يمكن أن يستمر حفل الاستقبال من ساعتين إِلَى عدة أيام.

يخبر القرآن المؤمنين أنه حَتَّى لو كَانَوا فقراء، يجب عليهم الزواج حماية لأنفسهم مِن الوقوع في الفجور، يؤكد القران أن الزواج هو وسيلة مشروعة لإشباع الرغبة الجنسية.. ويعترف الإسلام بقيمة الجنس والرفقة ويدعو إِلَى الزواج كأساس للعائلات وتوجيه تلبية هذه الحاجة الأساسية.

وفقًا للإسلام، فإن الزوج هو المسؤول عن النفقات المالية وإعالة زوجته أو زوجاته وأطفاله ..عَلَى الأقل.. توفير المنزل والطعام والملبس. فِي المقابل، مِن مسؤوليات الزوجة حماية ممتلكات الزوج وتحسن عملية إنفاق الدخل.

يجب عَلَى الأزواج أن يعتنوا بزوجاتهم، مع [الخيرات] الَّتِي أعطاها الله للبعض أكثر مِن الآخرين وبما ينفقونه مِن أموالهم الخاصة. الزوجات

الصالحات متدينات ويحرسن ما يريدهن الله أن يحرسنه فِي غياب أزواجهن.

مع وضع هذه المسؤولية فِي الاعتبار، فإن جزءً مِن الاتفاق أو عقد الزواج هو توقع أن يقدم الزوج (عائلته - عادة والده، ولَكِنّ فِي حالتي، لأن وَالِدي كَانَ متوفيا، كَانَت المسؤولية علي) لزوجته مهرا، يتم تخصيصه لشراء احتياجاتها الخاصة من الذهب والخ.. غالبا ما تستخدم كلمة المهر لشرح المهر، لَكِنّ المهر يختلف عَن مهر الزواج مِن حيث أنه فرض فِي الزواج الإسلامي، وقد يتكون المهر مِن المال، لَكِنّ ليس مِن الضروري ذلك. يمكن أن يتكون أيضًا مِن الذهب أو المفروشات أو الأرض أو غيره مِن السلع الَّتِي قد تكون مفيدة للعروس. ثقافيا، لا نقول أن المهر يذهب إِلَى العروس، بل ينتقل مِن عائلة العريس إِلَى عائلة العروس، لَكِنّ المهر يبقى للعروس ملكا خالصا لها.

هناك حد أدنى ولَكِنّ لا يوجد حد أقصى للمبلغ الَّذِي يستحقه المهر.. الحد الأدنى يعادل المبلغ الَّذِي يسمح للمرأة بإعالة نفسها إِذَا توفي زوجها أو إِذَا طلقا.

إذا اتفقا ..يجوز دفع المهر عَلَى أجزاء او دفعات.. المقدم هو جزء مِن المهر المدفوع للعروس وقت توقيع عقد الزواج. يتم دفع جزء لاحق يسمى mu'akhaar (بمعنى متأخر) ..فِي تاريخ متفق عليه أثناء الزواج. بغض

النظر عَن موعد دفع المهر، يجب دفع المبلغ بالكامل ما لم تتنازل الزوجة عَن حقها فيه: "أعط المرأة هدية الزفاف عند الزواج، عَلَى الرغم مِن أنها إِذَا كَانَت سعيدة بالتخلي عَن بعضها مِن أجلك، فيمكنك الاستمتاع بها بضمير مرتاح".

***

في الثقافة العربية، ووفقا لحديث النبي محمد (صلى الله عليه وسلم)، هناك اعتقاد وقول مفاده أن "نصف إيمانك ودينك هو الزواج (الزواج نصف الدين)"، مما يعني أنه يجب أن يكون المرء متزوجا ليكون شخصا كاملا.... سيكون نصف إنجاز الشخص الناجح فِي الحياة هو زواجه. فِي شبه الجزيرة العربية، الزواج هو عقد قانوني بين رجل وامرأة.

قَال النبي محمد صلى الله عليه وسلم: "اذا تزوج الرجل، فقد أتم نصف الدين. فليتق الله عَلَى النصف المتبقي". يقَال إن الزواج يساعد فِي تحقيق رغبات المرء بطريقة حلال، والرسالة هِي أن الرفيق سيشجعك بلا شك عَلَى العيش بشكل أفضل فِي الحياة ويساعدك فِي تربية الأسرة. إِذَا كَانَ لدى الرجل وسيلة للزواج وليس لديه خوف مِن إساءة معاملة زوجته أو مِن ارتكاب أعمال غير مشروعة إِذَا تزوج، فإن الزواج مفضل.

يؤكد القرآن عَلَى أن المرأة لا يحق لها الحصول عَلَى الدعم المالي فحسب، بل أيضًا الدعم العاطفي وأن الرجل لا يمكنه استعادة أي مِن المهر ما لم تثبت

إدانة زوجته بارتكاب مخالفات جنسية:

أنتم الَّذِين تؤمنون، لا يحل لكم أن ترثوا النساء ضد إرادتهن، ولا يجب أن تعاملوا زوجاتكم بقسوة، عَلَى أمل استعادة بعض هدية العروس الَّتِي قدمتموها لهم، إلا إِذَا كَانَوا مذنبين بشيء شائن بشكل واضح. عش معهم وفقا لما هو عادل ولطيف: إِذَا كُنت لا تحبهم، فقد تكون أنك تكره شيئا وضع فيه الله الكثير مِن الخير.

إذا تم تأجيل دفع جزء مِن المهر، فقد يضغط بعض الأزواج عَلَى زوجاتهم لمصادرة ما زال مدينا به أو إعادة ما أعطاها لها قبل موافقته عَلَى الطلاق، لَكِنّ القيام بذَلِك غير مسموح به فِي الإسلام. بالإضافة إِلَى ذلك، لا يحق للزوج الاحتفاظ ببقية المهر إِذَا كَانَ مسيئا أو مهملا لزوجته.

كما يأمر القرآن بأنه إِذَا كَانَ الزوج يهمل أسرته، يحق للمرأة طلب الطلاق: "إذا كَانَت الزوجة تخشى تعرضها للاستبداد أو الاغتراب عَن زوجها، فلن يلام أي منهما إِذَا ما توصلا إِلَى تسوية سلمية، لأن السلام هو الأفضل".

اذا كنتم [المؤمنون] تخشون انفصال زوجين، فقم بتعيين حكم واحد مِن عائلته وواحد مِن عائلتها. ثم، إِذَا أراد الزوجان وضع الأمور فِي نصابها الصحيح، فإن الله سيحقق المصالحة بينهما. إنه يعلم كل شيء، كل مدرك.

فِي اليَمَن، يتم ترتيب معظم الزيجات مِن قبل عائلتي العروس والعريس.

تقترح أقارب العريس العرائس المحتملين للرجل ووالده، الَّذِين يقررون معا العروس الأنسب بناء عَلَى التوافق والمكَانَة الاجتماعية. قبل صياغة عقد الزواج، يطلب والد المرأة مِن العروس المحتملة مدخلاتها ويأخذ فِي الاعتبار رغباتها. فِي التقاليد العربية، يكون التطابق المثالي بين أبناء العمومة عَندَمَا تكون ابنة عم العريس (شقيق الأب) هِي العروس. يتم تشجيع مباريات الزواج الداخلي الأخرى أيضًا.

وفقًا للشريعة الإسلامية، يجوز للرجل أن يتزوج ما يصل إِلَى أربع زوجات طالما أنه يعاملهن جميعًا عَلَى قدم المساواة. ومع ذلك، فإن معدل تعدد الزوجات فِي اليَمَن منخفض.. نصف السكَانَ البالغين متزوجين، وأربعة فِي المائة أرامل. واحد فِي المئة فقط مِن السكَانَ مطلقين.. يمكن أن يتخذ الطلاق فِي الإسلام أشكالا متنوعة، بعضها ينفذه الزوج شخصيا والبعض الآخر تنفذه محكمة دينية نيابة عَن الزوجة المدعية الَّتِي تنجح فِي الحصول على حكم قضائي بالطلاق .. يمكن لكل مِن الرجال والنساء طلب الطلاق.. الطلاق والزواج مرة أخرى ليس مستهجنا.

اذا بدأ كان البادئ في الطلاق هو الزوج فتحتفظ الزوجة السابقة بمهرها ويسمح لها بالزواج مرة أخرى بعد أربعة أشهر وعشرة أيام، ويطلب مِن زوجها السابق إعالتها خِلَال تلك الفترة..إِذَا لم تتزوج المرأة مرة أخرى، يبقى معها الأطفال حَتَّى سن السابعة.

الزواج شيء أقدره بشدة باعتباره مرحلة نبيلة ومتقدمة مِن.. الأسرة هِي أهم جانب مِن جوانب الحياة اليَمَنية والإثيوبية لكونها تشكل احد اهم دعائم الترابط الاجتماعي، حيث يعتمد الأقارب فِي كثير مِن الأحيان عَلَى بعضهم البعض لمواجهة التحديات اليومية.

لأنني نشأت بدون أم وأب، أردت أن يتربى أطفالي تحت رعاية والديهما، مما يساعدهم عَلَى النمو.

بالإضافة إِلَى ذلك، مِن منظور المكَانَة الاجتماعية، يتمتع الرجل المتزوج بمكَانَة أعلى واحترام أكبر مِن الرجل الأعزب.

كُنت رَجلًا أعزب أعيش فِي مجتمع لا يوجد فيه مكَانَ للرجال العزاب.. لم تتم دعوتي أبدًا إِلَى التجمعات الاجتماعية، وكُنت دائما أجد صعوبة فِي العثور عَلَى مكَانَ للعيش فيه. بسبب القيود الدينية والثقافية، كُنت فِي مرحلة مِن الحياة، حيث كُنت بحاجة إِلَى الزواج. فِي اليَمَن، يعد الزواج مِن أهم جوانب حياة الشخص بمجرد بلوغه سن الثامنة عشرة.. الرأي الشائع هو أنه بمجرد أن تصبح الفتاة بالغة، يكون مكَانَها فِي منزل والدها أو منزل زوجها أو القبر. الأولاد، عند بلوغهم سن الرشد، ليس لديهم وضع، ولا رجولة ما لم يكونوا متزوجين. بدون زوج، أنت لست شخصا كاملا. لَقَد حان الوقت بالنسبة لي أن أكون شخصا كاملاً.

ومع ذلك، كَانَ هناك صراع يغلي في داخلي!

العشرون
كُنت مختلفاً

أولئك الَّذِين يسعون وراء الحلم الأمريكي يعتقدون أنه بغض النظر عَن مقدار ما ينجزونه، هناك دائما شيء أفضل للسعي مِن أجله.
ف. سكوت فيتزجيرالد

تسنى لي الالتقاء بالأستاذ مارك هانسن فِي العام 1982..حيث قدم إِلَى شمال اليَمَن لتدريس اللغة الإنجليزية كلغة ثانية (ESL) فِي معهد اللغة اليَمَني الأمريكي يالي.
تأسس المعهد مِن قبل سفارة الولايات المتحدة فِي صَنعاء فِي عام 1975. وقد كَانَ ولا يزال مدعوما مِن مجموعة مِن الجهات الراعية مِن القطاعين العام والخاص والعديد مِن الجهات الراعية الإنمائية الثنائية والمتعددة الأطراف.
يعمل المعهد من ضمن اهدافه عَلَى تعزيز التفاهم الثقافي مِن خِلَال تنفيذ برامج إعلامية وأنشطة ثقافية.. تم إرسال اعداد من السكان المحليين

والموظفين مِن البلدان النامية الأخرى الَّذِين عملوا فِي الوكالة الأمريكية للتنمية الدولية والسفارة الأمريكية وغيرها مِن المنظمات غير الحكومية التابعة للولايات المتحدة لتلقي دورات فِي اللغة الإنجليزية. كُنت فردا مِن الطاقم الَّذِي تم اختياره وإرساله بانتظام لدراسة اللغة الإنجليزية في المعهد. حسن هندامي واهتمامي بمظهري وأداء واجباتي لفتت انتباه مارك ..اعتقد بسبب بشرتي الداكنة وقدرتي على نطق الحرفين P و V بشكل صحيح خلاف الطلبة الاخرين بأنني لست يمنيا. .معظم السكّانَ الناطقين باللغة العربية ينطقون Ps مثل Bs، و Vs مثل Fs. عَلَى سبيل المثال، تبدو بيبسي مثل Bebsi، أو تبدو كلمة فيديو مثل fideo. كما سبق ل ch. يميل المتحدثون باللغة العربية إِلَى الخلط بين صوت ch و sh، مما يعني أن كلمة check ستبدو مثل sheck.

كانت الدورات تقام بعد ساعات العمل فِي المساء.. اعتاد معظم الطلاب عَلَى الحضور إِلَى الفصل بعد جلسة مضغ القات، وفي بعض الحالات، يصل بعضهم إِلَى الفصل وهو لا يزال يمضغ القات.. ما يقرب مِن ثلثيهم يدخنون.. لم أذهب لاستراحات الدخان، ولم أمضغ القات. لَقَد أثرت اهتمام مارك لأنني كُنت مختلفا.

في إحدى الأمسيات، سألني مارك مِن أين أتيت؟. قلت له: "أنا يمني حضرمي لكنني ولدت فِي إثيوبيا لأم إثيوبية".

نظر إلي بابتسامة وقال هامسا في اذني: "ابني غاني.. كُنت متزوجا مِن امرأة غانية وتبنيت ابنها".

كَانَ قد تزوج زوجته فِي غانا، ثم انتقل الثلاثة إِلَى الولايات المتحدة.. ظلت الزوجة والابن يعيشان فِي الولايات المتحدة، فيما هو قدم إِلَى شمال اليَمَن فِي أوائل 1980م بهدف تدريس اللغة الإنجليزية.

ظننت بانه مازال متزوجا منها زواجا دائما، لكنها طلبت زواجا مفتوحا، ببساطة.. كَانَا يعيشان حياة منفصلة.

سرعان ما توطدت عرى صداقتنا حتى صرنا نلتقي فِي عطلات نهاية الأسبوع.... شاركني معلومات عَن خلفيته وحياته فِي الولايات المتحدة، واخبرني عن انتماءه للحزب الشيوعي الأمريكي.. دراسته الأدب الروسي وحصوله عَلَى درجة الماجستير فِي اللغة الإنجليزية.

أكثر ما كان يدهشني في مارك انه لم يكن ليتحدث الا حاملا كأسا مِن النبيذ وسيجارة فِي نفس اليد..لا ادري كان يراودني شعور بالقلق مِن أنه سيحرق نفسه أو يسكب النبيذ عَندَمَا يستغرق فِي محادثة مكثفة.

منذ اللحظة الَّتِي علم فيها بخططي للذهاب إِلَى الولايات المتحدة حَتَّى اليوم الَّذِي غادرت فيه اليَمَن الشمالي إِلَى الولايات المتحدة بعد حوالي ثمانية عشر شهرا، اضاء لي الكثير مما لم اكن اعرفه عن التاريخ الأمريكي.. كَانَت المَوضوعات الَّتِي ركز عليها هِي الحرب الأهلية، والتعديل الرابع عشر،

وحركات الحقوق المدنية، وقوانين جيم كرو، والصراعات الداخلية الأخرى بما فِي ذَلِك قادة الحقوق السياسية والمدنية مثل أبراهام لنكولن، وجون إف كينيدي (جون كنيدي)، وفريدريك دوغلاس، ومارتن لوثر كينغ جونيور (MLK)، ومالكوم إكس، وأنجيلا ديفيس.

لَقَد شجعني وأيد فكرتي فِي التوجه إلَى الولايات المتحدة، لَكِنَّه حذرني أيضًا مِن أن الواقع فِي أمريكا كَانَ مختلفا تماما عما كُنت أتخيله. قَال ذات يوم: "عادل"، "أخشى أن أفجر فقاعتك. فِي أمريكا، إذَا كَانَ لدي 0.1 فِي المائة مِن الدم الأسود، فأنا أسود وليس لدي حقوق ".

كَانَ يعتقد أنه بما أنني أنتمي إلَى قبيلة أقوى، فربما كَانَ مِن الأفضل لي البقاء فِي اليَمَن بدلا مِن التوجه إلَى الولايات المتحدة. "تذكر دائما مِن أين أتيت يا صديقي. عائلتك لها جذور عميقة هنا. ربما سيكون لك تأثير أقوى هنا، مع الاستمرار في الحفاظ إرثهم ".

من خِلَال زوجته الغانية، بدا أنه شبه ملم بتاريخ غرب إفريقيا..

لم يكن يعرف سوى القليل عَن التاريخ العربي أو تاريخ شرق أفريقيا، لَكِنَّه حرص عَلَى أفهامي لتاريخي.. كَانَ يعلم مدى تصميمي وعزمي عَلَى مغادرة شمال اليَمَن، لذلك استمر في تذكيري بان إرث عائلتي وخلفيتي هِي الطريقة الوحيدة الَّتِي يمكنني مِن خلالها رفع رأسي فِي الولايات المتحدة.. مِن وجهة نظره، سأكون دائما أدنى مِن العرق الأبيض إِذَا لم أكن أعرف تراثي. "اذا لم

ترتدع عَن الذهاب، فاذهب. لَكِنّ احمل معك إحساسا قويا بالذات والهوية.. تعرّف عَلَى تاريخ عائلتك.. أعرف ما تمثله، وكن قويا فِي معتقداتك وإحساسك بهويتك. انطلق كشاب واثق، واحذر دائمًا مِن أولئك الَّذِين يسعون إِلَى إعاقتك ببساطة بسبب عرقك أو دينك ".

كَانَ مارك قارئا نهما. قدم لي كتب السيرة الذاتية عَن Malcom X و MLK. لم يفكر كَثِيرًا فِي MLK، لَكِنَّه فضل Malcom X. قارن MLK بملك كرة القدم مِن البرازيل المسمى بيليه، ومالكوم إكس بمحمد علي. مِن وجهة نظره، كَانَ الأفراد الأربعة رياضيين رائعين وأشخاصا طيبين، ولَكِنّ فِي حين كَانَ أحد الزوجين خاضعا بعض الشيء وكَانَ محبوبا مِن قبل البيض، بدا الآخر مثقوبا ومؤلما أو مالحا، كما أسماهم.

"مالكولم إكس كَانَ عَلَى حق. هناك ما هو أكثر مِن حركة الحقوق المدنية مِن السماح للسود بالجلوس عَلَى أي مقعد فِي الحافلة أو المطعم. هذه مجرد إيماءات رمزية - إجراءات عَلَى مستوى السطح تخلق إحساسا زائفا بالمساواة. ما هو أكثر أهمية هو الهوية والنزاهة والحرية الحقيقية. الاستقلال التام عَن اضطهاد البيض".

"هَذَا هو الخطر فِي الأفعال مثل إزالة لافتات" البيض فقط "من الممتلكات العامة. ثم يعتقد المجتمع أن هَذَا هو المكَانَ الَّذِي ينتهي فيه - أنه مِن خِلَال السماح بالوصول المتساوي إِلَى نافورة المياه أو المقاعد فِي الحافلة، "لَقَد

وصلنا. بلمسة إصبع، أصبح السود متساوين الآن".

وبهَذَا قطع أصابعه - لحسن الحظ عَلَى اليد الَّتِي لم تكن تحمل السيجارة وكأس النبيذ!

"هَذَا شعور زائف بالتقدم. ولن يتحقق التقدم الحقيقي إلا عَندَمَا يتم القضاء عَلَى التمييز الخفي".

وصف مارك جون كنيدي بأنه "الفتى الغني حسن المظهر"، وأخبرته أن جون كنيدي كَانَ بطلي، مستشهدا بخطاب الحقوق المدنية الَّذِي ألقاه فِي 11 يونيو 1963.

كُنت أحاول رسم موازاة بين العلاقة بين F. Douglass و A. Lincoln مع MLK و JFK. مارك بأدب ولَكِنّ بحزم سحق وجهات نظري المثالية والساذجة.

قَال لي: "عادل، احفر عميقا وأنظر إِلَى الصورة الكبيرة.. لم يحرر لينكولن السود لأنه كَانَ يهتم بالسود. بدلا مِن ذلك، كَانَ لأسباب اقتصادية. كَانَ بحاجة إِلَى جنود لمحاربة الجنوب". وتابع قائلا: "كَانَ جون كنيدي مشغولا جَدًّاً بالتعامل مع كوبا والاتحاد السوفيتي [السابق] بشأن الأسلحة النووية، ولم يول أي اهتمام للسود. إِذَا كَانَ هناك أي شيء، فقد حقق LBJ بعض الخدوش فِي تقدم السود، ولَكِنّ ليس جون كنيدي ".

أخبرني أيضًا، "القضية بين النقابيين والفيدراليين تدور حول غضب الأولاد

مِن الجنوب مِن الأولاد فِي الشمال والعكس صحيح. وينطبق الشيء نفسه عَلَى الحزبين السياسيين - الديمقراطيين والجمهوريين. لا تخدع نفسك".

كَانَ عَلَى دراية جيدة بالتمييز الَّذِي كَانَ يحدث ضد الأمريكيين مِن أصل أفريقي فِي الولايات المتحدة. فِي كثير مِن الأحيان، تساءلت عما إِذَا كَانَ الأمر يستحق الذهاب إِلَى الولايات المتحدة.

في السنوات الَّتِي قضيتها فِي شمال اليَمَن أعمل فِي منظمة أمريكية وأتواصل مع الأمريكيين، لم أقابل أبدا أميركيا لديه مثل هَذَا الرأي المتدني عَن بلده. لَقَد كَانَ الأمريكي الوحيد الَّذِي قابلته الَّذِي اعتنق وجهات النظر الشيوعية! فِي شبابه، كَانَ مارك أحد الرجال الَّذِين ساروا ضد حرب فيتنام واحتجوا مِن أجل حقوق المرأة وحقوق السود وما إِلَى ذلك. لَقَد كَانَ شخصا راديكاليا تماما. ومن المفارقات أنه بينما تخليت عَن وجهات النظر الماركسية اللينينية ودول مثل جنوب اليَمَن وإثيوبيا، كَانَ يأمل فِي العيش فِي ظل هذه الأيديولوجية.

بقدر ما جذبتني ميوله الفكرية، لم يرغب جزء مني أيضًا فِي التواجد بقربه، لأنه كَانَ يوجه الجانب القبيح مِن الولايات المتحدة ضربة بضربة.. كَانَ مِن الصعب هضمه، وكَانَ مِن الصعب رؤية أحلامي وآمالي ملوثة بآرائه. ذات مرة، سألته لِماذا كَانَ لديه دائما مثل هذه الآراء السلبية عَن بلده وبعض القادة. كَانَ رده، "أنا أقول الحقيقة".

على الرغم مِن تعليقاته السلبية حول الولايات المتحدة، كُنت مصمما عَلَى الانتقَال إلَى هناك وواصلت متابعة هَذَا الهدف.

***

فِي مرحلة ما خِلَال السنوات الثلاث الَّتِي تلقيت فيها دروسا وكُنت صديقا وزميلا له، وقع مارك فِي حب فتاة يمنية إثيوبية - أحد طلابه الآخرين.. أخبرني أنه يريد الزواج منها.. فاحاطته علما بأن رغبته تلك مستحيلة التحقق نظرًا للاختلافات الثقافية واللغوية، بالإضافة إلَى العديد مِن العوامل الأخرى مثل الاختلافات الدينية، وفارق السن، ولكونه راديكاليا جَدَّاً فِي آرائه السياسية...

كَانَ فِي الثالثة والخمسين مِن عمره، وكَانَت فِي أوائل العشرينات مِن عمرها. فِي البداية، اعتقدت أنه مفتون بهذه الفتاة أو وحيد فِي شمال اليَمَن، لَكِنَّه أصر عَلَى الزواج منها وطلب مني النصيحة حول كيفية القيام بذلك.

لَقَد ألح علي للتحدث معها ومع عائلتها، لذَلِك رضخت أَخَيَّرَاً وزرت وَالِدي الفتاة، وكسر نواياه لعائلتها. سألت الفتاة أيضًا عما إذَا كَانَت لديها أي مشاعر تجاهه وتنوي الزواج منه. لم تجبني مباشرة، لكنها أرادت مني أن أسأل والدها وأرى ما هِي مطالبه وما إذَا كَانَ سيوافق عَلَى الزواج، مما يشير إلَى استعدادها للدخول فِي الزواج. وافقت عَلَى التحدث إلَى والدها.

عَندَمَا تحدثت إِلَى الأب، قَال إنه لا يعارض الزواج بشرط أن يصبح مارك مسلما.. اعتقدت أن هذه كَانَت طريقته فِي وضع حاجز أو عقبة أمام الاقتراح.. كُنت أعرف أن مارك يستمتع بمشروباته ولن يكون مسلما أبدا نظرا لآرائه الأيديولوجية وَالِدينية. عَندَمَا ذكرت طلب الأب لمرقس، لدهشتي وافق مرقس! فِي ذَلِك الوقت، لم يكن لدي سوى أسبوع واحد قبل مغادرتي إِلَى الولايات المتحدة، لذَلِك رتبت بسرعة مع مسجد محلي وشيخ للحصول عَلَى شهادة إسلامية. ولكي يتمكن مِن الحصول عَلَى الوثيقة، طلبت مِن المسؤولين كتابة مبارك حسين بدلا مِن مارك هانسن عَلَى شهادته الإسلامية.

ثم غادرت اليَمَن، واكتشفت لاحقا أن الزواج ألغي..هل غيّر مارك رأيه.

***

من باب تأييده ودعمه لي، تجاوز مارك ازدرائه لبلده وكتب الرسالة التالية لمساعدتي فِي تحقيق حلمي بمواصلة الدراسة في الولايات المتحدة:

30 يونيو 1984

لمن يهمه الامر

أعرف السيد عادل بن هرهرة منذ ما يقرب مِن ثلاث سنوات كزميل وطالب، وأشعر أنني عَلَى دراية تامة بقدراته وإمكَانَاته للدراسة الأكاديمية. يشغَل السيد بن هرهرة حاليا منصب مساعد مشتريات فِي وكالة التنمية

الدولية التابعة للولايات المتحدة، ولو لم يقرر مواصلة تعليمه فِي الولايات المتحدة، كَانَ مِن المقرر ترقيته إِلَى منصب مساعد مدير النظم، وهو مجال له أهمية خاصة لأنه لديه اهتمام عميق وقدرة غير عادية فيما يتعلق بأنظمة الحاسوب، بما فِي ذَلِك البرمجة، إلخ. إن إجادته للغة الإنجليزية، عَلَى الرغم مِن أنها ليست عَلَى مستوى متحدث أصلي باللغة الإنجليزية، فهي ممتازة بما يكفي للتعامل مع أي فصول عَلَى المستوى الجامعي فِي الولايات المتحدة، وهَذَا جنبا إِلَى جنب مع الدافع العالي للغاية، والالتزام بالدراسة والتعلم، والشغف بالنجاح فِي مجال اهتمامه المختار، يجب أن يضمن أنه لن يكون جيدا فقط فِي الدراسات الجامعية فِي الولايات المتحدة، ولكِنّ بشكل جيد للغاية.

وبما أن السيد بن هرهرة وهو مواطن يمني، عَلَى الرغم مِن أنه نشأ فِي إثيوبيا لم يتمكن إلا مِن إكمال ما يزيد قليلا عَن عشر سنوات مِن التعليم الرسمي فِي إثيوبيا نتيجَة للظروف السياسية، فقد خضع لاختبار دبلوم التعليم العام (GED) فِي صَنعاء مِن أجل الحصول عَلَى معادلة المدَرسَة الثانوية.. كَانَت درجاته عالية بشكل استثنائي فِي جميع الفئات الخمس، متجاوزة، فِي الواقع، معظم الطلاب الأمريكيين الَّذِين يخضعون للاختبار. كَانَت جميع رتبه المئوية فِي 90%.. لم يحقق السيد بن هرهرة هذه النجاحات دون قدر كبير مِن العمل الشاق فِي وقته الخاص.. قضى أغلب حياته الاجتماعية

تقريبا وقضى فترة ما بعد الظهر والمساء فِي الدراسة والقراءة والتعلم.
عادَل هو واحد مِن ألمع الشباب وأكثرهم حماسا الَّذِين اتصلت بهم خِلَال مسيرتي التعليمية بأكملها.. لَقَد ضحى بالكثير لتحقيق ما حققه بالفعل ويتوقع أن يضحي بالمزيد. آمل أن يستمر بعد البكالوريوس ويذهب فِي النهاية إِلَى برنامج الماجستير والدكتوراه، وأتوقع أنه سيجلب الشرف لأي مؤسسة تعليمية فِي الولايات المتحدة يختار الالتحاق بها.
اخلاص
مارك هانسن، منسق، برنامج تدريب اللغة الإنجليزية.

عَندَمَا كُنت أنقب عَن سجلاتي القديمة ووجدت هذه الرسالة، اكتشفت أن مارك كَانَ يفكر فِي الحصول عَلَى درجة الدكتوراه بالنسبة لي. عَلَى الرغم مِن أنني قدمت اقتراحي فِي عام 2009 للحصول عَلَى درجة الدكتوراه فِي قانون الأمن السيبراني، بسبب الطلاق والضغوط المالية والأبوة والأمومة الوحيدة، فقد تم إحباط مهمة الحصول عَلَى درجة الدكتوراه. ربما إِذَا حصلت عَلَى درجة الدكتوراه، فسأهديها له....

الحادي والعشرون
التعليم الغربي

إذا كَانَ لروسيا أن تكون قوة عظمى، فستكون كذلك، ليس بسبب إمكَانَاتها النووية، أو إيمانها بالله أو الرئيس، أو الاستثمار الغربي، ولَكِنّ بفضل جهد ابنائها، وايمانها بالمعرفة والعلوم، وحفاظها عَلَى التعليم وتطويره.
زوريس ألفيروف

النصيحة مفتاح عظيم ..ومنذ شرّعت فِي تلقي نصائح بانصير والتي تهدف إِلَى تسهيل وتيسير شئون حياتي، انطبعت فكرتي بالسفر إِلَى المملكة المتحدة البريطانية أو الولايات المتحدة الأمريكية عَلَى نفسيتي كوشم يستحيل ازالته.. يبدو أن السنوات الست عشرة الأولى مِن حياتي فِي إثيوبيا والسنوات الست التالية الَّتِي قضيتها فِي اليَمَن لم تغير رأيي أو تحقق ما كنت أصبو إِلَى تحقيقه، بالإضافة إِلَى ما ذكرت كَانَ وضعي المعيشي كشخص يعيش في شمال اليمن ومحسوب على جنوب اليَمَن الاشتراكي أكثر سوءً مِن شخص ولد فِي شمال اليَمَن لأبوين عربيين.

بالنسبة لأولئك الَّذِين ولدوا خارج اليَمَن، كَانَ الحصول عَلَى منحة أكاديمية للدراسة فِي الخارج شبه مستحيل.. كَانَ السفر إِلَى روسيا أو الصين أسهل إِلَى حد ما، لَكِنّ السفر إِلَى الولايات المتحدة أو كندا كَانَ محصورا على النخبة، لَكِنّ الظروف المعيشية فِي شمال اليَمَن بما فِي ذَلِك التمييز وسوء المعاملة ونقص الفرص لأولئك الَّذِين ولدوا خارج اليَمَن كَانَت من العوامل الرئيسية الَّتِي عززت حاجتي إِلَى الهجرة مرة أخرى.

لم يكن شمال اليَمَن دولة اشتراكية، لَكِنّ الشعب والحكومة لم يتعاطفا أبدا مع الأمريكيين، ويرجع ذَلِك إِلَى حد كبير إِلَى النفوذ الهائل للرئيس المصري جمال عبد الناصر. عَلَى الرغم مِن أنه كَانَ فِي أوائل 1980م، كَانَت فكرة الاستقلال العربي عَن القوة الاستعمارية جديدة جَدّاً فِي أذهان معظم البالغين فِي ذَلِك الوقت. يتذكر معظم البالغين فِي شمال وجنوب اليَمَن دعم الأمريكيين للملك الملكي القمعي فِي شمال اليَمَن خِلَال الثورة إِلَى جانب السعوديين، كما اعتبروا الحكومة الأمريكية مؤيدة لإسرائيل.

من ناحية أخرى، كُنت قد قرأت العديد مِن الكتب حول سوء معاملة الأمريكيين السود فِي الولايات المتحدة...على سبيل المثال، ترجمت خطب مالكولم إكس وسيرته الذاتية ووزعت عَلَى نطاق واسع فِي المكتبات فِي شمال اليَمَن، لم يجرؤ أحد عَلَى الحديث عَن سوء معاملة اليَمَنيين المولودين فِي الخارج أو اليَمَنيين ذوي البشرة الداكنة الَّذِين يعيشون فِي المدن الساحلية

مثل الحَديدَة وتهامة والمخا، إلخ. ومع ذلك، تمت مناقشة كل ما يتعلق بالظلم الواقع تجاه الأمريكيين السود مِن قبل الأمريكيين البيض ومآزق الفلسطينيين فِي ظل الحكومة الإسرائيلية الصهيونية عَلَى نطاق واسع. كُنت عَلَى دراية أفضل بقصة مالكولم إكس وذلك مِن تعاليم مالك.

فِي الواقع، بخلاف ما أخبرني به مارك والكتب الَّتِي أوصاني بها، لم أسمع أبدا عَن مالك حَتَّى التحقت بالجامعة فِي الولايات المتحدة. الجانب الآخر المثير للاهتمام فِي هذه الفترة الزمنية - أوائل 1980م - هو أننا كنا نحترم وإعجاب كبيرين بعائلة كينيدي.. أظن أن الأمر يتعلق بموقف جون كنيدي مِن مسألة استقلال الجزائر عَن فرنسا وموقف شقيقه الأصغر مِن قضية الأمريكيين السود. كَانَ معظمنا يقتبس خطب كينيدي خِلَال المحادثات فِي هَذَا الوقت، بالإضافة إِلَى ذلك، بعد قراءة بعض المقالات حول نضال جنوب اليَمَن للحصول عَلَى الاستقلال عَن بريطانيا الإمبراطورية، شطبت تماما فكرة الذهاب إِلَى المملكة المتحدة البريطانية لمواصلة تعليمي. وبحلول ذَلِك الوقت، تعرضت لغسيل دماغ للاعتقاد بأن الإمبراطورية البريطانية كَانَت أسوأ عدو للعرب إن لم يكن للبشرية جمعاء. كلما قرأت أكثر عَن الإمبراطورية البريطانية، كلما تساءلت أكثر لِماذا كَانَ وَالِدي مخلصا جدًّاً - لِماذا كَانَ يعتقد أنهم أفضل مِن العرب أو حَتَّى أفضل مِن أي شخص آخر. لَقَد وضعت نصب عيني الولايات المتحدة.

إن التفاني والكفاءة والمبادرة الَّتِي أظهرتها فِي إنشاء وصيانة نظام كمبيوتر وانغ فِي الوكالة الأمريكية للتنمية الدولية، بالإضافة إِلَى التوصية والتشجيع الَّذِي تلقيته مِن الأستاذ بجامعة بيركلي جيمس زيجلر، حسّنت مستوى ثقتي.. كَانَ جيمس أستاذا لعلوم الكمبيوتر وكَانَ فِي شمال اليَمَن فِي مهمة عمل قصيرة الأجل، وقد تعرف عَلَى موهبتي فِي العمل مع أجهزة الكمبيوتر والقيام ببرمجة الكمبيوتر. كَانَ هو السبب فِي اختياري لدراسة علوم الكمبيوتر.. كما دفعت العديد مِن مراجع الموظفين مدير بعثة الوكالة الأمريكية للتنمية الدولية إِلَى ترشيحي لمنحة الوكالة الأمريكية للتنمية الدولية للسفر إِلَى الولايات المتحدة.

على الرغم مِن أنني أكملت امتحان المَدرسَة الثانوية القياسي فِي المملكة المتحدة البريطانية، إلا أنني كُنت بحاجة إِلَى إجراء GED فِي حالة عدم اعتراف الجامعات فِي الولايات المتحدة بشهادتي الثانوية.. بدأت فِي تلقي دورات متقدمة فِي اللغة الإنجليزية. فحصلت عَلَى 640 درجة فِي امتحان TOEFL وحصلت عَلَى معدل 96 فِي المائة فِي GED، مما جعلني فِي وضع أفضل بكثير مِن أي مِن المرشحين المولودين فِي اليَمَن الَّذِين قدموا طلباتهم للحصول عَلَى المنحة.

حَتَّى ذَلِك الوقت، كُنت أحمل جواز سفر مِن جنوب اليَمَن، ومع ذلك، لم تصدر السفارة الأمريكية تأشيرات دخول لأولئك الَّذِين يحملون جوازات

سفر مِن الدول الاشتراكية، فاضطررت إِلَى دفع رشوة ضخمة للحصول عَلَى جواز سفر شمال اليَمَن. فِي هذه العملية، اضطررت إِلَى إسقاط اسمي الأخير لأنه سيحدد أصولي عَلَى أنها حضرمي مِن جنوب اليَمَن. عَلَى جواز سفر شمال اليَمَن، كَانَ اسمي يقرأ: عادل محمد أحمد بدلاً مِن عادل محمد أحمد بن هرهرة.. تشكل لدي انطباع بأن هذه الطريقة في القراءة ستقضي عَلَى أي فرصة لوزارة التربية والتعليم فِي شمال اليَمَن لتحديد هويتي عَلَى أنني فِي الأصل مِن جنوب اليَمَن.

ومع ذلك، وجّه مسؤولين فِي وزارة التربية والتعليم إِلَى مدير بعثة الوكالة الأمريكية للتنمية الدولية مذكرة ذكروا فيها إنني لست مِن مواطني اليَمَن الشمالي ولم أولد فِي اليَمَن.. كَانَوا يعرفون أن والدتي إثيوبية وأن وَالِدي مِن جنوب اليَمَن لذلك، تمت إزالة اسمي مِن قائمة المرشحين المحتملين لإرسالهم إِلَى الولايات المتحدة.

لم أكن متأكدًا كيف اكتشفت الوزارة أنني مِن جنوب اليَمَن.. لَقَد كَانَت أخبارا موجعة بالنسبة لي، ومخيّبة لآمال مدير البعثة فِي الوكالة الأمريكية للتنمية الدولية..

لم يكن لديّ من خيار سوى قبول الحكم.. لم أتمكن مِن النوم أو تناول الطعام لبضعة أيام بعد سماع نبأ رفض طلبي.

شجّعني مغتربي أمريكا والَّذِين كَانَوا عَلَى دراية بوضعي عَلَى عدم التخلي عَن

أحلامي.. اقترح احدهم أن أبدأ فِي التقدم للقبول فِي جامعات أمريكية مختلفة، وأن اذكر لهم تكفلي بتكاليف تعليمي .. عَلَى الأقل خِلَال العامين الأولين ..شجعوني أيضا على أن أجد طريقة لأصبح مقيما فِي الولايات المتحدة بمجرد أن تطأ قدماي الأراضي الأمريكية.

شعرت أن دفع طريقي للتعليم وتغطية نفقات المعيشة المرتبطة به سيكون أصعب مِن الطيران إِلَى القمر. ومع ذلك، لم أرتدع أنا ومن حولي. وضع مدير البعثة ومديري، ريتشارد مادي، خطة. كَانَت الخطوة الأولى هِي ترقيتي مِن محاسب إِلَى أخصائي كمبيوتر مقيم وزيادة راتبي مرتين. ومع ذلك، لم أتمكن مِن صرف الزيادة فِي الأجور. قام ريتشارد بتنظيم الموقف بحيث لم أتمكن مِن استخدام المال. كَانَ يخشى أن أنفقها بدلا مِن ادخارها لتعليمي، لذَلِك بدلا مِن تلقي المال مباشرة، دفعت تكاليف المرافق والنفقات الأخرى نيابة عَن المغتربين الأمريكيين بالعملة المحلية. فِي المقابل، كتب لي الأمريكيون شيكات شخصية بالدولار الأمريكي باستخدام سعر الصرف الرسمي المكافئ.

كَانَ لدى ريتشارد ابنة تعيش فِي ولاية كونيتيكت.. ساعدتني فِي فتح حساب مصرفي فِي الولايات المتحدة... كل أسبوعين، بدأت فِي إرسال تلك الشيكات الفردية إليها عبر حقيبة السفارة الأمريكية..وكل شهر كنت أتلقى مستندات بنكية توضح مبلغ المال الَّذِي تم إيداعه فِي حسابي.

بينما كَانَ كل هَذَا يحدث، اعتدت عَلَى القيام برحلات إِلَى عدن والشحر فِي جنوب اليَمَن لقضاء بعض الوقت مع عائلتي.. كُنت فِي الحادية والعشرين مِن عمري، وكُنت نتيجة هرمونات في جسدي أترك شعر لحيتي طليقا.. كانت خطيبتي والتي اختارتها لي عائلتي شابة جميلة .. كَانَ مِن المقرر أن نقيم حفل زفافنا فِي العام التالي..وخلال تلك الفترة وقعت في حبها... لم تكن جميلة فحسب، بل أسرتني بسلوكها وذكائها. كَانَت متزنة وتتمتع بالحكمة.. غالبا ما تحدثت معي عَن بناء حياة معا - كيف نربي أطفالنا؟ وكيف ستبدو ديناميكيات عائلتنا. وشددت عَلَى أهمية التعليم ولديها نظرة ناضجة لجميع هذه المواضيع.

عند عودتي إِلَى صَنعاء مِن إحدى رحلاتي إِلَى جنوب اليَمَن فِي عام 1993، تلقيت رسالَّتِي قبول مِن جامعات أمريكية: جامعة ولاية أوريغون، وجامعة أريزونا فِي توكسون، وجامعة ولاية بويز فِي أيداهو.

لَقَد مر زهاء عام منذ أن بدأت ارسال طلبات التقدم... وخلال ذلك العام بلغ رصيدي في الحساب المصرفي الأمريكي 25000 دولار وهو مبلغ كاف لتغطية الرسوم الدراسية ونفقات المعيشة لمدة عامين..للعلم يدفع الطلاب الدوليون ثلاثة أضعاف أي مقيم فِي الولايات المتحدة...بالطبع كان المبلغ غير كافي لمساعدتي خِلَال السنوات الأربع الكاملة مِن برنامج الجامعة...فهو لا لم يكن ليغطي تكلفة البرنامج بالكامل.. اضطررت إِلَى البقاء عامين آخرين

فِي شمال اليَمَن أعمل وأدخر المزيد مِن المال.
كَانَ ريتشارد عَلَى علم بخطابات قبولي الجامعية وخطبتي بفتاة من اليَمَن الجنوبي.. اتصل بي طالبا اياي الالتقاء به في مكتبه ..لم أكن على دراية بما كَانَ يدور فِي ذهنه... بدا في اللقاء جادا وقلقا..سألني عَن مقدار المال الَّذِي في حسابي في البنك ومدى جديتي فِي الزواج مِن الفتاة.. أخبرته أنني جاد فِي الزواج مِن الفتاة وان جديتي تنبع من حبي لها .. كُنت حريصا أيضًا عَلَى متابعة تعليمي فِي الولايات المتحدة. ربما يمكنني القيام بالأمرين وأخذها معي.
انحنى إِلَى الوراء عَلَى كرسيه المتكئ، وقال: "ربما تحتاج إِلَى 10,000 دولار أمريكي عَلَى الأقل لدفع المهر لهذه الفتاة. هل أنا عَلَى حق؟"
قلت نعم.
"ربما تحتاج إِلَى 10,000 دولار أمريكي إضافية لشراء الذهب والملابس ودفع تكاليف حفل الزفاف والاستقبال. هل أنا عَلَى صواب؟"
قلت: "نعم، لكنني اشتريت بالفعل الذهب والملابس".
وقف ومشى حول مكتبه ..عاد وجلس
"سيتم شطب الأموال الَّتِي ادخرتها لتعليمك، وستقضي أربع سنوات أخرى هنا فِي توفير المال.. هَذَا مع افتراض أنك قد تتجنب الاطفال.. ماذا ستفعل مع زوجتك عَندَمَا تتوجه إِلَى الولايات المتحدة؟ إِذَا أخذتها، ستكون

نفقاتك أعلى. هل فكرت فِي ذلك؟"

نهض من كرسيه .. وقف عَلَى رأس كتفي، وقال: "يا بني، أنت فِي عمر أبنائي... نصيحتي هِي اخراج فكرة الزواج مِن عقلك... سافر إِلَى الولايات المتحدة وأكمل دراستك أولاً..بمجرد الانتهاء من دراستك يمكنك الزواج من نفس الفتاة..

سألني، "ما هو اسمها، عَلَى أي حال؟"

"انتصار".

وأضاف: "بمجرد حصولك عَلَى شهادة جامعية، لا يمكنك الحصول عَلَى انتصار واحدة فحسب، بل أربعة انتصارات... فِي بلدك أنه يمكن أن تتزوج بأربع زوجات.. تأتي فرصة الذهاب إِلَى الولايات المتحدة مرة واحدة فِي العمر، وأقترح عليك الاستفادة منها.. أنت شاب لامع ولا يجب أن تقضي ليلة واحدة أخرى فِي هَذَا البلد. هذه هِي اقتراحاتي، ويمكنك أخذها، أو يمكنك تركها. كلنا نريد أن نراك تنجح. مِن المؤسف أن الوزارة لم توافق عَلَى منحة الوكالة الأمريكية للتنمية الدولية".

أخبرته أنه قدم نقطة جيدة. "سأفكر فِي الأمر."

ذكرت له أيضًا أن المال الَّذِي ادخرته لن يستمر لمدة أربع سنوات مِن البرنامج الجامعي.

قَال لي: "اشتر تذكرة طيرانك غدا، واحصل عَلَى تأشيرتك مِن سفارتنا،

وغادر. قد تجد فتاة صغيرة جيدة فِي الولايات المتحدة للزواج منك. إِذَا كَانَ الأمر كذلك، فستدفع أقل للجامعة، وستكون قادرا عَلَى العمل بدوام جزئي ودعم نفسك. مع أخلاقيات العمل والانضباط والتصميم، ليس لدي شك فِي أنك ستنجح ".

غادرت مكتبه أفكر فِي خياراتي.

***

لَقَد فقدت الاتصال بريتشارد مادي عَلَى مر السنين. عَندَمَا كُنت أبحث عَن هَذَا الكتاب، كَانَت المعلومات الوحيدة الَّتِي يمكن أن أجدها عنه هِي إشعار حول حفل تأبين له أقيم فِي رالي بولاية نورث كارولينا فِي نوفمبر 2006. إنه شخص مهم آخر مِن ماضي أود أن أشكره شخصيا عَلَى تأثيره عَلَى حياتي.

***

حَتَّى الآن، يسألني الناس، "كيف يسمح للمسلمين بتعدد الزوجات؟ ولِماذا أربعة؟" مِن تجربتي، يعتقد الكثير مِن غير المسلمين أن الإسلام زاد عدد الزوجات الَّتِي يمكن أن يزوجها الرجل مِن واحدة إِلَى أربعة. ومع ذلك، قبل انتشار الإسلام فِي شبه الجزيرة العربية، لم يكن هناك حد لعدد الزوجات والعشيقات الَّتِي يمكن أن يحصل عليها الرجل، وكَانَ مِن المرموق أن يكون لديك مئات الزوجات وآلاف الأطفال. مِن بين العديد مِن الرجال

فِي العهد القديم الَّذِين كَانَ لهم زوجات متعددة، كَانَ الملك سليمان مِن أشهرهم: "وكَانَ له سبعمائة زوجة وأميرة وثلاثمائة محظية".

بسبب وقوع الكثير من الحروب والصراعات في العصور الماضية وسقوط الرجال ما بين قتلى وجرحى زادت اعداد النساء ..ما دفعهم إِلَى الاقرار بتعدد الزوجات...ليس الإسلام فقط من اقر بتعدد الزوجات، بل كان الممارسة العرفية المنتشرة عَلَى نطاق واسع فِي شبه الجزيرة العربية قبل الإسلام نتيجة ما ذكرت سابقا.. فِي الحقيقة، حدد الإسلام عدد الزوجات الَّتِي يمكن للرجل أن ينجبها بأربعة.

ومع ذلك، لم يوجب النبي محمد (صلى الله عليه وسلم) أن يكون للرجل أربع زوجات. "الإسلام يسمح بتعدد الزوجات ... لكنه لا يشجع التعدد":

يسمح للرجل بالزواج مرة أخرى إِذَا كَانَت زوجته مريضة بمرض مزمن ولا تستطيع الوفاء بالتزامات الزواج؛ أو إِذَا كَانَت غير قادرة عَلَى إنجاب الأطفال ؛ أو فِي ظل ظروف معينة مِن زمن الحرب، عَندَمَا يكون الزواج مِن الأرامل لرعاية الأيتام ضروريا لحماية أخلاق المجتمع.

وعلى العكس مِن ذلك، إِذَا لم يستطع الرجل إيلاء اهتمام متساو وكاف (مالي، عاطفي، إلخ) لأكثر مِن زوجة واحدة، فعليه أن يكون له زوجة واحدة فقط:

اذا كُنت تخشى ألا تتعامل بإنصاف مع الفتيات اليتيمات، فيمكنك الزواج مِن أي امرأة [أخرى] تبدو جيدة بالنسبة لك، اثنتان أو ثلاث أو أربعة. إِذَا كُنت تخشى أنك لا تستطيع أن تكون منصفا [لهم]، فتزوج واحدة فقط ".

ولِماذا أربع زوجات؟ أربعة ليس رقما عشوائيا.

أربعة كَانَ عددًا مقدسا وكاملا مع العبرانيين، وكَذَلِك مع العديد مِن الشعوب الأخرى. يحدث كَثِيرًا فِي العهد القديم والعهد الجديد. إنه يشير إِلَى الاكتمال. رقم أربعة هو رقم الاستقرار والنظام واستكمال العدالة. ... لَقَد حدد الله، فِي حكمته، أربعة ليكون عددًا كافيا لتقديم دليل لا شك فيه (أربعة شهود) أو لتوفير الوقت الكافي. إنه يمثل الشمولية والكمال والامتلاء أو الاكتمال.

هناك أربع نقاط اتجاهية (الشمال والجنوب والشرق والغرب) وأربعة فصول وأربع مراحل للقمر. الرقم أربعة يربطنا فِي وئام مع الطبيعة.

التحذير الآخر للرجل الَّذِي لديه أكثر مِن زوجة واحدة هو أن المرأة يجب أن توافق عَلَى الزواج. ومع ذلك، لا يقتصر هَذَا عَلَى تعدد الزوجات. فِي الإسلام، موافقة الزوجة عَلَى الزواج مطلوبة حَتَّى لو كَانَت الزوجة الوحيدة.

***

تمكّنت مِن تأمين تأشيرتي للولايات المتحدة فِي غضون يوم واحد بسبب عملي مع الوكالة الأمريكية للتنمية الدولية ولأنني كُنت أحمل جواز سفر

شمال اليَمَن دون اسم عائلتي. بعد الحصول عَلَى تأشيرتي، اشتريت تذكرة ذهاب فقط إِلَى الولايات المتحدة عبر روما.

قادتني أختي منى إِلَى مطار صَنعاء ظانه أنها ستراني فِي رحلة إِلَى إثيوبيا فِي زيارة.. كَانَت لكنها ظنها خاب ..لقد انكسرت، بل وبكت بمرارة فِي اللحظة الَّتِي أخبرتها فيها أن وجهتي النهائية هِي الولايات المتحدة.. بكت كما لو أنني قتلت طفلها.. لفت بكائها وتنهدها انتباه مسؤولي المطار، فتم توقيفي للاستجواب... أخبرتهم أنها تفتقد والدتها وأنها مستاءة بسبب عدم قدرتها عَلَى السفر معي إِلَى إثيوبيا، اقتنعوا بما قلت فأطلقوا سراحي.

باستثناء اختي منى غادرت اليَمَن الشمالي فِي يوليو/تموز 1984 دون إخطار أي مِن أصدقائي أو عائلتي.. وحدهم من عرف بمغادرتي إِلَى الولايات المتحدة هم الأمريكيين الَّذِين عملت معهم.

فِي ذَلِك الزمان، ونتيجة للاضطرابات السياسية، وضعت شروط لسفر الاشخاص، من هذه الشروط ..منع سفر اي شخص يقل عمره عن الخَامِسة والعشرين .. لم أكن أثق فِي أي شخص وارتأيت أنه مِن الأفضل المغادرة بهدوء، خشية أن يحبط شخص ما أو شيء ما خططي.

بينما كانت الطائرة تحلّق في الأجواء، بدأت أتخيل الحلم الأمريكي. تصورتني طالبا جيدًا.،يعيش فِي مجتمع حر.. لَقَد تخيلت الصديقات اللواتي سأحصل عليهن، فرصة التحدث مثل أمريكي والتعامل كأمريكي..

كَانَت الرغبة فِي مواصلة تعليمي فِي الولايات المتحدة قد تفوقت عَلَى خطتي الزواج.. لَقَد ألغيت خطة الزفاف عبر الهاتف بمجرد وصولي إِلَى الولايات المتحدة.

العار

بويز، أيداهو.

كُنت أخشى هذه المكالمة الهاتفية.. كُنت أعلم أنني قد ألحقت العار بعائلتي، لَكِنّ رغبتي العارمة فِي الحصول عَلَى تعليم غربي بدأت تؤتي ثمارها أخيرا.

التقطت الهاتف لأتصل بهند.

رن جرس الهاتف ثلاث مرات، والتقطت عمتي.

"مرحبا"، بدأت. "هَذَا أنا.. هل لي أن أتحدث إِلَى هند مِن فضلك؟"

"أين أنت؟" طالبت هند وهي تأخذ جهاز الاستقبال. "سمعت أنك ذاهب إِلَى الولايات المتحدة. هل هَذَا صحيح؟ هل ستغادر؟"

"أنا بالفعل فِي الولايات المتحدة"، ابتلعت. "أتصل بك لأخبرك أنه يجب إلغاء خطة الزفاف لأنني لا أخطط للعودة إِلَى اليَمَن".

كَانَت هناك وقفة، وسمعتها تغلق الهاتف.

اتصلت مرة أخرى.. رن جرس الهاتف ورن، لَكِنّ لم يلتقط أحد.

اتصلت مرة أخرى.. شيء..في المرة الثالثة الَّتِي اتصلت فيها، التقطت.

"أنت عار!" وبختني..ثم أغلقت المكالمة مرة أخرى.

مرة أخرى، اتصلت وأجابت. حاولت إقناعها بأهمية حصولي عَلَى التعليم فِي الولايات المتحدة.. لم يكن أمر دراستي في امريكا مشكلة في نظرها بل ثمة أمر اخر ..قالت

"اذا كَانَت هذه خطتك، فلِماذا تركتنا نمضي في التحضير لحفل الزواج ..لقد انتهينا من عملية طباعة الدعوات، وشراء الاحتياجات للفتاة، والتخطيط لاقامة الحفل ؟"

"حَتَّى وصلت إِلَى الولايات المتحدة، لم أكن متأكدا مِن أن خططي ستنجح. الآن بعد أن أصبحت هنا، أصبح فِي الواقع حقيقة واقعة. أريد فقط التأكد مِن أن عائلة الفتاة تعرف أنني الآن فِي الولايات المتحدة".

أغلقت المكالمة مرة أخرى.

مرة أخرى، اتصلت.

أجابت وقالت: "لا تتصل بي مرة أخرى".

***

في النهاية، لا أعرف كيف أبلغت انتصار وعائلتها بأنني غادرت.

عَندَمَا عدت إِلَى اليَمَن بعد سنوات، اضطررت إِلَى قتل ماعز وتقبيل ركبة أختي، طالبا المغفرة. زرت انتصار فِي عام 1993 للاعتذار. فِي ذَلِك الوقت،

كَانَت متزوجة ولديها ثلاثة أطفال.

ما فعلته كان مفاجئا وصادما.. قصة لا زالت تحيا في داخلي حَتَّى يومنا هذا..صرت معروفا فِي المنطقة باسم "الرجل الَّذِي وقع عقد زواج واختفى".

الباب الثاني

الثاني والعشرين
البدء مِن جديد

إذن أنت هنا، أجنبي جَدَّاً بالنسبة للوطن، أجنبي جَدَّاً هنا، لا يكفي أبدا لكليهما.
إيجوما أوميبينيو

في عام 1978م سافرت إِلَى اليَمَن الشمالي، أرض أسلافي المليئة بالأمل، وبعد أن عشت فيها مدة ست سنوات، أجبرني التمييز والعنصرية وأساليب الحياة البدائية المتبعة فِي شمال اليَمَن والحاجة إِلَى تحسين حياتي عَلَى المغادرة.
فِي العام 1992..اي بعد الالتحاق بالجامعة والتخرج منها والعمل فِي الولايات المتحدة لمدة ثماني سنوات، وضعني سوء التقدير وسوء تقدير مِن حولي بالإضافة إِلَى سوء التعامل مع وضع الهجرة والإقامة مِن قبل محام

غير كفء فِي مستنقع قانوني مع النظام القانوني الأمريكي.. بعد غياب دام ثماني سنوات، لم يبق أمامي خيار سوى العودة إِلَى اليَمَن. بحلول الوقت الَّذِي عدت فيه، كَانَ شمال وجنوب اليَمَن قد اتحدا.

عَندَمَا اصطحبني باناجة ..للعلم هو احد افراد العائلة الَّتِي تواصلت معها عند أول انتقال لي إِلَى صَنعاء عام 1981..

فِي مطار صَنعاء عند عودتي، كُنت منهكا لدرجة أنني بالكاد تمكنت المشي على قدماي.. اقمت معهم وقضيت ثلاثة أيام متتالية نائما قبل أن أبدأ الحديث.. وفرت لي العائلة الراحة اللازمة لتعافيي مِن محنتي... شجعتني الأم باستمرار عَلَى البقاء إيجابيا واستعادة ثقتي.

بعد عدة أسابيع مِن عودتي، أرادت أيضًا أن تعد لي وجبة خاصة وسألتني عَن نوع الطعام اليَمَني الَّذِي كُنت أفتقده وأريد تناوله. طلبت السمك. عَندَمَا سمعت أختي هند عَن هَذَا، شعرت بالاشمئزاز مني لأن الأسماك هِي طعام الطبقة الدنيا فِي اليَمَن.. شعرت أنه كَانَ مِن الأنسب الترحيب بي مع حمل أو عنزة.. كالعادة، لم أكن أهتم كَثِيرًا بالبروتوكول كما تهتم أختي.. أيداهو ليست مصدرا للمأكولات البحرية الطازجة الرائعة، بخلاف الأسماك الَّتِي يتم صيدها فِي الأنهار، وقد فاتني تناول الأسماك الطازجة الجيدة أثناء إقامتي هناك!

لبت العائلة في واحدة من محاولاتها دعم شعوري بالتحسن عقب إجباري

عَلَى العودة إِلَى اليَمَن رغبتي.

بعد عودتي مِن الولايات المتحدة، سألتني هند عَن حياتي هناك، بما فِي ذَلِك "هل جربت الكحول؟" عَندَمَا كُنت عَلَى علم بإصرارها عَلَى تقديم صورة جيدة، كذبت عليها وقلت، "لا!" لم يكن ردها كما توقعت. اعتقدت أنها ستكون سعيدة لسماع ذلك، لكنها بدلا مِن ذَلِك ردت، "يا له مِن أحمق!" عَلَى ما يبدو، عَلَى الرغم مِن أنها أرسلتني إِلَى الولايات المتحدة مع نسخة مِن القرآن، إلا أنها اعتقدت أنني أضعت فرصتي لتجربة أشياء يحرمها الإسلام! كَانَت إعادة التكيّف مع الحياة فِي اليَمَن صراعًا رهيبًا.

***

شاريز شابة تصغرني بعدة سنوات.. التقيت بها أثناء دراستي الجامعية فِي الولايات المتحدة.. في أول لقاء لنا كُنت مهتما بالتعرف عليها.. يبدو أن تركيزها في تلك الاثناء كَانَ منصبا عَلَى دراستها ولم تكن تولي اي اهتمامات اخرى..كَانَت تدرس الدبلوم لمدة عامين وكَانَت عَلَى وشك إنهاء دراستها والانضمام إِلَى القوى العاملة عَندَمَا التقينا.

قبل أن تتاح لي الفرصة لإنشاء خط اتصال مِن نوع اخر معها، تخرجت ولم تعد تظهر فِي الحرم الجامعي.

من حسن الحظ، انها كَانَت تشارك في لعب كرة القدم فِي بطولات المدن المحلية، وتمكّنت مِن تعقبها والوصول اليها.. سرعان ما بدأنا اللعب فِي

فريق مختلط، وتمكنا مِن تطوير صداقة.. لم تكن تعرف فِي ذَلِك الوقت أن لدي مشاعر قوية تجاهها.. كَانَت علاقتنا علاقة صداقة بحتة..شاركتني العديد مِن مباريات كرة القدم الَّتِي لعبتها مع فريق مكون مِن طلاب دوليين، لحسن الحظ اني كنت قائد الفريق ..

ما أن تعرفت علي بصورة أعمق وعلى زملائي فِي الفريق حتى فتنها، بل وسحرها تعدد لهجات الطلاب الدوليين وتنوع ثقافاتهم وأفكارهم.

منذ اليوم الَّذِي عدت فيه إِلَى اليَمَن، ظلت عَلَى اتصال بي وشجعتني عَلَى البقاء إيجابيا.. فِي رسائلها ألي، أبقتني عَلَى اطلاع بما كَانَ يحدث فِي مدينة بويز.. وخِلَال تلك التبادلات، أرادت معرفة المزيد عَن الثقافة اليَمَنية ووضع المرأة فِي اليَمَن.. أصبحت مصدرا رئيسيا للدعم المعنوي الَّذِي كُنت فِي أمس الحاجة إليه بينما كُنت أكافح مِن خِلَال محاولة إعادة الاندماج فِي المجتمع اليَمَني..كلما عزاني الاكتئاب والعزلة منحتني الأمل والتفاؤل.. شجعتني عَلَى الاستمرار فِي متابعة هدفي فِي العيش والعمل فِي كندا أو الولايات المتحدة.

نوفمبر 1992

عزيزتي ..

شكرا جزيلا لأخذ الوقت الكافي لكتابة لي.. أنا محظوظ جَدّاً لأن لدي

صديق مثلك. أنا حر مِن ضباط دائرة الهجرة والجنسية فِي الولايات المتحدة الَّذِين يستجوبونني ويضايقونني بشأن وضع التأشيرة الخاص بي، لَكِنّ يبدو أنني انتقلت إِلَى مجتمع ليس أفضل مِن سجن مفتوح.

في 16 أكتوبر، غادرت الولايات المتحدة مِن سياتل.. كَانَ جواز سفري فِي حوزة دائرة الهجرة الأمريكية منذ عام 1987.. سألت مسؤولي دائرة الهجرة والجنسية إِذَا كَانَ بإمكَانِي استلام جواز سفري وإرساله إِلَى القنصلية اليَمَنية لتجديده، ورغم سؤالي الا انهم لم يعيدوه الي..ونتيجة لعدم اعادته الي لم أتمكن مِن الحصول عَلَى تأشيرة دخول إِلَى فرنسا من الولايات المتحدة. ..لقد اضطررت للسفر عبر فرنسا حيث لم تكن هناك رحلة مباشرة مِن سياتل إِلَى اليَمَن.

في مطار باريس، سلمتني مضيفة الخطوط الجوية المتحدة إِلَى خدمات الهجرة الفرنسية بجواز سفري منتهي الصلاحية..لم تكن تعلم بان المسؤولين لم يكن لديهم أدنى فكرة عَن أن جواز سفري كَانَ فِي حوزة دائرة الهجرة الأمريكية طيلة سنوات محاولتهم تسوية وضعي فِي الولايات المتحدة..لقد أجروا استجوابهم وتفتيشهم عَن طريق كسر أمتعتي.. كما ابقوا ولعدة أسابيع إحدى حقائبي فِي فرنسا قبل إرسالها إِلَى اليَمَن.

ربما اشتبهوا فِي كوني إرهابيا، ما خمنته بان اشتباههم سببه مقارنتهم لصورتي في الجواز بصور اخرى مشابهة لأشخاص مطلوبين.

احتجزت فِي مطار باريس لعدة ساعات وأَخَيَّرَاً أرسلت إِلَى اليَمَن. أسوأ ما وقع لي أنهم لم يكونوا يتحدثون الإنجليزية، في الحقيقة لم يرغبوا فِي التحدث بها... عني لم أتمكن مِن قول كلمة واحدة بالفرنسية.. لا أعرف ما إِذَا كَانَ ذَلِك بسبب تدفق المهاجرين غير الشرعيين مِن شمال إفريقيا إِلَى فرنسا أو سوء الحظ الخالص الَّذِي أوقعني فيه على ضباطا فرنسيين عديمي الأخلاق .. ربما بدوت مريبا. ربما مزيج مِن كل العوامل السابقة، لَكِنّ الاجراءات لم تسر بسلاسة كما كُنت أتمنى... لَقَد شعرت أن الأمريكيين يكنون لي بعض الاحترام، فيما الفرنسيين لا يعتبرونني إنسانا حتى... أحدهم لم ينظر إلي مباشرة. اكتفى بالنظر إِلَى كتفي.. كَانَ عدم الاعتراف بي واضحا وواضحا تماما!

بعد ست ساعات مِن الارتباك وسوء الفهم، وضعتني السلطات عَلَى متن الطائرة وسلمت جواز سفري إِلَى طاقم رحلة الخطوط الجوية الفرنسية، وأمرتهم بإعادة جواز سفري إِلَى السلطات اليَمَنية عند وصولي إِلَى صَنعاء.. طارت الطائرة وبعد ساعات من السفر هبطت فِي مطار صَنعاء ..اتذكر بانها هبطت عند الساعة 10 مساء بقليل... لم أنم منذ ما يقرب مِن ثمان وأربعين ساعة.

عَندَمَا نزلت مِن الطائرة، طلبت مني إحدى المضيفات الفرنسيات السير معها إِلَى كشك الهجرة.

عَندَمَا نقلتني إِلَى دائرة الهجرة، التفتت إِلَى الضابط الكبير..قالت له: "قيل لي أن أسلم جواز سفر هَذَا الرجل إِلَى السلطات لأن جواز سفره منتهي الصلاحية".

طلبت منه التعامل مع الأمر، حيث كَانَ هناك طابور ضخم مِن الركاب يصطفون ورائي.

لم يفهم الرجل فِي الكشك كلمة مما قالتها، فنظر إلي طلبا للمساعدة.. كررت افهامه باللغة العربية .. بعض الوقت حتى سارت المضيفة الفرنسية. ووقفت بجانب الكشك ..وانتظرت أن يسلمني المسؤول جواز سفري حَتَّى أتمكن مِن المضي قدما.

"لِماذا انتهت صلاحية جواز سفرك؟" بدأ استجوابه، "ولِماذا أصر مسؤولو باريس عَلَى تسليم جواز السفر إلينا؟"

اجبته بشرح كل ما جرى وأدى إِلَى انتهاء صلاحية جوازي

: صحيح ..جواز سفري منتهي الصلاحية ويعود السبب لأنه لم يكن فِي حوزتي اثناء اقامتي فِي الولايات المتحدة الأمريكية خِلَال السنوات الماضية، ولم يكن لدي الوقت لتجديده لأنني دُفعت إِلَى مغادرة البلاد فِي وقت قصير لم يتح لي تجديده ..ومضيت في اخباره بكل ما جرى وأدى إِلَى انتهاء صلاحية جوازي منذ الاجراء الَّذِي تم فِي "سياتل" مع القائمين في المطارات .. كانوا يحتجزون جوازي ويمررونني إِلَى مسؤولي الهجرة ..وهكذا

إلَى ان هبطت الطائرة التي تقلني إلَى مطافها الاخير فِي صَنعاء.

بدت المبررات والحجج التي طرحتها غير منطقية لهم،فتم اعتقالي وإرسالي إلَى غرفة تحقيق ناوب فيها زهاء خمسة رجال عَلَى استجوابي، وزادوا من عمليات استجوابهم لأنني لم أكن أحمل بطاقة الهوية اليَمَنية والسبب قيام مسؤولي الهجرة فِي سياتل بالتحفّظ عليها، ومما زاد الطين بلة اطلاعهم على أمرين بالترحيل: الأول صادر عَن الفرنسيين، والثاني صادر عَن حكومة الولايات المتحدة.

وظللت ليومين، تحديدا منذ 15 أكتوبر/تشرين الأول وحتى الـ 17 منه بلا طعام أو مكان للنوم ..في تلك الاثناء كَانَ مسؤولي مطار صَنعاء يسألونني ويكررون ذات الاسئلة.. أين كُنت أعيش واين كنت تعمل فِي اليَمَن قبل مغادرة اليمن إلَى الولايات المتحدة، ومن هو مشرفي، وكيف غادرت اليَمَن، ولِماذا غادرت الولايات المتحدة، وماذا كُنت أفعل فِي فرنسا، ولِماذا لم أجدد جواز سفري، ولِماذا أرتدي نظارات؟... والعديد مِن الأسئلة الأخرى الَّتِي لا أستطيع نتيجة كثيرتها تذكرها.

كُنت بالكاد قادرا عَلَى البقاء مستيقظا أو إجراء محادثة ذات جدوى.

بعد 15 ساعة متواصلة مِن الاستجواب، تم إرسالي إلَى مقر احتجاز اخر لإجراء المزيد مِن التحقيقات..حين سألتهم عَن سبب احتجازي؟ اجابوا: "علينا أن نحتجزك هنا حَتَّى نكتشف لِماذا غادرت الولايات المتحدة"؟.

كُنت أدعو الله ألا تكشف خدمات الهجرة الأمريكية عَن طلبي للحصول عَلَى اللجوء السياسي، لأن ذَلِك كَانَ سيؤدي إِلَى اضطهادي الفوري فِي اليَمَن.. الآن، جواز سفري مع الحكومة اليَمَنية. وإِذَا ما علمت الحكومة اليَمَنية بطلبي اللجوء السياسي، فإن ذَلِك سيعرض حياتي وسلامتي الشخصية للمخاطر.

أرادوا معرفة ما إِذَا كُنت قد ارتكبت جريمة... فِي هذه الْأَيَّام، يتعاطى الكثير مِن الرجال اليَمَنيين القادمين مِن شيكاغو ونيويورك المخدرات.. اشتبهوا فِي أنني علقت فِي تجارة المخدرات وظلوا يسألونني: "هل ارتكبت أي جرائم؟" "هل أنت متورط فِي تجارة المخدرات؟"

لم يتوصّلوا لأي شيء ..لم يجدوا ما يريبهم أو ما يخالف قصتي ووثائق سفري وسلوكي.. رغم ذلك، أصبح اثنان مِن الضباط أكثر اهتماما بمعرفة ما إِذَا كُنت قد أحضرت كمية كبيرة مِن النقود، كما يفعل معظم اليَمَنيين عند عودتهم مِن الخارج.. انتقلت شكوكهم مِن الاعتقاد بأنني تاجر مخدرات إِلَى الاشتباه فِي أنني كُنت أقوم بعمليات غسيل الأموال.. تم تفتيش حقيبتي المحمولة والحقيبتين اللتين كُانتا معي عدة مرات -كَانَت حقيبتي الثالثة لا تزال فِي باريس-.

مِن خلال الاستجواب عرفوا أنني أعمل كمبرمج كمبيوتر..سألوني عن المال الذي أكسبه فِي السنة، ومقدار الوقت الَّذِي قضيته فِي الولايات المتحدة..

وظلوا يلحون في السؤال عما حدث لأموالي.. أخبرتهم أنني عملت لمدة سبع سنوات تقريبا لدفع فواتيري القانونية وربما ما زلت مدينا بمزيد مِن الاموال للمحامين الأمريكيين.. كَانَوا عازمين عى انتزاع المال مني..غير مصدقين انني لا أحمل أية اموال.

في اليوم التالي، ولدهشتي، جاء أحد أقاربي وتحدث إِلَى بعض المسؤولين لأجلي.

انه فردوس، ابن عمي فِي الولايات المتحدة، والذي كان على معرفة بتفاصيل رحلتي وأخبر بقية أفراد عائلتي بموعد عودتي ..

بعد ذلك الوقت العصيب علي ..ولعدم ظهوري في المطار عرفوا أن هناك خطأ ما.. سأل مسؤولي المطار عَن مكَانَي، أخبروه بانهم يتحفّظون علي وأنه يجري التحقيق معي بسبب جواز سفري منتهي الصلاحية وعدم حملي لبطاقة هوية يمنية.

قدم صورة مِن بطاقة هويتي اليَمَنية، وتمكن من اطلاق سراحي.. ربما قام برشوة عدد قليل منهم ببعض النقود للموافقة عَلَى إطلاق سراحي ودخول البلاد.. ليس لدي أي فكرة عما كَانَ سيكون عليه وضعي لو لم تظهر هذه الصورة مِن هويتي والتي كانت سببا في انقاذي .. لم أسأل نفسي.. عَن سبب احتفاظ ابن أخي بصورة مِن هويتي طيلة السنوات الماضية.. عَندَمَا غادرت اليَمَن، كَانَ عمره تسع سنوات فقط!

حين سألته عَن السبب، اجاب: "كُنت أعرف أنك ستعود يوما ما. علاوة عَلَى ذلك، لم يكن لدي صورة لك بخلاف صورتك في البطاقة .. لذَلِك احتفظت بها ..اولا فقد تحتاجها وثانيا لقيمتها العاطفية بالنسية لي ".

حسنا، سأغلق هنا الآن. شكرا لك مرة أخرى عَلَى رسالتكم.

يرجى الكتابة مرة أخرى قريبا!

عادل

23

نضال

في بعض الأحيان لن يفهم الأشخاص مِن حولك طبيعة رحلتك. لا يحتاجون إِلَى ذَلِك.. إنه ليس لهم.
جوبيرت بوثا

ما بين انتقالي الأوّل إِلَى صنعاء عام 1978م وعودتي إليها عام 1992م ثمة شعور مفاجئ خالجني وكاد يطغى عليّ
كانت صنعاء قبل مغادرتي إياها إِلَى الولايات المتحدة أنظف وأقل ازدحاما.. الآن، بعد كل تلك السنوات، فوجئت برؤية عدد النساء اللواتي يرتدين الشراشف وهو رداء يغطي الجسد والوجه مِن الرأس حتى أخمص القدمين.. رأيت رجالا يرتدون ملابس سعودية أكثر مِن الملابس اليَمَنية النموذجية الَّتِي اعتدت عَلَى رؤيتها..والأدهى العديد مِن الرجال يحملون الأسلحة الخفيفة... الاختلاف بين صنعاء الماضي وصنعاء الان فاق خيالي.. لم أشعر أنني في صنعاء التي غادرتها قبل أقل مِن عقد مِن الزمان. عَندَمَا سألت الأصدقاء والعائلة عَن سبب كل تلك التغييرات الَّتِي شهدتها

البلاد فِي السنوات الثمان الماضية، أخبروني بان التغييرات نتيجة حرب الخليج.. لقد أدى غزو الكويت مِن قبل صدام حسين ودعم القيادة اليَمَنية العلني لصدام وانتقاد المملكة العربية السعودية إلَى قيام النظام السعودي بترحيل ملايين العمال اليَمَنيين كإجراء عقابي.

أُجبر ما يقرب مِن مليوني عامل مهاجر يمني عَلَى مغادرة مِن المملكة العربية السعودية ودول الخليج الأخرى إلَى اليمن ..بعودتهم جلبوا معهم النسخة الوهابية مِن الإسلام إلَى اليَمَن.. الوهابية هِي النسخة الأرثوذكسية الصارمة مِن الإسلام الَّتِي تمارس بشكل رئيسي فِي المملكة العربية السعودية وقطر.. لَقَد نشأت الوهابية على يد محمد عبد الوهاب في القرون الماضية، وانطلقت مِن رحم الإسلام السني حاملة معها فكرا متطرفا، ونجحت الوهابية بتعاون حكام السعودية في نشر الفكر الوهابي وفرضه.

و عَلَى مدى الاربعمائة عام الماضية بسطت العائلة السعودية سلطتها من خلال الفكر الوهابي.

مليونا يمني قضوا جزءا كبيرا مِن حياتهم فِي العمل فِي المملكة العربية السعودية وما ان تم ترحيلهم كعقاب لوقوف السلطة اليمنية مع صدام حسين جلبوا معتقداتهم الوهابية.

من عرفتهم قبل سفري إلَى الولايات المتحدة قد تغيروا تماما.. أصبحوا منغمسين في العادات والتقاليد اليمنية .. لم يرغبوا فِي التحدث

باللغة الأمهرية في تهرب من حقيقة انهم ولدوا وتشبعوا بثقافة اثيوبيا.. لم يرغبوا فِي أن يعرف الناس ارتباطهم بأي صلة بإثيوبيا... جزء كبير مِن الشباب الَّذِين أعرفهم عادوا إِلَى اليَمَن بعد أن خدموا فِي حرب أفغانستان ضد الاتحاد السوفيتي السابق بعد ان تم تجنيدهم..سافروا إِلَى أفغانستان للقتال، وعادوا مختلفين 100%... معظمهم أطال لحيته.

في الزمن الماضي.. كنا أصدقاء طفولة، لكننا الآن بتنا أعداء.. لم يعد ثمة ما يجمع بيننا ..نتيجة لذَلِك كَانَت محادثاتنا محدودة.. كنت في نظرهم كافرا وكان ارتدائي للجنيز والذي يعتبر زيا امريكيا يزيد استوثاقهم باني كافر.

اقتصرت جميع نقاشاتهم حول الدين... تحدثوا عن الوهابية .. النسخة المتطرفة مِن الإسلام .. عَندَمَا كُنت طفلا صغيرا، تعلمت بعضا من تعاليم الإسلام، وكَانَ لدي قدر كبير مِن الاهتمام به خاصة حين هاجرت إِلَى شمال اليَمَن فِي أواخر 1970م، لَكِنّ النغمة الآن كَانَت مختلفة تماما.. كَانَ الجميع يركزون عَلَى قتل اليهود وكل أمريكي. - شملت كلمة "أمريكي" جميع السكَانَ الغربيين، الَّذِين كَانَ ينظر إليهم جميعا عَلَى أنهم يدعمون إسرائيل-. في طفولتي كنت مؤمنا بانه عَندَمَا يقدم شخص على قتل شخص واراقة دمائها البريئة، كأنه قتل البشرية جمعاء، ومع ذلك، فإن ما وجدته عند عودتي إِلَى شمال اليَمَن كَانَ مخالفا تماما للتعاليم الإسلامية الَّتِي تلقيتها..

كَانَ كل شخص عاد مِن حرب أفغانستان قادرا عَلَى قتل، دون أي سبب، أي مدني أمريكي أو يهودي عادي يمكن أن يجده. لَقَد تحول الدين إِلَى أيديولوجية. لماذا؟

وفقا لتعاليمي السابقة للإسلام، فهمت أن الدين لا يتغاضى، وهو فِي الواقع يدين، ممارسات مثل "جرائم الشرف"، والعنصرية أو القبلية، واضطهاد المرأة، ومنع النساء مِن الحصول عَلَى التعليم، والعديد مِن الممارسات غير الإسلامية الأخرى الَّتِي تشق طريقها إِلَى الأخبار المثيرة.

بالطبع، بعد أن عشت فِي الولايات المتحدة عَلَى مدى السنوات الثماني الماضية، كَانَت لدي صورة مختلفة تماما عَن الولايات المتحدة والغربيين عما يمتلكه الناس فِي اليَمَن، لكنني لم أتمكن مِن التفكير مع أي شخص. لَقَد استمروا فِي رفضي باعتباري قد تعرضت لغسيل دماغ مِن قبل الولايات المتحدة أو ببساطة كُنت غير مستعد بمستوى صفر أو منخفض مِن المعرفة الإسلامية.

فِي 1970م، كَانَ لدى كل عائلة وجميع المتاجر والمطاعم تقريبا فِي اليَمَن صورة لجمال عبد الناصر، الزعيم المصري، عَلَى الحائط. اختفت تلك الصور. الآن معظم المنازل والمتاجر والمطاعم لديها إما آيات مِن القرآن أو صورة لصدام حسين عَلَى الجدران.. قيل لي إنه لا ينبغي إرسال الفتيات لشراء الخيار أو الباذنجان أو الجزر، ولم يسمح لهن بحلب الأبقار. كَانَ الرد

الَّذِي تلقيته عَلَى استفساراتي هو أن هذه الخضروات وضرع الأبقار ستذكر الفتيات بالأعضاء التناسلية الذكرية أو تجلب رغبات جنسية. لم يتم التفكير فِي هَذَا المفهوم عَندَمَا كُنت طفلا.

كما لاحظت أن الطريقة الَّتِي عومل بها اللاجئون الصوماليون والإثيوبيون فِي اليَمَن تتجاوز أي نمط مقبول للإنسانية. تصادف أنهم بشر ذوو بشرة داكنة مِن قارة إفريقيا، ومع ذَلِك فقد عوملوا عَلَى أنهم دون البشر. ومعظم الإناث الإثيوبيات والصوماليات اللاتي تم توظيفهن للعمل كخادمات فِي المنازل غالبا ما يكن يحصلن عَلَى أجور متدنية ويعملن فوق طاقتهن. عرفت أن العديد مِن أصحاب العمل هؤلاء لم يدفعوا للنساء الأجور الَّتِي يستحقونها بالكامل. علمت أيضًا أن معظم هؤلاء النساء تعرضن لاعتداءات جنسية وأنواع أخرى مِن الإساءة.

تم فرض رقابة عَلَى جميع أشكال وسائل الإعلام بما فِي ذَلِك الكتب والصحف والمجلات والأفلام والتلفزيون. فِي أواخر 1970s وأوائل 1980s، عَندَمَا كُنت مراهقا فِي اليَمَن، كُنت قادرا عَلَى سماع والاستمتاع بالأغاني مِن مصر ولبنان وسوريا فِي محلات البقالة والمحلات التجارية والكافيتريات. فِي 1990s، عَلَى الرغم مِن ذلك، لم أسمع أي موسيقى لعبت فِي مراكز التسوق أو المتاجر أو محلات البقالة. أيضًا، لم يعد مسموحا بدروس الموسيقى فِي المدارس العامة لأن الموسيقى كَانَت محظورة لأن المناهج

الدراسية يجب أن تتبع قواعد هَذَا الشكل الجديد مِن الإسلام.

عَندَمَا كُنت مراهقا، تمكّنت مِن حضور دور السينما فِي صَنعاء أو تعز أو الحَديدَة. عند عودتي، لاحظت أن دور السينما كَانَت شبه معدومة فِي اليَمَن. شاهد الناس الأفلام فقط فِي المنازل السكنية الخاصة. كَانَت دور السينما محظورة عَلَى أولئك المخلصين للإسلام، لأنها مكُنت مِن الاختلاط غير الخاضع للإشراف بين الرجال والنساء، والذي يعتقد المسلمون أنه قد يؤدي إِلَى أفعال غير أخلاقية خارج إطار الزواج.

والأمر الأكثر إحباطا بالنسبة لي هو رؤية دولة اليَمَن الجنوبي بعد توحيد شمال وجنوب اليَمَن. عَلَى ما يبدو، مِن الأسهل بكثير تخفيف المياه النظيفة بالماء القذر مِن العكس. فِي أوائل 1980s، عَندَمَا كُنت أسافر إِلَى عدن، كَانَ للمرأة تقريبا قدم أو وضع متساو فِي المجتمع، حيث كَانَت تعمل كقاضية وضباط شرطة، إلخ. جميعهم تقريبا يرتدون ملابس دون تغطية وجوههم. كَانَ الوضع مختلفا تماما فِي عام 1994، ووجدت صعوبة فِي تصديق مدى سهولة إبعاد نصف أفراد المجتمع إِلَى القمع.

شعرت بالإحباط عَندَمَا وجدت أن اليَمَن يبدو أنه قد تراجع ألف عام فِي أقل مِن عقد مِن الزمان. كُنت فِي حيرة مِن أمري حول ما إِذَا كَانَت ملاحظاتي نتيجَة تعرضي لنمط حياة مختلف فِي الولايات المتحدة، لذَلِك كَانَ لدي نظرة مختلفة، أو ما إِذَا كَانَت البلاد قد أعادت عقارب الساعة إِلَى

الوراء فِي ثماني سنوات فقط بسبب التأثير السعودي المتزايد عَلَى اليَمَن. كَانَ مِن المحتمل كلاهما.

كُنت متطورا، وبدأت أتمنى لو أنني لم أذهب إِلَى الغرب لأتعلم كيف أعيش الحياة بشكل مختلف. لم أمضغ القات، ولم تتم دعوتي إِلَى أي تجمعات اجتماعية. أصبحت وحيدا ومكتئبا. واصلت الكتابة إِلَى أصدقائي فِي الولايات المتحدة كمنفذ للتعبير عَن إحباطي.

نوفمبر 1992

عزيزي شيرس،

لَقَد سألت عَن عائلتي. دعني أخبرك كيف أتفق معهم.

اعتدت أن أخبر أقاربي كم كُنت حرا فِي الولايات المتحدة، وكُنت أتباهى بكل الفرص الَّتِي أتيحت لي فِي الولايات المتحدة. بالطبع، لا يرون أي شيء آخر غير عودتي إِلَى اليَمَن مثل غير مرغوب فيه لأن عودتي لم تكن خياري.

لَقَد بدأت أخواتي بالفعل فِي التحدث معي عَن الزواج. فِي الولايات المتحدة، كُنت دائما قادرا عَلَى تجنب هذه المشكلة باستخدام المَدرسَة كذريعة. عَندَمَا أخبرهم أن لدي خططا للعودة إِلَى الولايات المتحدة، فإنهم يصابون بالجنون تقريبا. سأجد طريقة لتأخير القضية حَتَّى أغادر اليَمَن مرة أخرى.

لَقَد توقفت بالفعل عَن مشاركة مشاكلي ونواياي مع أخواتي لأنهن لا

يفهمن وجهات نظري. مِن ناحية، هم سعداء بعودتي إِلَى اليَمَن، لكنهم يعرفون أيضًا كم كرهت اليَمَن وأحببت الولايات المتحدة، وكَانَوا يعرفون أيضًا أنه ليس لدي أي نية للعودة إِلَى اليَمَن.
أواجه مشاكل فِي التواصل مع الأصدقاء والأقارب لأنه لا يبدو أن لدينا أرضية مشتركة لأي شيء. لَقَد شَكَّلت السنوات الَّتِي قضيتها فِي الولايات المتحدة قيمي ومواقفي وعرضي التقديمي بالكامل، ومن نواح كثيرة، أواجه صعوبات فِي التكيف. أشعر أنني غريب تماما فِي بلدي الأصلي.
تختبر البلاد الديمقراطية لأول مرة فِي تاريخها مِن خِلَال الجمع بين الدولتين اللتين تختلفان اختلافا كبيرا مِن حيث مواقفهما الرسمية تجاه المرأة والقانون وَالِدين وحقوق الإِنسان.

الفرق بين الدولتين هو أن جميع القوانين الَّتِي أقرها البرلمان إما تم احتواؤها أو تجميدها.. ثمة فجوة كبيرة فِي رؤية كلاً منهما.. وجهات نظرهم حول تنفيذ القوانين، ودور المجلس الرئاسي والقضاء والبرلمان مختلفة.. تتدخل الحكومة فِي أعمال القضاء رغم استقلاله عن الحكومة والضمانات الدستورية التي تحميها من التدخلات.
هناك مشاكل كبيرة تواجه اليَمَن فِي الوقت الحاضر. ورث البلد وشعبه موقفا مقلقا للغاية مِن التواضع. المشكلة الأساسية اليوم هِي أن بعض العناصر فِي هَذَا المجتمع إما جاهلة بالقوانين أو غير راغبة فِي الالتزام بها.

أسوأ جزء فِي الأمر هو أن بعض هؤلاء المشرعين غالبا ما يكونون أول مِن يخالفهم. نتِيجَة لذلك، يعاني النظام بأكمله مِن حالة مِن العجز. فِي الواقع، تتمتع العادات الاجتماعية باحترام والتزام فِي اليَمَن أكثر مِن القوانين.

تشكل مسألة التحول الديمقراطي فِي اليَمَن جزءا حاسما وحيويا مِن تطوره السياسي. تعرض البلدان اليَمَنيان لواحدة مِن أكثر الديكتاتوريات قسوة فِي العالم. الشيوعية الماركسية فِي جنوب اليَمَن السابق والحكم الإقطاعي العسكري فِي شمال اليَمَن.

منذ الوحدة، وعلى الرغم مِن دعم اليَمَن المعلن لحقوق الإنسان، كَانَت هناك هفوات. تواصل الحكومة مراقبة المواطنين بشكل انتقائي، وتفتيش المنازل، وفتح البريد، والتنصت عَلَى المحادثات الهاتفية.

تمتعت النساء فِي جنوب اليَمَن السابق، حيث تعود أصولي، بحقوق قانونية واسعة تستند إلَى قانون الأسرة التقدمي وزيادة فرص الحصول عَلَى العمل والتعليم. عَلَى الرغم مِن أن النساء فِي شمال اليَمَن يتمتعن بحقوق انتخابية كاملة، إلا أن فرصهن التعليمية والمهنية أقل. وهكذا يوجد توتر أساسي بين إرث الدولتين، حيث تختلف الجماعات التقدمية والإسلامية فِي الفلسفة فيما يتعلق بدور المرأة فِي مسائل مثل الطلاق وحضانة الأطفال وتعدد الزوجات.

حسنا، هَذَا يجعلك عَلَى دراية ببعض الصعوبات الَّتِي أراها وأواجهها .

حَتَّى المرة القادمة

عادل

***

نوفمبر 1992

عزيزتي نورما وريتش،

كيف حالك أنت وأصدقائي وعائلتي؟ استلمت الفاكس الخاص بك أمس. كُنت سعيدا بمعرفة أنه لا يزال بإمكَانَي التواصل معك.
أنا أقيم مع أقاربي. اللغة والثقافة والطعام وكل شيء آخر جديد بالنسبة لي.
لا أستطيع أن أتذكر أنني كُنت هنا فِي هَذَا البلد مِن قبل.
أقاربي يفعلون كل شيء ليجعلوني أشعر بتحسن. يتأكدون مِن أنني آكل وأحصل عَلَى قسط مِن الراحة. إنهم يقدمون كل شيء، وليس لدي أي فكرة عَن كيفية رد الجميل. إنهم يفهمون تشتتي العاطفي وخيبات أملي. فِي الواقع، إنهم مندهشون لأنني ما زلت معا. إنها عائلة كبيرة أقيم معها. هناك جدة وأحفاد، وكذَلِك بالغين آخرين. كل الاهتمام والحب قادر عَلَى إبعادي عَن مشاكلي الفورية. لَكِنّ بيني وبينك، أشعر كما لو أنني أجنبي فِي وطني.
ليس لدي مواد للقراءة. لا يوجد شيء هنا باللغة الإنجليزية. ليس لدي ملابس لائقة. لَقَد فقدت بالفعل حقيبة واحدة ووصلت إِلَى هنا بالملابس

الداخلية والجوارب فقط. لَقَد نسيت كل شيء ويجب أن يتم اصطحابي فِي كل مكَانَ أذهب إليه. أنا مشوش جدا. آمل أن تكون قد اتصلت بضابط الهجرة الأمريكي لمعرفة مكَانَ بطاقة هويتي وأوراق الاستثناء العسكرية. أحتاج هذه الوثائق. ولأنني هنا بدون بطاقة هوية، أو أي نوع آخر مِن بطاقات الهوية، فأنا قلق عَلَى وضعي هنا، أكثر مِن أي وقت مضى. تقوم الحكومة اليَمَنية باعتقالات جماعية لمن تعتقد أنهم صوماليون. فر ملايين الصوماليين إِلَى اليَمَن، ولا يوجد أي منهم فِي مركز احتجاز اللاجئين. تطلب الأمم المتحدة مِن اللاجئين أن يكونوا فِي مركز الاحتجاز مِن أجل تزويدهم بالإمدادات اللازمة لتلبية احتياجاتهم. وبما أنني ذو بشرة داكنة، فغالبا ما يخطئ كوني صوماليا وأنا معرض لخطر الاعتقال. ليس ذَلِك فحسب، بدون بطاقة هوية، لا يمكنني الحصول عَلَى وظيفة أو السفر أو فعل أي شيء. من فضلك ..ابقى على اتصال بجميع زملائي فِي العمل وأصدقائي !!

اخلاص

عادل

24
التصدي

الكثير مِن التوتر الَّذِي يباغت الناس لا يأت بسبب كثرة الأعمال .. إنما يأتي مِن عدم إنهاء الأعمال.
ديفيد ألين

الأشهر الستة الأولى مِن حياتي فِي اليَمَن، والممتدة مِن شهر أكتوبر/تشرين الأول 1992 حتى شهر أبريل/نيسان 1993م مؤلمة بحق.. كُنت عَلَى وشك الانهيار العقلي.. مكتئبا ومتوترا ومتضايقا إِلَى أبعد حدود الوصف.

انعكس ضيقي وتوتري على رسائلي الَّتِي كُنت أرسلها إِلَى أصدقائي..لقد بدت الرسائل مسعورة ومحمومة تفضح عن ضيقي وتوتري وشدة اكتئابي. لم يكن امامهم بد سوى من الاشارة الصريحة إِلَى الحالة العقلية المرتبكة.. وتحفيزهم وتشجيعهم ...بدون رسائلهم الَّتِي كُنت أتلقاها، خاصة مِن الأصدقاء وزملاء العمل السابقين فِي الولايات المتحدة، لم أكن واثقا من

تعافيي .. قضيتا أوقاتا كُنت خلالها أمشي فيها إِلَى مكتب البريد مرتين فِي اليوم لمعرفة ما إِذَا كَانَ هناك ثمة رسالة لي.

في يوما ما من ايام تكراري الذهاب إِلَى البريد رافقني صديقي باهمام ..في ذلك اليوم تلقيت رسالتين مِن مكتب البريد، كنا نسير عائدين معا فِي وسط مدينة صَنعاء عبر ميدان التحرير.. أردت حقا قراءة الرسالتين، لم اطق الانتظار لحين الوصول إِلَى السيارة ..فتحت الرسالة الأولى.. كَانَت رسالة مكونة مِن صفحتين.. وبينما كُنت مستغرقا في قراءتها، حتى تنبهت إِلَى شخص يقف خلفي .. عَندَمَا استدرت وتحققت من كونه مجرد رجلَ متلصص يحاول قراءة رسائلي.. نبهته إِلَى فعله الشنيع هذا.. كشفت له عن انزعاجي من تصرفه هذا.. لم يقل أي شيء.. نظرت إليه وقلت: "ربما تجيد قراءة خمسة وعشرين كلمة من كلمات القاموس العربي.. فما الَّذِي يجعلك تعتقد أنه يمكنك قراءة الحروف الإنجليزية؟"

لم يقل شيئا..!

***

فيما يلي بعض رسائل الدعم والتشجيع الَّتِي تلقيتها مِن الأصدقاء والزملاء السابقين فِي الولايات المتحدة الأمريكية.

عادل

أنت تحافظ عَلَى معنوياتك مرتفعة بغض النظر عما يحدث!!!..

إن فقدان الإيمان والاكتئاب لن يؤدي إلا إِلَى تفاقم الأمور، ستتراجع صحتك .

أرجوك ابقى عَلَى اتصال بي.. فِي حالة استعصى علي التواصل بك او غيرت محلك وعجزت بالتالي عَلَى الحصول عَلَى عنوان بريدي، فلن نفقد الاتصال تماما - حَتَّى ولو ببطاقة بريدية مِن كلمتين ..

أعرف أنك لا تزال عَلَى قيد الحياة وفي نفس الكوكب... أعلم أن نظام البريد يمكن أن يكون غريبا نوعا ما بعد مغادرة الرسالة للبلاد.. وبما أنني لم أخرج مِن البلاد مطلقا، فليس لدي أي فكرة عَن كيفية قيام الآخرين بالأشياء.

أنا قلقة عليك كَثِيرا،

ميشيل [صديقة مِن ولاية أيداهو]

***

عادل

أدرك كم هو وضعك باعثا على الاحباط... ليس لدي أي فكرة عما سيكون عليه الشعور عَندَمَا أكون عالقا فِي هكذا ظروف وقرارات مؤسفة.. أتمنى لو كَانَ اخبرتني بما يمكنني القيام به.. إنه شعور عاجز أن تجلس وتشاهد وتستمع دون ان تفعل شيئا لإصلاحه..

أفضل ما يمكنني قوله هو أننا، أصدقاؤك فِي بويز، نتذكرك ونحبك. ما زلت

أصلي مِن أجلك.
أقدر رسائلك واشعر بالامتنان لها.. أنا سعيدة لمعرفتي بان قراءتك لرسائلي تشعرك بالاسترخاء والراحة
في كل مرة اقرأ رسائلك ينتابني شعور كما لو أنني أجريت للتو محادثة مِن جانب واحد معك.. أستمتع بذَلِك حَتَّى عَندَمَا تكون المحادثة حزينة.
اعتن بنفسك ويهمنا معرفة أحوالك.
جين [زميلة عمل سابقة مِن ولاية أيداهو]

***

صديقي العزيز عادل...

آمل أن تصلك هذه الرسالة وانت في صحة جيدة ومحاطا بأصدقائك وعائلتك.. آمل أن تكون بخير، وأن تعتني بنفسك جيدا. لا تتورط مع أشخاص يحبون أن يخطئوا، لأنني معجب بك حقا يا عادل، تماما كما لو كُنت أحد إخوتي.
أشكر الله عَلَى الصداقة الصادقة الَّتِي نجدها فِي بعضنا البعض.. أنت صديق خاص لي، سيباركك الله مهما فعلت.
فيما يتعلق بما أنا عليه، أود أن أخبرك أنني كتبت رسالة إِلَى عائلتي وأخبرتهم أن لدي أخا أسود، وأن اسمك عادل.. وأخبرتهم أيضًا أنه إِذَا وصلت يوما ما إِلَى هناك، حيث يعيش والداي، فسوف يستقبلونك ويعاملونك كما لو

كُنت أنا.

أراك قريبا يا أخي..

إسماعيل [طالب / صديق دولي آخر فِي ولاية أيداهو]

***

تحياتي اخي

شكرا لك عَلَى الوقت الَّذِي قضيته فِي كتابة رسالة لي.. أتساءل كَثِيرًا كيف حالك، جسديا وعاطفيا، وأتمنى لو كَانَت هناك كلمة سحرية يمكنني نطقها لجعلها مناسبة لك وإعادتك إِلَى هَذَا البلد وفي بويز.

أفتقدك يا صديقي العزيز!

وبعض الكلمات الَّتِي جمعتها للتعبير عَن مشاعرك منذ عودتك إِلَى اليَمَن تجعلني حزينا. إنها كلمات عظيمة وأفكار عظيمة. لَكِنّ حزين. أتذكر فكرتين عَلَى وجه الخصوص. واحد حيث قلت، "أنا أموت بهدوء بسبب نقص الحرية". والآخر فِي الرسالة الَّتِي كتبتها لي: "معدتي ممتلئة، لَكِنّ قلبي فارغ". أعلم أن كلماتك ستنتهي يوما ما فِي بعض أشعاري لأنها تحمل مثل هَذَا العمق فِي المشاعر.

ابق بخير يا أخي... أرجو أن تنقل لعائلتك أطيب تمنياتي وآمالي بالسعادة.

أتمنى أن تتقاطع مساراتنا مرة أخرى..إِذَا كَانَ هناك أي شيء يمكنني القيام به مِن أجلك، فكل ما عليك فعله هو أن تسأل.

بيل [زميل عمل سابق مِن ولاية أيداهو]

***

عادل

من الجيد أن أعرف أنك تتلقى رسائلي... أعجز عن وصف كمية تقديري حين تصلني رسالة منك عبر صندوق البريد الخاص بي...

فِي الآونة الأخيرة ولشدة اهتمامي بك وبرسائلك كُنت أتحقق مِن صندوق البريد الخاص بي من مرتين إلَى ثلاث مرات يوميا.

أريدك أن تعرف أنني لا أكتب عادة عَلَى البطاقات والقرطاسية. ومع ذلك، اعتقدت أنه فِي بلدك وخصوصية وضعك وما تمر به، قد تُقدر الرسائل القادمة من اصدقائك في الولايات المتحدة، لذَلِك أرسل اليك ببطاقة بريدية.. آمل أن تكون تذكيرا بما تقاتل مِن أجله - للعودة، ليس فقط إلَى الولايات المتحدة الامريكية، ولَكِنّ إلَى زملائك واصدقاءك أيضًا!

عادل..لَقَد كوّنت الكثير مِن الأصدقاء ..أشخاص يهتمون بك ويحترمونك حقا.. لا أحد منا يريدك أن تفقد الأمل أو تفقد تلك الروح الطموحة فيك !!

من فضلك أخبرني المزيد عَن الثقافة فِي اليَمَن.

شاريز

***

عزيزي شيرس،

بعد عودتي مِنَ الولايات المتحدة، كَانَ مِن الصعب علي العثور عَلَى شقة للإيجار.. لا علاقة للون بشرتي أو مكَانَ ولادتي بالعثور على الشقة ، بل حالَّتِي الاجتماعية الخاصة والتي تمثل عقبة كبيرة امامي.

بعد شهرين مِن البحث عن الشقة ووقوف أشخاص لهم ثقل شهدوا لي تمكّنت مِن تأمين شقة مِن غرفتي نوم فقط.. مِن الشائع فِي اليمن أن يعيش معظم الملاك فِي نفس المبنى الَّذِي يعيش فيه المستأجرين، ولذَلِك كان المالك يعيش فِي الطابق العلوي مِن الشقة التي استأجرتها منه..لاحظته بانه وكغيره من ملاك المساكن انه يتحقق مِن كل من يأتي لزيارتي، ويحتفظ كغيره من الملاك ايضا بمفتاح احتياطي حَتَّى يتمكنوا مِن الدخول دون إخطار المستأجر.

كَانَ هَذَا المالك بالذات يدرك أنني كُنت أعيش فِي الولايات المتحدة منذ ما يقرب مِن عقد مِن الزمان، وفي كل فرصة عَندَمَا تلاقينا عَلَى الدرج أو فِي الردهة، كَانَ يسألني دائمًا عَن الولايات المتحدة. فِي كثير مِن الأحيان، ركزت استفساراته عَلَى نمط حياتي فِي الخارج ومدى سهولة الوصول إِلَى الكحول والنساء والمواد الإباحية. ظللت أخبره أن الوصول إِلَى الكحول والنساء والمواد الإباحية ليس مشكلة، حيث يسهل الحصول عليها، ولَكِنّ ما إِذَا كَانَ الرجل يشارك فِي مثل هَذَا النشاط هو مسألة احترام

الذات والخيارات الَّتِي نتخذها فِي الحياة، حيث توجد عواقب وخيمة لكل قرار نتخذه وكيف نعيش حياتنا. شاركت معه تجربتي الشخصية مع الكحول والرفيقات. نعم، لَقَد تذوقت الكحول، لكنني لم أكن فِي حالة سكر أبدا. كما أنني لم أطور أي اهتمام بالشرب. كَانَ لدي صديقتان، لَكِنّ تلك العلاقات كَانَت مبنية عَلَى علاقة حب وتقديري متبادلتين مِن كلا الطرفين... لم يتم إجبار أي اي طرف أو دفع ثمنه ما مقابل القيام بأمر لا يرغب في القيام به ... علاوة عَلَى ذلك،أكن مهتما للخوض في مثل تلك العلاقات والقيام بتلك الاعمال والافعال، حيث كُان تركيزي منصبا عَلَى أداء واجباتي المدرسية وعملي وهواياتي الرياضية.

أراد أن يعرف ما إِذَا كَانَ لدي أي مواد تتعلق بالمواد الإباحية. قلت لا وسألته: "لِماذا أنا؟"

كَانَ يعلم أيضًا أنني أعمل فِي شركة نفط وغاز لها عمليات فِي اليَمَن لاستكشاف الغاز الطبيعي فِي جزيرة سقطرى. لذلك، استمر فِي الاستفسار عَن إمكَانَية أن أطلب مِن زملائي البريطانيين أو الأمريكيين شراء الكحول له.. الكحول مادة محظورة فِي اليَمَن، وفي معظم البلدان الإسلامية، فِي الواقع ثمة عقوبات ليس على تعاطيه فقط بل وحيازته ..عقوبات تتسم بكونها قاسية.

كَانَ معاقرة الخمر شائعا فِي شبه الجزيرة العربية قبل تبني الإسلام. ومع

ذلك، وفقا للإسلام، فإن شرب الكحول حرام أو ممنوع. عَلَى وجه التحديد، يحرّم القرآن الصلاة فِي حالة سكر: " أَيـُّهَا الَّذِينَ آمَنُوا لَا تَقْرَبُوا الصَّلَاةَ وَأَنْتُمْ سُكَارَى حَتَّى تَعْلَمُوا مَا تَقُولُونَ..." تقول آية لاحقة مِن القرآن الكريم أن "المسكرات والقمار والممارسات الوثنية ... هِي أعمال بغيضة - فعل الشيطان - تجنبها حَتَّى تزدهر ". عَلَى الرغم مِن أن الكحول له بعض الفوائد الطبية، إلا أن الآثار السلبية له تفوق الخير وبالتالي يجب تجنبه تماما.

الخمر، وهي كلمة عربية تعني النبيذ، تشير إِلَى المواد المحظورة بما فِي ذَلِك النبيذ وأنواع أخرى مِن الكحول والمخدرات. "قَال النبي محمد (صلى الله عليه وسلم): وهو يشير إِلَى كروم العنب والنخيل "المسكرات مِن هاتين الشجرتين"...وورد في القران " يَسْأَلُونَكَ عَنِ الْخَمْرِ وَالْمَيْسِرِ قُلْ فِيهِمَا إِثْمٌ كَبِيرٌ وَمَنَافِعُ لِلنَّاسِ وَإِثْمُهُمَا أَكْبَرُ مِنْ نَفْعِهِمَا ".

الكحول المشتق مِن التمر أو الزبيب محظور أيضًا، بغض النظر عَن الكمية المستهلكة ".. يدعي العالم السعودي محمد صالح المنجد أن معظم علماء الإسلام التقليدين يتفقون عَلَى أن استهلاك الكحول يعاقب عليه بالجلد.

على الرغم مِن وعي المجتمع واقرارهم بهذه القيود وموافقتهم على تلك العقوبات، الان ان مالك العقار كواحد من المجتمع اصر عَلَى طلبه أن أحضر له بعض الكحول.. فِي كثير مِن الأحيان، طرق بابي لطلب تحديثات

حول مهربي.

ظللت أقول، "لا، أنا لا أطلب مِن أي شخص أن يقدم لك أي كحول".
ثم، بعد فترة لاحظت أن بعض اثاثي قد تم تحريكها أو نقلها ..سألت المالك إذَا كَانَ ثمة من يقوم بانتهاك شقتي بهدف سرقة ممتلكاتي.. أنكر .. وضعت علامات واشارات في المكان بهدف معرفة ما إذَا كَانَ شخصا ما ينتهك مساحتي الخاصة.. كُنت متأكدا مِن أن المالك هو ذلك الشخص حيث كان يقوم بالبحث آملا أن يجد مواد إباحية أو كحول..

لاحقا عَندَمَا علمت وتحققت بأن المالك هو من يقوم بانتهاك خصوصيتي ويدخل شقتي ويعبث بأثاثي ورغم شعوري بالاحباط وغضبي من فعله الذي يعد انتهاكا الا انني قررت قرارا.... اقتربت مِن زميلي الأمريكي، أوسكار برنارد، وسألته عما إذَا كَانَ سيعطيني زجاجة فارغة مِن الكحول، وهو ما فعله... تبولت فِي الزجاجة وتركت الزجاجة تحت سريري، وها هو المالك كعادته في انتهاك خصوصيتي يدخل شقتي ويجد زجاجة الكحول.. أظن أنه ربما بدأ تساهله بإثارة فقط ليقابل بنتِيجَة مخيبة للآمال للغاية.. طردوني مِن المبنى السكني.

بمساعدة الأصدقاء والأقارب، وجدت شقة أخرى يمكنني الانتقَال إليها.. في اليمن عَلَى عكس أمريكا الشمالية لا تكون الشقق مجهزة بأجهزة مثل الثلاجة والموقد.. فِي معظم الحالات، يطلب المالك دفع الإيجار سواء

شهري أو سنوي مقدما.. بالنسبة لشخص مثلي، عاد إِلَى اليَمَن وبحوزته ثلاثة وثمانون دولارا.. يكاد يكون مِن المستحيل الحصول عَلَى الأموال اللازمة لتغطية الإيجار السنوي وشراء الأثاث وكذَلِك الأجهزة.. لجعل الأمور أكثر صعوبة، أثناء عملية الانتقَال إِلَى الشقة الجديدة، تم اكتشاف أن ثلاجتي كَانَت أعرض بحوالي ثلاث بوصات مِن الباب الرئيسي.. اقترح عمال النقل أن إزالة إطارات الأبواب الخشبية مقاس بوصتين مِن كل جانب مِن جوانب الباب سيجعل الحركة أسهل.

اتصلت بالمالك لإبلاغه بالمشكلة والخطة البديلة الَّتِي توصلنا إليها. علاوة عَلَى ذلك، أردت أن أكون فِي المقدمة وأن أجعله يدرك أننا سنزيل الإطارات مؤقتا ونعيدها بعد الانتهاء مِن النقل. منعنا المالك مِن إزالة الإطارات الخشبية مؤقتا، واقترح أنه ربما يجب علينا قطع الثلاجة بدلا مِن ذلك.

وبخني العمال "ماذا تتوقع مِن شخص بدائي مثله –يقصدون مالك الشقة - ؟" نعم، لَقَد نسيت أن معظم اليَمَنيين بدائيين ودائما ما يتوقعون ما هو غير متوقع.!

عادل

25

مكتبة

ما أقوله هو أن المَدِينَة لا تصبح مدينة بدون مكتبة.. قد تطلق عَلَى نفسها اسم مدينة، ولَكِنّ ما لم تكن فيها مكتبات، فإنها تعرف أنها لا تخدع روحا.

نيل جايمان، الآلهة الأمريكية

بالإضافة إِلَى الرسائل التي كانت تردني مِن الولايات المتحدة، وجدت الراحة فِي كتابة مذكراتي، وبالطبع في القراءة.

بعد ظهر أحد أيام الجمعة، بينما كُنت أسير عَلَى طول الطريق الدائري بالقرب مِن منزلي لفتت انتباهي وجود مكتبة تطل من الشارع.. لم يكن الامر اللافت وجود المكتبة فقط، بل بسبب اسمها "مكتبة عادل".. أسفل تلك اللوحة الاعلانية كَانَت ثمة لافتة كتب عليها "القراء لا يسرقون واللصوص لا يقرأون".. ترجمة إنجليزية لمقولة عربية تعكس حقيقة أن معظم المكتبات العراقية لا تغلق أبوابها.. معظم المكتبات العراقية لديها

هذه اللافتة عَلَى عتبات أبوابها.

عبرت الطريق دون أن اتعرض للدهس عَلَى يد سائقي اليمن والذين يتصفون بقيادتهم غير العاقلة للسيارات ودخلت المكتبة... نظرة اولى للمكتبة.. مكتبة صغيرة .. متربة وذات رائحة كريهة..نظرة ثانية أعمق كشفت لي عن احتوائها عَلَى العديد مِن الكتب والمجلات والصحف العربية.. الجزء الاكثر تكون مِن الكتب باللغة العربية، فيما الجزء الأقل باللغة الإنجليزية .. عَندَمَا تفحصت إِلَى اغلفة الكتب سألني المالك عما إِذَا كُنت بحاجة إِلَى مساعدة.

أجبته: "لا شكرا"، وواصلت القراءة والتصفح.

فِي زاوية عيني، تحديدا فِي الرف العلوي جهة اليسار ، تصطف عدد من الكتب.. مررت بصري على بعضها: أسطورة سيزيف، السقوط، المتمرد، الغريب، والطاعون ، وكلها تعود للكاتب ألبير كامو. ..بدت الكتب مألوفة .. تذكرت وجود تلك العناوين الَّتِي تم شراؤها لي مِن قبل أصدقائي الأمريكيين أوائل 1980م.. حَتَّى رصها عَلَى الرفوف ذكرتني بكيفية وضعها فِي غرفة نومي، حيث كُنت أضعها بنفس الترتيب تقريبا.

ونظرًا لأن الكتب كَانَت تقبع فِي الرف البعيد والمرتفع والذي يتعذر وصولي إليه، سألت المالك عما إِذَا كَانَ بإمكانه مساعدتي.. نظر إِلَى الكتب مرة والي مرتين.

قال: "هذه الكتب لم يتم النظر فيها منذ سنوات".

قلت له: "لم يكن هَذَا سؤالي".

قال: "لا يتوفر في المكتبة سلّم به اتمكن من الوصول والحصول عَلَى هذه الكتب الآن."

أخبرته : لطالما لا تملك سلّما فبإمكانك أن تصل اليها عبر الصعود من فوق الطاولة فِي المنتصف.

نظر الي مرة أخرى وقال: "هذه مكتوبة باللغة الإنجليزية".

قلت: " أعرف، وهَذَا هو ما دفعني لطلبها ".

شعر بالإحباط وسألني، "هل تقرأ الإنجليزية حتى؟"

قادني سؤاله إِلَى الاعتقاد بأن تصرف معي قد ترك فيه انطباعا بأنني أضيّع وقته فقط.

بعد برهة قلت له: "هذه كتب مثيرة للاهتمام للغاية وأنا أشعر بالفضول لمعرفة سبب انتهاء بها المطاف عَلَى رفوفك".

"ماذا تقصد؟" سأل.

"هل قرأتها؟"

قال: "لا..لم اقرائها لانني ببساطة لا أجيد الإنجليزية..ازيدك من الشعر بيت .. لا أعرف كيف أتخلص مِن تلك الكتب الإنجليزية، لأنها ونتيجة لعدم اهتمام أحد بشرائها باتت مرتعا وحاضنا للاغبرة والأتربة".

بدلا مِن الإجابة عَلَى سؤاله حول قدرتي عَلَى قراءة اللغة الإنجليزية، قلت له: "كُنت أمتلك كتبا مماثلة".

"هل اعتدت عَلَى ذلك؟"

"نعم، قبل المغادرة إِلَى الولايات المتحدة منذ ما يقرب مِن عشر سنوات. عَندَمَا غادرت إِلَى الولايات المتحدة، بعت كتبي مقابل خمسة وعشرين سنتا ..لم يكن في مقدوري أخذها معي ".

تغير نهجه ومعاملته عَلَى الفور.. سألني إِذَا كُنت أعرف المالك السابق للمكتبة.

قلت: "لا، لا أفعل".

قَال لي: "اشتريت هذه المكتبة فِي عام 1990". "أطلق عليها المالك السابق اسم مكتبة عادل، واحتفظت بالاسم كما هو. عَندَمَا سألت المالك السابق عَن الكتب الإنجليزية واسم المكتبة، اجابني أنه اشترى الكتب مِن شاب يدعى عادل وقام بتسمية المكتبة بمكتبة عادل، حيث بدأ عمله ببيع ما اشتراه من كتب ذَلِك الشاب. عَلَى ما يبدو، ذهب هَذَا الشاب للدراسة فِي الولايات المتحدة.. كَانَ هناك حوالي 1500 كتاب إنجليزي فِي البداية، لَكِنّ معظمها قد بيع..بقي حوالي خمسة وسبعين كتابا ".

قلت له: "اعتقدت أنك ربما سميت المكتبة عَلَى اسم ابنك، لأن معظم الرجال فِي اليَمَن يدعون إما علي أو محمد".

ضحك كلانا.

قلت له: "اسمي عادل أيضًا". "هل تعتقد أن هذه الكتب قد أكون مالكها السابق ؟"

قال، "دعنا نكتشف ذلك"، وقفز واقفا على سطح الطاولة..مد يده للرف والتقط كتابين.

تصفح الغلاف الاول والصفحة الثانية من الكتاب ..لاحظ ثمة توقيع وقبل ان يسالني عن صاحب التوقيع قلت له :نعم، كَانَ توقيعي فيها.

كلانا اندهش مِن مثل هذه المصادفة.. عَندَمَا عرضت عليه المال لإعادة شراء كتبي القديمة، رفض أخذ أي منها.. اتخذنا الترتيبات اللازمة لاستعارة كتبي الخاصة، وقراءتها، وإعادتها إليه، حيث لم يكن لدي أي اهتمام بتخزين الكتب الَّتِي كُنت أملكها سابقا.

انتهى بنا الأمر إِلَى أن نصبح أصدقاء حميمين.

في عام 1996، قبل مغادرتي إِلَى كندا مباشرة، ذهبت إِلَى مكتبته لتوديعه. وبطريقة يمنية فكاهية نموذجية، قال: "اذا قررت العودة إِلَى اليَمَن، فلا يمكنني أن أضمن لك أن الكتب ستكون فِي انتظارك!"

نجاة الكتب..

حين أفكر فِي الحرب الَّتِي بدأت في شهر مارس من العام 2015م وأودت

بحياة زهاء 100000 ألف يمني، أجدني متسائلا عما إذَا كَانَ هو وكتبي قد نجوا مِن الحرب أو المجاعة أو الفيضان؟.

26

كم سقطرى في اصابعك..

لَقَد استكشفت جزيرة سقطرى .. لا مثيل لها فِي أي مكَانَ آخر.
الحديقة الجوراسية

بعد عودتي إِلَى اليَمَن، وصلتني مِن أحد أصدقائي فِي الولايات المتحدة بطاقة الهوّية اليَمَنية الخاصة بي ..وعقب وصولها بدأت العمل فِي شركة نفطية كبرى فِي صَنعاء ..ان تحصل على عمل في اليمن بدون بطاقة هوّية أمر مستحيل، وان تسعى كانسان مثلي من اب يمني وام اثيوبية استخراج بطاقة بدل فاقد دون إظهار البطاقة القديمة فهو أمر اكثر صعوبة، قبل وصول البطاقة كُنت يائسا ازاء استعادتها..ما بعد اليأس الا فرج وهو ما كان بعودة بطاقتي الي.

تم تعييني كرئيس لأقسام تكنولوجيا المعلومات والمالية.. انحصر دوري في الاعتناء بشبكات الكمبيوتر المحلية والسفر إِلَى مواقع الحفر البعيدة لتثبيت أجهزة الاتصالات اللاسلكية.. تضمنت وظيفتي العمل كمهندس

اتصالات، حيث قمت بإنشاء محطات فضائية لإرسال بيانات الحفر والجيولوجيا إلَى المقر الرئيسي عبر ترددات راديو عالية. بالإضافة إلَى ذلك، أشرفت عَلَى الأنظمة المالية وقدمت تقارير عَن جميع جوانب عمليات النفط والغاز فِي شركتي فِي اليَمَن.

فقط الشركات الأجنبية مثل شركتي يمكنها التوظيف بشكل عشوائي.. لم توظف الوكالات الحكومية وجميع الشركات المحلية تقريبا سوى أولئك الَّذِين هم مِن أصل يمني اي من اب وام يمنيين.. لم يوظفوا يمنيين مولودين فِي الخارج. فِي حالتي، كُنت الموظف الأكثر جاذبية لأن هذه الشركات الأجنبية كَانَت قادرة عَلَى إنفاق جزء بسيط مِن راتبي مقارنة براتب خبير مِن أوروبا أو أمريكا الشمالية لأداء نفس العمل. لَقَد حصلت عَلَى تعليمي الجامعي فِي أمريكا، علاوة عَلَى ذلك، كَانَ لدي أكثر مِن خمس سنوات مِن الخبرة العملية فِي الولايات المتحدة. لو كُنت أحمل جواز سفر كنديا أو أمريكيا، لكُنت قد كسبت 11,000 دولار أمريكي شهريا، بالإضافة إلَى بدلات الإقامة والنقل.. ومن المثير للاهتمام، أنني كسبت أموالا أقل بكثير مما كُنت أجنيه قبل مغادرتي إلَى الولايات المتحدة.. فِي عام 1984، كُنت أكسب ما يعادل 3,500 دولار أمريكي، وفي عام 1993، لم يكن راتبي 2,000 دولار أمريكي. مع انخفاض قيمة العملة، وهو ما حدث بسرعة، كُنت أكسب أقل مِن 1000 دولار أمريكي شهريا دون أي فوائد. علاوة عَلَى

ذلك، قيل لي إنني لا أستطيع كسب راتبي إلا بالعملة المحلية، وليس بالدولار الأمريكي.. فقط الأجانب يتقاضون رواتبهم بالعملة الأجنبية. سألت لِماذا يتم التقليل مِن قيمتي.. ألكوني يمنيا؟

ورغم حصولي على راتب اقل مما كنت احصل عليه في السابق كما اشرت كَانَ راتبي يعتبر مرتفعا بالمعايير اليَمَنية.. بعض الأجانب الَّذِين عملوا هناك لم يكن لديهم سوى دبلوم وكَانَوا يكسبون من عشرة إِلَى خمسة عشر ضعفا مما احصل عليه.. أعرف ذَلِك لأنني كُنت رئيس قسم المالية وجميع المعاملات مرت مِن خلالي ..بما فِي ذَلِك الرشاوى الَّتِي دفعتها الشركة الأجنبية للمسؤولين اليَمَنيين الفاسدين..

بشكل عام، لم أكن أمانع فِي الراتب، لأن العمل أفضل بكثير مِن أن أكون عاطلا عَن العمل، وهو ما كَانَ عليه الكثير مِن الناس.

كمكافأة إضافية تمكّنت مِن السفر فِي رحلات عمل إِلَى مواقع نائية فِي اليَمَن، بما فِي ذَلِك جزيرة سقطرى.

تقع سقطرى عَلَى بعد 380 كيلومترا (240 ميلا) جنوب شبه الجزيرة العربية، بين قناة جواردافوي وبحر العرب، وهي أكبر الجزر الأربع فِي أرخبيل سقطرى. يبلغ طوله 132 كيلومترا (82 ميلا) وعرضه ثمانية وأربعين كيلومترا (واحد وثلاثين ميلا). تقع المنطقة بالقرب مِن طرق الشحن الرئيسية، وكونها مرتبطة بمحافظة حضرموت، فهي رسميا جزء مِن اليَمَن

عَلَى الرغم مِن أنها أقرب جغرافيا إِلَى إفريقيا.

بصرف النظر عَن الوقت الَّذِي قضيته مع عائلتي، فإن أجمل ذكرياتي عَن اليَمَن كانت في جزيرة سقطرى، فيما ذكرياتي في ميناء المخا فِي المرتبة الثانية.

بينما كُنت أعمل، كَانَت شركة النفط والغاز تقوم بالتنقيب عَن الغاز فِي سقطرى.. خِلَال الرحلات الَّتِي قمت بها إِلَى الجزيرة، عَلَى الرغم مِن أنني والفريق المتخصص الذي انتقل لسقطرى بهدف استكشاف الغاز قضينا معظم وقتنا فِي مواقع الحفر ولم نتوقف فِي المَدِينَة الا للتزود بالوقود وتناول الطعام، إلا أنني سرعان ما تماهيت عشقا بسقطرى ..اذهلني جمالها الفريد.. لَقَد استمتعت بشكل خاص بمناظر المحيط..انها جزيرة سقطرى ذات المناظر الطبيعية الفريدة.

في 1990م، أجرى فريق مِن علماء الأحياء فِي الأمم المتحدة مسحا للنباتات والحيوانات فِي الأرخبيل.. أحصوا ما يقرب مِن 700 نوع مستوطن لا توجد فِي أي مكَانَ آخر عَلَى وجه الأرض. فقط نيوزيلندا وهاواي وكاليدونيا الجديدة وجزر غالاباغوس لديها أرقام أكثر إثارة للإعجاب.

تم تصنيف سقطرى كموقع للتراث العالمي لليونسكو فِي عام 2008 بسبب حياتها النباتية الفريدة، بما فِي ذَلِك أشجار دم التنين وأشجار الخيار وأشجار ورد الصحراء (وتسمى أيضًا أشجار الزجاجات) وأشجار بوسويل، الَّتِي

يستخرج منها زيت اللبان. "لَقَد تم وصفه بأنه" المكَانَ الأكثر غرابة عَلَى وجه الأرض ".

في عام 2001م، قامت مجموعة مِن علماء الكهوف البلجيكيين فِي مشروع سقطرى كارست بالتحقيق فِي كهف فِي الجزيرة. هناك صادفوا العديد مِن النقوش والرسومات والأشياء الأثرية. أظهر مزيد مِن التحقيق أن البحارة الَّذِين زاروا الجزيرة بين القرن الأول قبل الميلاد والقرن السَّادِس الميلادي تركوها. معظم النصوص مكتوبة بالخط البراهمي الهندي. هناك أيضًا نقوش بالخطوط واللغات العربية الجنوبية والإثيوبية واليونانية والتدمرية والبكترية. تشكل هذه المجموعة الَّتِي تضم ما يقرب مِن 250 نصا ورسما أحد المصادر الرئيسية للتحقيق فِي شبكات التجارة فِي المحيط الهندي فِي تلك الفترة.

يعيش معظم سكَانَ سقطرى فِي الجزيرة الرئيسية.. ويبلغ عدد السكان وفق التعداد السكاني لعام 2004، زهاء 50,000 نسمة، يعيش حوالي 20 % فِي منهم فِي حديبو، المَدِينَة الرئيسية.

اتبع سكَانَ الجزر ديانات السكَانَ الأصليين حَتَّى عام 52 بعد الميلاد، عَندَمَا، وفقا للمعتقدات المحلية، غرقت سفينة توماس الرسول هناك فِي طريقه لتبشير الهند. ثم مِن المفترض أنه بنى كنيسة مِن حطام سفينته وعمد العديد مِن السقطريين. بعد ذلك، أصبحت المسيحية الدين الرئيسي

للجزيرة. تبعوا نسطور، رئيس أساقفة القسطنطينية، الَّذِي حرم لاحقا بسبب الهرطقات. ظل السقطريون مخلصين لتعاليمه وانضم إِلَى الكنيسة الآشورية. خِلَال القرن العاشر، سجل الجغرافي العربي أبو محمد الحسن الحمداني خِلَال زياراته أن معظم سكَّانَ الجزيرة كَانَوا مسيحيين.

فِي القرن السَّادِس عشر، أسست سلطنة المهرة السلطة فِي المنطقة، وبعد ذَلِك حل الإسلام محل المسيحية إِلَى حد كبير. "في عام 1800، هاجمت قبيلة الجنوب العربي المتعصبة والمتزمتة، الوهابيون، سقطرى، ودمرت المقابر والكنائس والمقابر عَلَى الساحل حول حديبو". نتِيجَة لذلك، فإن الدليل الوحيد عَلَى المسيحية الَّذِي لا يزال موجودا هو بعض النقوش المتقاطعة مِن القرن الأول الميلادي، وعدد قليل مِن المقابر المسيحية، وبعض أطلال الكنيسة.

خِلَال رحلات العمل إِلَى سقطرى، حلقنا بطائرة صغيرة وطائرة هليكوبتر عسكرية. كَانَ علينا الذهاب إِلَى مواقع الحفر حيث لم تطأ أقدام أي شخص سوى أولئك الَّذِين كَانَوا يعملون هناك. كَانَت المناظر مِن الطائرة والمروحية لالتقاط الأنفاس. ذكرتني المياه والشواطئ بأيام شبابي فِي البحر الأحمر، عَندَمَا كُنت أعيش فِي تعز والحَديدَة، وعلى وجه الخصوص، المخا. ومع ذلك، بالمقارنة، كَانَت المياه فِي سقطرى صافية تماما وكَانَت الرمال بيضاء.

في كل مرة نهبط فيها عَلَى المحيط الهندي.. كُنت أقضي ساعات فِي المشي عَلَى الشاطئ، وجمع العديد مِن الأصداف البحرية، والَّتِي احتفظ بها حَتَّى اليوم.. عَلَى الرغم مِن أن سقطرى جزيرة صغيرة، إلا أنني لم أتمكن مِن استكشافها بالقدر الَّذِي كُنت أرغب فيه لأن وقتنا كَانَ مخصصا إِلَى حد كبير للعمل.

بعد مدة من البحث والتنقيب والاستكشاف تم اكتشاف بعض الآثار فِي الجزيرة..

غادرنا الجزيرة عند انتهاء اعمالنا ..ساعتها أملت ومازلت آمل أن أزور سقطرى مرة أخرى..رغبتي كانت ومازالت جارفة في استكشاف المناطق التي لم يتنسى لي اكتشفها ..أما الاستمتاع بجمالها الخلاب فهو أمر اخر لا يقل عن رغبتي في الاستكشاف.

27

حرب أهلية

الجدار العازل جحيم، لكنه أفضل بكثير مِن الحرب.
جون ف. كينيدي، أغسطس 1961

نهاية العام 1988م وبينما كُنت مقيماً فِي الولايات المتحدة الأمريكية، كَانَت الإمبراطورية السوفيتية تتفكك..لم يكن الاتحاد السوفيتي قادرا عَلَى دعم البلدان الهامشية التابعة له.. نتِيجَة لذلك، أفلس جنوب اليَمَن تقريبا كواحدة من البلدان المدعومة من الاتحاد السوفيتي فِي شهر نوفمبر 1989.. التقى قادة جنوب وشمال اليَمَن واتفقوا عَلَى توحيد البلدين. وبعد توحيد البلدين في 22 مايو 1990، أعلنوا عَن خططهم للمجتمع الدولي.

بعد توحيد البلدين بأشهر قام النظام في العراق باحتلال دولة الكويت – دولة من دول الخليج العربي- ونتيجة لوقوف السلطة اليمنية إلَى جانب العراق قامت السلطات في دول الخليج وبالاخص المملكة العربية السعودية

كرد فعل لموقف السلطة اليمنية ترحيل مئات الالاف من العمال من اراضيها ..

عانى اليَمَن مِن تدهور اقتصادي كبير نتيجة عودة العمال اليَمَنيين مِن المملكة العربية السعودية ودول الخليج الأخرى.. كان اقتصاد البلاد معتمدا على ما يرسله العمال اليمنيين المغتربين في المملكة ودول الخليج ..بعد ترحيلهم تدهور الاقتصاد تدهورا كبيرا.

تفاقم التدهور بخفض الدول الكبرى من حجم مساعداتها الإنمائية.. فيما وضعت عودة ملايين العمال اليَمَنيين البلاد في حالة ضغط كبيرا ، سواء عَلَى البنية التحتية المحلية و الاقتصاد والوظائف..ان عدم القدرة على توفير الملايين من المساكن والوظائف لهؤلاء العمال أدى إِلَى نشوب التوترات الأيديولوجية..زادت من نشوبها حلول موجة مِن النزاعات عَلَى الأراضي، الَّتِي أثارها زعماء القبائل التقليديين عقب عودتهم إِلَى الوطن مِن المنفى.. وبهدف استعادة نفوذهم،شرعوا فِي استعادة الأراضي الَّتِي صادرها النظام الشيوعي. بالإضافة إِلَى ذلك، كَانَ المجاهدون اليَمَنيون (المقاتلون الإسلاميون المنخرطين فِي الجهاد) عائدين أيضًا إِلَى ديارهم مِن أفغانستان.. عَندَمَا وقعت قيادة اليَمَن الجنوبي فريسة لحملات اغتيال فِي أوائل 1990م، ألقى السياسيون في الشمال باللوم عَلَى الثأر الجنوبي، لَكِنّ الاشتراكيين اتهموا الإسلاميين، وعلى نحو متزايد، جهاز أمن الرئيس.

عَندَمَا قرأت خبر الوحدة أثناء اقامتي فِي الولايات المتحدة، شعرت بالحيرة بشأن الكيفية الَّتِي يمكن بها لبلدين اتبعا نظامين مختلفين خِلَال قسم كبير مِن القرن العشرين أن يعملا معا، فالشمال مجتمع قبلي محافظ، فِي حين عانى الجنوب مِن الاستعمار والماركسية.. فاق عدد الشماليين عدد الجنوبيين بنحو أربعة إِلَى واحد. قبل ذلك، كَانَ اقتصاد كلا اليَمَنين يعتمد عَلَى المساعدات والقروض الأجنبية والتحويلات المالية مِن العمال المهاجرين فِي دول الخليج.

عَندَمَا اتحد شمال اليَمَن وجنوبه، تبنت البلاد علما جديدا – العلم الحالي لليمن، والذي يتكون مِن ثلاثة خطوط أفقية: الأحمر والأبيض والأسود.. يرمز الشريط الأسود إِلَى أيام الماضي المظلمة، ويرمز الأبيض إِلَى الأمل فِي المستقبل، ويرمز الشريط الأحمر إِلَى دماء الشهداء الَّتِي سفكها. وعلى الرغم مِن توحيد هَذَا العلم وتبنيه عام 1990 والأمل الَّذِي جاء معه، إلا أن نقطة التحول هذه لم تكن نهاية الاضطرابات المدنية فِي اليَمَن بدل بدايتها.

وفي مثل هَذَا الجو مِن انعدام الثقة بين القيادات، شكلت نتائج الانتخابات البرلمانية عام 1993م إيذانا بنهاية الفترة الانتقالية الَّتِي استمرت عامين..

عدت إِلَى اليَمَن في الفترة الَّتِي تلت الانتخابات والتي حصلت فيها القيادة في الشمال جنبا إِلَى جنب مع الإسلاميين، عَلَى أغلبية مقاعد البرلمان، فيما

الحزب الاشتراكي حصل على مقعد واحد..بالاضافة إِلَى مقعد واحد فِي المجلس الرئاسي المكون مِن خمسة أعضاء.. غاضبا ومذلا انسحب زعيم جنوب اليَمَن إِلَى عدن، وفي عدن اشتكى مِن أن الشمال لم يحترم أو يحترم شروط اتفاقية الوحدة. مع ذلك، اختفى النموذج الفيدرالي الذي أمله اليمنيين.

شهد صيف العام 1994م تنفيذ هجوم عسكري واسع النطاق وبعد شهرين من المعارك الطاحنة أثبتت القوات الشمالية افضليتها على القوات الجنوبية.

في ذروة الحرب اي فِي شهر مايو/أيار، أعلنت القيادة الجنوبية إنشاء كيان جديد ..دولة مستقلة عاصمتها عدن.. لم تطق القيادة في الشمال اعلان القيادة الجنوبية واعتبرته انفصالا فتحركت لتتخذ عدة اجراءات منها طرد القيادة الجنوبية مِن مجلس الوزراء والتشديد على معاقلهم العسكرية فِي عدن، والَّتِي سقطت فِي أيدي القوات الشمالية فِي يوليو 1994..بعد شهرين من المعارك ...

دمرت الحرب الأهلية الَّتِي استمرت لشهرين الكثير مِن التفاؤل الشعبي والذي ترسخ عقب الوحدة بوقوع التحول الديمقراطي.. تكمن مفارقة التوحيد فِي حقيقة أن النخب السياسية الشمالية والجنوبية بدت وكَأنها تعتقد أن التوحيد سيعزز سلطة كل منهما، ولكن أربع سنوات مِن التوحيد

أدت إِلَى تدمير بقايا النظام الاشتراكي واجبار مِن القادة الاشتراكيين عَلَى مغادرة البلاد إِلَى المنفى..لقد دمر الجنوب وتشتت جيشه وبات القوات الشمالية مسيطرة على الجنوب.

كيف أثرت الحرب الأهلية عَلَى حياة الناس اليومية؟

كَانَ الناس لكوني من جنوب اليمني واقيم واعمل في الشمال مثلي عالقين فِي المنتصف.. كُنت مخلصا لقضية الجنوب واحتياجاته. أردتهم أن ينفصلوا عَن الشمال، البلد الَّذِي لطالما واجهت اثناء اقامتي فيه العديد من المشاكل ..كُنت أقيم فِي شمال اليَمَن وكَانَ عملي فِي اليَمَن فِي الشمال. كُنت عالقا بين ولائي لأرض أجدادي (الجنوب) وعملي وحاجتي للبقاء عَلَى قيد الحياة.

لم أكن وحدي. كَانَ العديد مِن الجنوبيين يعيشون فِي الشمال. لم نتمكن مِن دعم الجنوب بصوت عال بسبب الخوف مِن العقوبات القاسية التي فرضها الشمال على كل من يؤيد الانفصال.. لم نتمكن مِن تحمل ما كَانَ يحدث لأقاربنا من الجنوبيين.

لم يتوفر الكهرباء أو الماء للجميع... من كان يملك المال فقط تمكن من شراء المولدات الكهربائية والاستماع إِلَى أجهزة الراديو أو مشاهدة التلفزيون مع طبق الأقمار الصناعية الجديد. خِلَال النهار، تجولنا فِي المَدِينَة لرؤية الأضرار الَّتِي لحقت بالممتلكات والبشر.. غالبا ما كنا نتجمع حول أفراد

الأسرة ونتبادل أخبار الحرب مع أشخاص عَلَى صلة بالسلطات والمسؤولين العسكريين.

بعد الحرب، كَانَت هناك حالات لا حصر لها مِن أولئك الَّذِين لديهم صلات جيدة بالاستيلاء عَلَى الممتلكات فِي الجنوب..علمت لاحقا بان ما اثير عن استيلاء الشماليين لممتلكات الجنوبيين غير حقيقي ..في تلك الاثناء شعر الجنوبيين بان ما حدث هو غزو شمالي وضم قسري للجنوب إِلَى الشمال.. خِلَال ذَلِك الوقت، بلغ معدل البطالة 35 فِي المائة. وعاش أكثر مِن ثلث السكَانَ فِي فقر.

في مقياس عدد الجوعى في العالم حلّت اليَمَن فِي المرتبة الثانية بعد السودان. كَانَ لدى اليَمَن واحد مِن أدنى معدلات توافر المياه فِي العالم، فيما جاءت المرأة اليَمَنية فِي المرتبة الأخيرة فِي مؤشر الفجوة العالمية بين الجنسين الصادر عَن المنتدى الاقتصادي العالمي.. لم يكن الجنوبيون وحدهم فِي انتظار وعد اليَمَن بالازدهار والتطور والَّذِي لم يتحقق بعد بالديمقراطية والازدهار.

28

كاتب عمود صحفي

من خِلَال فرض آراء غير المثقفين تُبقينا الصحافة عَلَى اتصال مع جهل المجتمع.
أوسكار وايلد

بدأت في العام 1993، المساهمة بالكتابة فِي صحيفة اليَمَن تايمز، وهي صحيفة أسبوعية تطبع باللغة الإنجليزية. حين أقنعني رئيس التحرير، عبد العزيز السقاف-توفي بعد عامين مِن مغادرتي اليَمَن للمرة الثانية- بكتابة عمود أسبوعي.. قلت له: "أنا لست كاتبا، وليس لدي ما يستحق مشاركته".

قال: "عادل، أنت خريج علوم وهندسة الكمبيوتر، قضيت سنوات من الخبرة العملية فِي الولايات المتحدة، ولديك المهارات والمعرفة ليس لتثقيف الشعب اليَمَني، بل الأمة بأكملها، إذَا صح التعبير! ..كَانَ يعلم أيضًا أنني شغوف بالقضايا السياسية والاجتماعية.

لم أكن مقتنعا بحجته، لكنني وافقت عَلَى مساعدته، لأنه كَانَ شخصا ديناميكيا..
وعَلَى الرغم مِن كون الصحيفة غير معروفة لغالبية الجمهور وكجزء مِن تدابير البقاء عَلَى قيد الحياة، كَانَ عليه تغيير مسقط رأسه إِلَى اليَمَن. كلانا كَانَ يعرف هذه الحقيقة..أردت مساعدته مِن خِلَال إضفاء بُعد إضافي عَلَى صحيفته الَّتِي هيمنت الشؤون السياسية والاجتماعية على صفحاتها.

***

طلب مني رئيس التحرير عبد العزيز السقاف فِي البداية المساهمة بانتظام فِي كتابة عمود العلوم والتكنولوجيا، ومن المثير للاهتمام اني كُنت قد تخرجت لتوي من هندسة الكمبيوتر وهو الزمن الذي شهد انتشار الكمبيوتر واهتمام الناس به.
كَانَ المزيد والمزيد مِن الناس يشترون أجهزة الكمبيوتر الشخصية لأغراض الاستخدام المنزلي، وشهدت تلك الفترة الزمنية أيضًا إدخال الإنترنت فِي الحياة اليومية.
إحدى المقالات الَّتِي كتبتها لصحيفة "يمن تايمز" تدور حول تاريخ الكمبيوتر الشخصي.
على الرغم مِن أنني تعهدت بعدم الانخراط فِي القضايا السياسية أو الاجتماعية، الا أن الأمر انتهى بي إِلَى كتابة حفنة مِن المقالات الَّتِي لا

علاقة لها بالعلوم أو التكنولوجيا.. المقال الأول كَانَ عَن القات، والثاني عَن النساء وارتداء الحجاب. والثالث عَن امرأة عثر عليها رفقة رجل وسجنت لانتهاكها الدين والقيم الثقافية..أما المقَال الرابع فكَانَ ترجمة لمقَال عربي كتبه عني صديقي جميل الرازحي.. كُنت قلقا، عَلَى الرغم مِن ذلك، لأن المحتوى كَانَ موضوعا ساخنا .. فقد سلط الضوء عَلَى العنصرية وقدم هجوما ضمنيا عَلَى الجنوبيين.. علاوة عَلَى ذلك، نشر المقَال قبل أسابيع قليلة فقط مِن الحرب الأهلية عام 1994 بين شمال وجنوب اليَمَن عَندَمَا كَانَت التوترات تتصاعد.

في النهاية، لم نترجم المقالة بأكملها - فقط نسخة مختصرة.

***

عَندَمَا عدت إِلَى اليَمَن مِن الولايات المتحدة الأمريكية، كَانَ أحد الاختلافات الرئيسية الَّتِي رأيتها فِي حياتي تفاعلي مع اليَمَنيين المولودين فِي البلاد.. بين عامي 1978 و 1984، نادرا ما ارتبطت أو اتصلت بالسكَانَ المحليين. اقتصرت دائرة أصدقائي عَلَى اليَمَنيين الَّذِين عاشوا فِي الخارج والَّذِين ولدوا خارج اليَمَن.

في أوائل 1990م، مع عودة العديد مِن اليَمَنيين مِن دول الخليج والعديد مِن اليَمَنيين الَّذِين سافروا للخارج بهدف الدراسة وعادوا إِلَى ديارهم بعد الانتهاء مِن تعليمهم، بالتزامن مع توحيد البلدين اليَمَنيين، اتسعت دائرة

اصدقائي الَّذِين يمكنني التفاعل معهم... عَلَى الرغم مِن أنني شعرت فِي البداية بالانفصال عَن كل مِن حولِي عند عودتي، إلا أنه بمرور الوقت، تمكّنت مِن التواصل مع العديد مِن الأشخاص أكثر مما كُنت أفعله فِي الفترة السابقة الَّتِي عشت فيها فِي اليَمَن.

ربما كَانَ 80 فِي المائة مِن الأشخاص الَّذِين قابلتهم يتبعون المذهب الوهابي للإسلام، ولَكِنّ كَانَ الكثير من اليمنيين متعلمين مثقفين يتمتعون بخبرة دولية أكثر مِن ذي قبل.. تمكّنت فِي النهاية مِن التواصل مع الأشخاص الذين لهم قواسم مشتركة.

عَندَمَا تفاعلت مع المزيد والمزيد مِن هؤلاء الأشخاص، تمكّنت مِن الاختلاط بحرية دون أن تقيدني العناصر التعليمية الثقافية. كَانَ هناك العديد مِن الأفراد الَّذِين صادقتهم، لَكِنّ جميل الرازحي أبرزهم.

كُنت دائمًا عَلَى وفاق مع أولئك الَّذِين تربطني بهم القواسم المشتركة، لا سيما المولودين في اثيوبيا.. لم أعتقد أبدا أنني سأصادق ناهيك عَن الارتباط بشخص لم يكن حضرميا و / أو لم يولد خارج اليَمَن. ربما كُنت متحيزا، أو ربما لم أتمكن مِن التمييز بين النظام فِي اليَمَن والشعب اليَمَني.. لَقَد محا جميل الرازحي تماما المشاعر السيئة الَّتِي كَانَت لدي تجاه المجتمع اليَمَني، ربما لأنه كَانَ متعلما إِلَى حد ما وقضى شطرا من حياته فِي الخارج، أو ربما لأنني قضيت زمنا من حياتي فِي الولايات المتحدة الامريكية.

نمت صداقتنا بسرعة، صداقة عميقة.. عَلَى مدار سنوات، أمضينا ساعات لا تحصى فِي مناقشة المسائل السياسية والاجتماعية اليَمَنية. قمنا معا بترجمة مقالات مِن مختلف الصحف العربية إلَى الإنجليزية ولخصناها حول الشؤون الجارية فِي البلاد للمديرين التنفيذيين فِي مجال النفط والغاز. عَندَمَا كُنت أكتب مقالات فِي عمود العلوم والتكنولوجيا فِي صحيفة يمن تايمز، أقنعني بالكتابة أيضًا عَن القضايا الاجتماعية، ففعلت.

استمر الرازحي فِي كتابة مقالات نيابة عني حول المعاناة الَّتِي كُنت أعاني منها نتيجة التمييز.. استندت معظم آرائي السياسية عن اليَمَن إلَى المناقشات والقراءات الَّتِي شاركتها معه.. لم يرني بسبب لوني كما الكثير من اليمنيين شخصا أدنى.. لَقَد عاملني كَانَسان متساو واحترمني.. معظم اليَمَنيين الَّذِين قابلتهم كَانَوا بالتأكيد عنصريين بسمات تمييزية غير سارة، لَكِنّ بعضهم لم يكن كذلك. لم يكن في الرازحي عَلَى وجه الخصوص أيّا مِن هذه الصفات، وأنا متأكد مِن أنه كَانَ هناك الكثير مثله ممن لم يتسنى لي مقابلتهم. أشكره عَلَى تغييره لموقفي ونظرتي تجاه اليَمَنيين الَّذِين كُنت أعتبرهم بدائيين وضيقي الأفق وعنصريين.

29

اوسكار

جاءوا للعمل بعيون حمراء ومنتفخة..كَانَوا متعبين وغير قادرين عَلَى إيلاء اهتمامهم الكامل بالعمل.
مسؤول تنفيذي غير معروف فِي شركة نفط وغاز

كَانَ سكار برنارد وهو مدير حفر أمريكي الجنسية - ألتقيت به فِي عام 1992 وتسنى لي العمل معه لبضعة سنوات- الزميل والصديق الَّذِي أعطاني زجاجة الكحول حَتَّى أتمكن مِن وضعه في مكاني وبالتالي يحصل عليه مالك العقار الفضولي..

سافرت مع سكار برنارد كَثِيرًا فِي رحلات عبر طائرات الهليكوبتر إِلَى سقطرى ومواقع الحفر الأخرى. فِي كل لقاء كنا نميل إِلَى التفكير ومناقشة مواضيع حول الولايات المتحدة واليَمَن وكندا.. كَانَ أكاديا تتبع أسلافه إِلَى كندا.

غادر أوسكار اليَمَن عقب اندلاع الصراع..غادر تاركًا مفتاح شقته معي..

كَانَت الشقة ممتلئة بمختلف انواع الطعام..طعام يكفي لإطعام أسرة مدة ستة أشهر.

خِلَال الحرب الأهلية، بينما كَانَ متمركزا فِي ريدينغ بالمملكة المتحدة البريطانية، بذل قصارى جهده للبقاء عَلَى اتصال بنا والتأكد مِن أن فريقي آمن وعَلَى قيد الحياة.. فِي رسائله..شجعني عَلَى البحث عَن فرص للانتقَال إِلَى كندا أو العودة إِلَى الولايات المتحدة، حَتَّى أنه توسّل ألي أن استفيد من الطعام الَّذِي تركه عقب مغادرته اليمن وأن آخذ متعلقاته –تتضمن المتعلقات ساعة رولكس!-.. عَلَى الرغم مِن الظروف القاسية الَّتِي مررنا بها، لم أخذ شيئا .. اعتقدت أنني باخذي تلك المتعلقات سأخون صداقتنا.

لم يعد أوسكار إِلَى اليَمَن بعد الحرب، لَكِنَّه بقي عَلَى اتصال بي. بعد وقت قصير مِن وصولي إِلَى كالجاري فِي مايو 1996، أرسل لي 1500 دولار لشراء سيارة واحتياجات طفلي الَّذِي كُنت أتوقع ولادته في القريب.

لَقَد كتب العديد مِن خطابات التوصية إِلَى القنصلية الكندية لدعم طلبي للهجرة إِلَى كندا..لم يكتف بذلك فبينما كنت في كندا ابحث عن عمل كتب عددًا لا يحصى مِن الرسائل والتوصيات لأصحاب العمل المحتملين!

أثناء وجودي فِي اليَمَن..شجعني عَلَى البقاء قوية. حَتَّى أنه ساعدني فِي تحرير المقالات الَّتِي كُنت أساهم بها فِي صحيفة اليَمَن تايمز.

قضينا العديد مِن عطلات نهاية الأسبوع والأمسيات معا فِي شقته نتحدث عَن أبنائه وزوجته السابقة وتجربته في عزف الموسيقى..لقد كان يعتبرني في مقام اخيه الأصغر.

لطالما تساءل أوسكار عَن القات.. كَانَ يعتقد أنه بخلاف الطعام يعد نبتة طبية لها تأثير مسكن.. كلها تدمر أجسادنا وأرواحنا فِي النهاية.

في تلك النقطة اتفقت معه، قائلاً له: "القات مخدر أيضًا... هَذَا الرأي هو رأي شخصي..رأي شخصي غير مدعوم بالأدلة العلمية... انه فقط يستند إِلَى الحس السليم ..أحب أن اشير إِلَى أن 99 فِي المائة مِن أبناء مجتمعنا اليمني يعانون مِن الاثار الكارثية الناتجة عن تعاطي القات وعلى الاصعدة الاقتصادية و الجسدية والنفسية ".

طلب مني المزيد من التوضيحات حول ماهية القات فقلت له "القات مخدر له مفعوله القوي الخاص..إن له مفعولا قويا بما يكفي لإجبار ملايين الأشخاص فِي اليَمَن عَلَى تخصيص أفضل غرفة فِي المنزل لأغراض تناول القات... معظم المنازل فِي بلدنا لا تحتوي عَلَى مساحات كافية للطهي أو النوم أو الاستخدامات الأخرى، لَكِنّ لتناول فهي تحتوي على مساحات كافية.. القات فرض مكَانَه".

وتساءل "ما مدى أهمية القات بالنسبة للشعب اليَمَني؟".

"إنه له مفعولاً قويا بما يكفي لجعل البالغين - رجالا ونساء - يحشون أفواههم

بأوراق القات والتي لها آثار سلبية عَلَى صحتهم. يبدون أغبياء وقبيحين مع خدودهم منتفخة، وبين الحين والآخر، يتسرب اللعاب الأخضر". سألته:

"هل حاولت التحدث إلَى شخص وفمه مليء بالقات؟"

"لا."

"إذا اقتربت كَثِيراً، فإنك تخاطر بالتغطية بالكثير مِن الأشياء الَّتِي تطير مِن أفواههم أثناء تلعثمهم. ولَكِنّ إِذَا حافظت عَلَى مسافة بينكما، فلن تسمع أو تفهم ما يقولونه".

" ما تأثيره عَلَى المجتمع؟" تابع أسئلته.

"القات يدمر اقتصاد البلاد.. انتشار تعاطيه يعد مضيعة للموارد البشرية.. إنه يضر بأخلاقيات العمل ومكَانَ العمل، يستحوذ على اغلبية الأراضي الزراعية النادرة ".

تساءل: "هل هناك بدائل اخرى يمكن ان تؤدي إلَى التوقف عن تناول القات ؟"

"حاليا لا توجد بدائل.. فالكحول ممنوع بل ومحرم، لَكِنّ مِن المقبول أن يدخن الرجال السجائر.. بسبب آثار القات، لا يولي الناس الأنشطة الاجتماعية والروابط الأسرية والمسؤوليات اي اهتمام.. إِذَا استفسرت فِي مركز الشرطة عَن الخلافات والمشاجرات، فستجد أن معظم الخلافات تنشأ امام قبل أو بعد مضغ القات.. يقضي افراد المجتمع عدة ساعات كل

يوم في مضغ القات دون ان يفعلوا شيئا ..انه إدمان مزمن عَلَى المخدرات

"هل يزرع القات هنا، أم أنه يتم استيراده ؟"

"إنه يأتي مِن شجيرة تزرع فِي جبال اليَمَن، وكذَلِك فِي أجزاء مختلفة مِن القرن الأفريقي وشرق إفريقيا. ربما جنوبا مثل موزمبيق".

"أي نوع مِن الناس فِي مجتمعك يمضغون القات؟"

"ليست هناك حاجة لإجراء دراسة شاملة لإدراك أن 80 فِي المائة مِن سكَانَنا البالغين يمضغون القات..في حين أن الجمهور ومسؤولي الصحة غافلون عَن هذه القضية، فإن القات أصبح بشكل متزايد سلاحا فِي تدمير عقول وأجساد شعبنا. فِي الواقع، ستجد حَتَّى أطباء يعالجون مرضاهم فِي عيادات بعد الظهر وأفواههم مليئة بالقات. يبدو الأمر قبيحا وغير مهني عَلَى حد سواء".

"البقرة المقدسة! هَذَا مارس الجنس!» صاح. "اذا جاز لي أن أسأل، ماذا تفعل للأنشطة الاجتماعية؟"

قلت: "ليس كَثِيرًا.. الأنشطة الاجتماعية الَّتِي لا تنطوي عَلَى القات عَلَى وشك الاختفاء، هذا إن وجدت أصلا.. تدور جميع اللقاءات والاحاديث الاجتماعية في اماكن مضغ القات.. حفلات الزفاف، واحتفالات الميلاد، والعزاء، وتجمعات الأعياد، وعطلات نهاية الأسبوع، وما إلَى ذلك، كلها تحتوي عَلَى مضغ القات كحدث أساسي. السؤال الأكثر شيوعا الَّذِي

يطرحه الأصدقاء عَلَى بعضهم البعض فِي اليَمَن اليوم هو: "أين ستمضغون اليوم؟" نتِيجَة لذلك، يتم تقليل الأنشطة المجتمعية إلَى الحد الأدنى. لا يشعر المجتمع بالضغط لإنشاء حدائق وحدائق ونوادي ومرافق ترفيهية وملاعب وما إلَى ذلك. لا يهتم السكَانَ بهذه الأنواع مِن المرافق لأنهم يمضغون فِي الداخل. أنا لا أمضغها، لذَلِك أقضي وقتي فِي قراءة وتدريس اللغة الإنجليزية لأطفال أصدقائي. هَذَا هو مدى أنشطة وقت فراغي!

"ماذا عَن الجبهة الداخلية؟ كيف يؤثر ذَلِك عَلَى نمط حياة الأسرة؟"

قلت: "حسنا، يقضي الآباء والأطفال ساعات قليلة معا لأن البالغين مشغولون فِي جلسات مضغ القات اليومية. والأمر الأكثر إثارة للقلق هو أن الأسر تنفق عَلَى القات أكثر مما تنفق عَلَى الطعام".

وتساءل "كم مِن المال يستقطع القات مِن دخل الأسرة؟".

"وفقا لبعض تقديرات ميزانية الأسرة، فإنه يستقطع فِي المتوسط تتراوح بين 25 و40 فِي المائة مِن إجمالي دخل الأسرة. تأتي هذه العادة عَلَى حساب المشتريات الأخرى الَّتِي تشتد الحاجة إليها، وخاصة الطعام. لا يحصل الأطفال عَلَى كمية كافية مِن الطعام. ليس لديهم ملابس مناسبة لارتدائها أو ألعاب للعب بها. معظم الآباء، وخاصة الأب، ينفقون الكثير مِن دخل الأسرة عَلَى القات".

" إن القات ينمو فِي اليَمَن. ما هو الأثر الاقتصادي ككل؟"

"التنمية الاقتصادية هِي شريان الحياة للمجتمع اليَمَني، ومع ذلك، فإن القات هو أحد العوامل الرئيسية الَّتِي تبطئ معدل نمونا. يستحوذ القات عَلَى أفضل جزء مِن مواردنا، مثل البشر والأرض. البن العربي الشهير مِن اليَمَن، لذَلِك يمكن أن تفيد صادرات البن العمال واقتصاد البلاد بشكل كبير، لَكِنّ المزارعين يختارون زراعة أشجار القات بدلا مِن زراعة البن. وبما أن القات ليس منتجا زراعيا صالحا للأكل، فإنه لا يساعدنا عَلَى تقليل الطلب عَلَى الأغذية المستوردة. واليوم، يتم استخدام حوالي 1.5 مليون هكتار مِن الأراضي الزراعية الجيدة لزراعة القات. وعلاوة عَلَى ذلك، فإن القات ليس مصدرا مهما لإيرادات الحكومة، كما أنه ليس منتجا قابلا للتصدير".

"القرف المقدس! سيصبح بلدك قريبا حفرة قذرة!» وأضاف بتعبير خائف عَلَى وجهه.

وتابعت: "يتوقف الجهد البشري طيلة وقت تعاطي القات حوالي نصف اليوم كل يوم، بينما يمضغ الناس القات. ولزيادة تفاقم الوضع، يتم أيضًا استخدام جزء كبير مِن النصف الآخر مِن اليوم للتحضير لمضغ القات. ليس ذَلِك فحسب، بل إن مدمني القات لا يستطيعون النوم جيدا، وبالتالي فهم غير مستعدين للعمل فِي صباح اليوم التالي".

قال: "يبدو أنك تعرف الكثير عَن هَذَا الموضوع. هل حاولت التواصل مع

الأشخاص المؤثرين واتخاذ خطوات لتغيير هَذَا النمط القبيح للأفضل؟

"ها!" قلت له: "أنا مشغول جَدًّاً بالبقاء عَلَى قيد الحياة ومحاولة مغادرة هَذَا البلد. ليس لدي وقت لهذا. وفي رأيي، سيكون جهدي مثل محاولة حرق المحيط. أنا أحب اليَمَن، ولَكِنّ ليس الطريقة الَّتِي يتصرف بها الناس هذه الْأَيَّام".

"أرى. يبدو أنك متحمس جَدًّاً وغاضب مِن القضية برمتها».

قلت له: "أنا لست بالضرورة غاضبا فقط مِن القات وحده. إنه يثيرني فقط عَلَى كل خيبات الأمل الأخرى الَّتِي لدي حول هَذَا البلد ".

قَال لي: "أتذكر مسؤولا تنفيذيا فِي قطاع النفط كنا نعمل معه يشكو مِن الموظفين اليَمَنيين. كَانَ يقول دائما إنهم يأتون إِلَى العمل بعيون حمراء ومنتفخة، وكَانَوا متعبين وغير قادرين عَلَى إيلاء اهتمامهم الكامل لعملهم ".

"بالضبط!" قلتُ. "كل هَذَا جزء مِن متلازمة القات!"

دفعتني هذه المحادثة مع أوسكار إِلَى كتابة مقَال آخر لصحيفة يمن تايمز. كَانَ يشجعني دائما عَلَى الكتابة للصحيفة لأنه شعر أنه يجب علي تثقيف الآخرين. كَثِيرًا ما قَال لي، "لديك المعرفة لتعليم الأمة بأكملها. أنت لا تعرف أبدا ما إِذَا كَانَت الأجيال القادمة ستقرأ مقالاتك".

القات مخدر ومعظم اليَمَنيين مدمنون عليه!

لا يمكن لأحد أن ينكر أن اليَمَن هِي واحدة مِن أفقر دول العالم. لَقَد نجت

خِلَال الثلاثين عاما الماضية عَلَى التبرعات والمساعدات الخارجية. كُنت آمَل أن يلتقط هَذَا الجيل القطع ويبدأ فِي إعادة بناء الأمة، لَكِنّ للأسف، القات فِي الطريق.

يعالج آلاف الأشخاص مِن التسمم كل عام لأن المبيدات منتهية الصلاحية أو غير الصحية تستخدم فِي مزارع القات. ويعاني آخرون مِن مضاعفات معدية معوية مرتبطة مباشرة بمضغ القات. وما زال المزيد يعانون مِن مشاكل الأسنان. أعرب العديد مِن الأطباء عَن دهشتهم مِن عدد المرضى اليَمَنيين الَّذِين يعانون مِن مشاكل فِي العمود الفقري. العمود الفقري للعديد مِن اليَمَنيين ليس عموديا. هناك علامات عَلَى أنها تنمو جانبية. وبطبيعة الحال، يقضي العديد مِن اليَمَنيين نصف حياتهم فِي جلسات القات، الَّتِي يجبر خلالها الناس أجسادهم عَلَى الاتكاء جانبا عَن طريق وضع مرفقهم عَلَى الماتكا (الوسائد، بارتفاع ثلاثين سنتيمترا أو اثنتي عشرة بوصة)، ثم دعم وزنهم عَلَى هَذَا المرفق.

الاضطرابات الجسدية والعاطفية فِي اليَمَن كثيرة، ويرتبط الكثير منها بالقات. إِذَا قَال شخص يمني إن القات ليس له تأثير عَلَى سلوكنا، فسأسميه كاذبا. ما عليك سوى مراقبة نشاط الشخص العادي قبل ساعات القات وبعدها، أي الطريقة الَّتِي يتحدث بها ويتصرف بها. أحد أفضل الأمثلة هو النظر إِلَى موقف الناس أثناء قيادتهم إِلَى أسواق القات. إنهم

يسرعون إنهم لا يهتمون بالمشاة أو حركة المرور الأخرى. إنهم يركزون عَلَى وجهتهم ويقودون فِي حالة مِن الذعر.

ومن الجوانب الأخرى ضرب الزوجة والأطفال، الَّذِي أصبح ظاهرة مقبولة فِي المنازل اليَمَنية. يحدث هَذَا الضرب بشكل رئيسي أثناء المساء لأن الأب، بعد مضغ القات، يريد أن يترك وشأنه. أدنى ضجيج أو اضطراب يزعجه. تخيل هَذَا النوع مِن الأشخاص فِي منزل مليء بالأطفال. إِذَا أضفت مطالب الأسرة، خاصة إِذَا كَانَ مستوى الدخل منخفضا، فإن سبب الصراع واضح. وبسبب الأموال الَّتِي ينفقها الناس عَلَى القات، يحرم الأطفال مِن وجباتهم وتذهب أسرهم دون غيرها مِن الضروريات المنزلية. يؤدي نقص المال لتلبية الاحتياجات الأساسية إِلَى نشوب نزاعات منزلية ويزيد مِن ضغوط ومطالب إدارة الأسرة. ليس للنساء صوت، وبالتالي فإن القات والأموال الَّتِي تنفق عليه تخلق شقاقا كبيرا داخل الأسر.

الجريمة هِي نتِيجَة السلوك المنحرف. فِي البلدان المتقدمة، ترتكب العديد مِن الجرائم المتعلقة بالمخدرات والكحول فِي الشوارع. نعم، لدينا عدد أقل مِن الجرائم المرتكبة فِي شوارع المدن اليَمَنية المتعلقة بالقات مقارنة بدول مثل الولايات المتحدة. ومع ذلك، فإن "مدمني المخدرات" لدينا يرتكبون جرائم فِي المنزل وفي المكاتب الحكومية.

يستغل موظفو الحكومة مناصبهم لجمع الرشاوى والمنافع الشخصية.

أصبحت الرشوة مرضا سائدا لدرجة أن معظم الشركات - المحلية والأجنبية - لديها "مصلحون". إذَا نظرت إِلَى حساباتهم، فلديهم دائما إدخالات مثل الإكراميات غير المرئية عَلَى جانب النفقات. إذَا كَانَ لديك أوراق لمعالجتها فِي أي مكتب حكومي، فاستعد للتخلي عَن بعض المال. يطلق عليه حق القات بمعنى القات. إذَا لم تقم بتسليم الأموال أو الموافقة عَلَى تسليمها لاحقا، فستكون هناك تأخيرات متعمدة فِي إكمال الإجراءات الرسمية الخاصة بك، أو قد تختفي الحزمة الكاملة مِن الأوراق.

القات يلحق الضرر فِي كل مكَانَ. قم برحلة سريعة إِلَى مكاتبنا الحكومية، وسترى الموظفين مشغولين بالمضغ. فِي أقسام الإطفاء ومراكز الشرطة وحَتَّى فِي المستشفيات، سترى كبار المسؤولين وضباط الجيش والأمن والأطباء يمضغون. فِي المرة القادمة الَّتِي تقود فيها السيارة، شاهد شرطي المرور. ربما يمضغ أثناء توجيه حركة المرور. أصبح مضغ القات أثناء العمل مقبولا. ادخل إِلَى أي متجر وستجد صاحب المتجر كسولا جَدًّاً بحيث لا يستطيع تحريك مؤخرته أثناء الجلوس عَلَى المرتبة والمضغ.

يجتمع حكام اليَمَن فِي جلسات القات لاتخاذ قرار بشأن كيفية إدارة شؤون الأمة. لا عجب أن كل شيء فِي مثل هذه الفوضى. فِي اليَمَن، أصبح القات جانبا أساسيا مِن جوانب الحياة. يقول البعض أنه لإبرام أي عمل تجاري فِي اليَمَن يجب أن تمضغه. حَتَّى أن اليَمَنيين يقدمون القات بتفاخر لكبار

الشخصيات الزائرة. يا لها مِن مزحة!

أعتقد أننا يجب أن نتعامل مع القات باعتباره المشكلة الثقيلة. عَلَى المسؤولين الحكوميين أخذ القضية عَلَى محمل الجد وتنفيذ خطوات للحد مِن استخدامها. بالطبع، لا يمكن فعل أي شيء بالقوة، ولَكِنّ يجب تعليم الجمهور الضرر الَّذِي يسببه القات لمجتمعنا. كل لحظة هِي الوقت المناسب لمعالجة هذه المشكلة قبل أن تصبح طاعونا.

*

مقالي لم يغير نهج اليَمَن تجاه القات. لم أغير العالم بأي مِن مقالاتي. لَكِنّ صحيفة "يمن تايمز" كَانَت متنفسا رائعا بالنسبة لي خِلَال فترة صعبة. لَقَد أتاحت لي الفرصة للتعبير عَن آرائي حول القضايا الاجتماعية والسياسية ومشاركة معرفتي بأجهزة الكمبيوتر مع مجتمع شعرت أنه بحاجة إِلَى أن يصبح أكثر حداثة وتفكيرا خارجيا.

بعد سنوات مِن انتقالي إِلَى كندا، علمت أن عبد العزيز السقاف توفي في حادث سير عام 1999.

وعلى الرغم مِن مناشدات ورثة الدكتور السقاف لإعادة فتح التحقيق فِي الحادث بسبب مؤشرات عَلَى أنه ربما كَانَ اغتيالا منسقا بعناية، رفضت السلطات فِي عام 1999 القيام بذلك، مما أدى إِلَى سحب إجراءات المحاكمة ضد سائق السيارة. ذكر وليد الابن الأكبر لسقاف وابنته الصغرى

نادية، اللذان كَانَا يديران صحيفة "يمن تايمز" [من 2005 حَتَّى 2014]، فِي أكثر مِن مناسبة أنهما يعتقدان أن الحادث كَانَ مدبرا بسبب كتابات والدهما النقدية المتكررة ضد الرئيس اليَمَني السابق علي عبد الله صالح. لطالما اعتقدت أن شكوكهم كَانَت صحيحة وفي محلها.

30

رأسمالية

من الأسهل تخيّل نهاية العالم على تخيّل نهاية الرأسمالية.
مارك فيشر

لسنوات عملت فِي شركات النفط والغاز والمنظمات غير الحكومية.. اثناء عملي مع هذه المنظمات..شهدت كيف يتم توظيف أموال المساعدات الدولية فِي اليَمَن، وكيف يتم تقديم المنح الدراسية، وكيف يتم التوظيف داخل تلك المنظمات.. لاحظت أيضًا أن الدول الغربية لا تقدم المساعدة للبلدان النامية، إلا إذَا تم الحفاظ عَلَى مصالحها.. فِي معظم الأحيان، عَندَمَا تكون الآراء السياسية غير متوافقة بين تلك الدولة والدولة المستفيدة من منحها ومساعداتها يتم قطع المساعدات.

لي وجهة نظر تعد سلبية حول الاضرار الَّتي تلحقها برامج المساعدات الموجهة للبلدان النامية.. فاستنادا إِلَى ما رأيته وعشته اثناء عملي، نادرا ما

يتم توزيع الأموال توزيعا سليما، وأندر منه ان يتم توظيفها بشكل صحيح وفعّال ..في معظم الأحيان، تظل تلك البلدان النامية أكثر اعتمادا عَلَى الصدقات الأجنبية وغير قادرة عَلَى إعالة نفسها.

المشكلة الحقيقة أنه رغم الموارد الكبيرة لليمن كانتاجه لأكثر مِن نصف مليون برميل مِن النفط يوميا، الا إن معظم الشعب اليَمَني لا يحصل على المياه النظيفة أو المستشفيات ولا تتوفر له البنية التحتية كالمدارس أو غيرها مِن أساسيات الاحتياجات البشرية..

للأسف يتم توجيه ملايين الدولارات إِلَى عدد قليل داخل الدائرة الرئاسية (بما فِي ذَلِك أفراد الأسرة).. أولئك الَّذِين يديرون الشركات ينفقون الأموال عَلَى المعدات العسكرية أو يضعونها فِي استثمارات خارجية.

الأموال الَّتِي يتبرع بها الناس فِي الدول الغربية لصالح تنمية المجتمعات في الدول الفقيرة لا تصل بالضرورة إِلَى المستهدفين.. أعلم أن عائلتي تعاني، لذَلِك أرسل الأموال إليهم باستمرار ... هذه نقطة حساسة بالنسبة لي..

الطريقة الَّتِي تتصرف بها منظمات الإغاثة وشركات النفط والغاز لا علاقة لها بتطوير المجتمع.. هذه الجهات لا تهتم سوى بتوظيف الموارد الَّتِي تحصل عليها أو يتم استخراجها، للصالح الشخصي.

الرأسمالية مفترسة للغاية.. وتنتهج عدة نهج من الافتراس تبلغ ذروتها في العالم الفقير والذي تحتوي ارضه على الموارد النفطية ...انها الطريقة الَّتِي

يستغل بها العالم الغربي البيئة مِن أجل المعادن والنفط ..تشبه الطريقة الَّتِي تتعامل بها الرأسمالية مثل الذي يشرب من كوب ثم لا يتخلص من بقاياه.. يتركه حتى يتعفن وحين يجده يعطه للعالم الفقير.

هذه الشركات الرأسمالية تقوم بطرد السكّانَ المحليين مِن أراضيهم مِن أجل لا شيء.. ينتهي بهم الأمر بالعمل كحراس أو عمال نحر آخرين لشركات النفط، وتعاملهم شركات النفط هذه باحتقار... بمجرد استخراج النفط، تنتهي الوظيفة، ولا تترك تلك الأسرة شيئا.

ما الإِنسانية عَندَمَا تكتفي البلدان المتقدمة بالقلق بشأن وضع القمامة والنفايات فِي المحيط، دون ان توفر الضروريات الإِنسانية الأساسية لبعضنا البعض؟

الأمر لا يهمني فقط كيمني انتمي إِلَى بلد فقير، بل كَانَسان.. أنا لست مناهضا للرأسمالية.. أظن أن الرأسمالية تولّد المزيد مِن الإيرادات وترفع من مستوى الحياة للكثيرين، لَكِنّ يجب أن تكون أخلاقية.

إن النهج الذي تنتهجه الرأسمالية حاليا نهج يبعث على الخوف .. عَندَمَا نفكر فِي كارل ماركس ولينين وغيرهما ممن انتهج نهجا مخالفا ومعاكسا للرأسمالية، نجد أن لينين جلب التغيير في الاتحاد السوفيتي، لَكِنّ السبب فِي أن الناس فِي البلدان النامية لا ينتفضون هذه الْأَيَّام للتمرد عَلَى من

يستغلهم، بل والقتال مِن أجل الحصول عَلَى حياة أفضل .. أنهم لا يملكون الوعي الكافي لمعرفة أن مواردهم يتم سلبها.. المعاناة الَّتِي نشهدها اليوم ربما تكون 100 ضعف مما كَانَت عليه فِي مطلع القرن.. أنا قلق بشأن ما سيفعله البشر.. لن يكون مفاجئا بالنسبة لي أن أرى وضعا آخر عَلَى غرار ألمانيا النازية فِي العالم.. يثور البشر ويدمرون مؤسساتهم بسبب عدم احترام القانون والنظام. عَندَمَا يتوغل الظلم ينفجرون، يثورون.. قد لا يكون لدينا نحن في بلد كاليمن نوع مِن تفكير كارل ماركس اليوم، لَكِنّ ما هو اسوأ مِن الشيوعية قد يفرض نفسه.

إن جشع الرأسمالية مخيف للغاية مقارنة بالجشع والعقلية الرأسمالية الَّتِي انتقدها كارل ماركس وفريدريك إنجلز قبل 100 عام.

صندوق النقد الدولي و الاتحاد الأوروبي و الولايات المتحدة كلهم يمنحون البلدان الفقيرة مساعدات تتوزع بين القروضا والمنح..يقوم عدد قليل مِن المسؤولين المختارين بسرقةهذه الأموال وحفظها فِي البنوك السويسرية.. الجزء المثير للاهتمام هو أنه عَندَمَا يكون بلد ما فِي حالة سيئة ولا يمكنه سداد القروض.. تقول الدول الأكثر ثراء "هَذَا جيد. يمكننا التنقيب عَن النفط". ثم، عَندَمَا تستخرج الدولة الأكثر ثراء المعادن ويقاوم الرئيس المحلي نهب موارد بلده تأتي القوى الخارجية لممارسة السيطرة، وفي بعض الحالات، تفرض حكومة جديدة موالية.

إثيوبيا هِي أحد الأمثلة..خلال السنوات الماضية تلقت اثيوبيا 30 مليار دولار مِن المساعدات المالية من الولايات المتحدة ..ذهبت مباشرة إِلَى جيوب قادة إثيوبيا - حفنة مِن الأشخاص المؤثرين الَّذِين يعملون فِي الحكومة- مِن الواضح أن الأموال مطلوبة لاحداث التنمية داخل البلاد، لكنها لم توظف أبدًا لتحقيق اهداف التنمية.

لذَلِك عَندَمَا نبشر بحقوق الإِنسان وَالِديمقراطية، ونخبر البلدان النامية إن انتخاباتها فاسدة، ولا يمكننا اعادة الأموال الَّتِي يحق لها الحصول عليها، فإنها تلقائيا تتراجع إِلَى الوراء.

وعودة، ففي حين لا يحصل غالبية اليَمَنيين على ما يكفيهم من الطعام ويعانون مِن جراء المصاعب الاجتماعية والاقتصادية، فإن رئيس البلاد ومن حوله ينهبون أموال النفط ويودعونها في حسابات خارجية.. عَندَمَا يستثمر هؤلاء المسؤولون الفاسدون مليارات الدولارات فِي حسابات خارجية، يموت أطفال اليَمَن مِن الجوع والمرض.

البلد بعيد جغرافيا عَن أمريكا الشمالية أو أوروبا. لذَلِك فإن اصوات المعاناة لا تصل لاسماع الغرب.. الأمة نفسها محتلة وفاشلة، إن لم تكن دولة إرهابية. لذلك، فإن سنوات من المعاناة لا تحظى سوى بجزء بسيط ولا يكاد يذكر من التغطية الإخبارية.

لا أقصد أن أكون ناقدا أو ان أقارن، لَكِنّ مِن الصعب ألا أكون كذَلِك لأنني

أفكر فِي هذه المشكلة.

لا يمكنك أن تقنعني إن حال العالم هذه الْأَيَّام أفضل مما كَانَ عليه فِي السابق.. ما رأيته كَانَ الجزء الملتهب مِن الرأسمالية فِي بلد نام. .. لا أجزم بأنني أعرف الحل.. لن ألوم النظام الرأسمالي بالكامل، وبالمقابل لا أريد أن أظهر كشيوعي.. أريد فقط أن أقول وبصراحة بان الموازين غير عادلة.

أتذكر أنني قرأت ذات مرةَ أنه إِذَا كَانَ كل شخص عَلَى هَذَا الكوكب يعيش بمستوى من يعيش في أمريكا الشمالية أو بمستوى الأوروبيين، فسنحتاج إِلَى ثلاثة كواكب مثل الأرض.. أنظر إِلَى عدد الخيارات المختلفة لمعجون الأسنان لدينا، وكمية الطعام الَّتِي نهدرها فِي المطاعم، وما إِلَى ذلك، ومع ذَلِك أذهب إِلَى إفريقيا وأرى أشخاصا بالكاد يحصلون على وجبة واحدة في اليوم..

هل عالمنا في حال أفضل ؟ لِماذا نحن فِي المجتمعات الغربية يجب أن نكون جشعين جدا؟ أن لا تملك شيئا لا يعني أنك محروم مِن السعادة.. لِماذا نحتاج إِلَى حرمان الناس مِن الضروريات الإنسانية الأساسية ..لنكون أكثر سعادة عَندَمَا ندمر الآخرين فِي هذه العملية؟

أمر يؤلمني.. وقع ألمه يزداد ايلاما عَندَمَا اسافر إِلَى إثيوبيا.. إِذَا لم أكتب عَن هَذَا، فلن أشعر بالرضا... أتلقى رسائل بريد إلكتروني وأجري محادثات هاتفية كل يومين تقريبا مع عائلتي في كلا من اليَمَن وإثيوبيا. عَندَمَا أسألهم،

"كيف هِي الحياة؟" يكتفون بالرد "نحن عَلَى قيد الحياة"، لَكِنّ الشيء المهم الَّذِي لا يقولونه لا تكف عدة مجلدات لايضاحه.. إنهم لا يشتكون أبدا. في كثير من الاحيان لا يتوافر لهم الطعام فيضطرون إِلَى اقتراض المال على ان يقوموا بالسداد حين يتسلمون رواتبهم.

"لا تتوافر الكهرباء"، يعترفون لي. "اذا حظينا بساعتين من الكهرباء في اليوم الواحد فنحن نعد محظوظين وسعداء." ..بخلاف ذلك، فهم مترددون فِي قول المزيد ... إنهم لا يتحدثون عَن مدى ارتفاع التضخم.. ومدى بشاعة تردي الاحوال.. يبدو أن الإنكار هو وسيلة تعاملهم مع الضغوط الحياتية وارتفاع التكاليف.

31

الزواج المدبر

أدركت أنني سأجبر عَلَى الهروب مِن المنزل إِذَا حاول شخص ما ترتيب زيجة لي.. لم أرغب حتى فِي التفكير فِي الزواج.
إليزابيث وين

فور عودتي إِلَى اليَمَن مِن الولايات المتحدة، بدأت فِي استكشاف طرق لمغادرة اليَمَن مرة أخرى. فِي الوقت نفسه، كُنت أتوق إِلَى الحصول على شريك الحياة. فبينما استمررت في البحث عَن فرص للهجرة إِلَى أستراليا أو كندا، أو العودة إِلَى الولايات المتحدة، كُنت منفتحا عَلَى العثور عَلَى امرأة مناسبة للزواج.. رغبت في شريك بمعايير متواضعة من مثل.. امرأة تبلغ مِن العمر حوالي ثلاثين عاما، وخريجة جامعية، وربما سيدة حضرمية.
لَقَد غيرت فترة اقامتي فِي الولايات المتحدة وجهة نظري حول الزيجات المدبرة، فقدت الرغبة في الزواج بالطريقة التقليدية المعروفة في اليمن، لَكِنّ خياراتي فِي اليَمَن كَانَت محدودة.. اضافة إِلَى محدودية الخيارات واجهت

اشكالية اخرى ...فِي ضوء ترتيبات اختي السابقة لتزويجي والطريقة غير اللائقة التي أنهيتها، لم تكن لدي الشجاعة لأطلب مِن اختي أن تجد لي شريكة مرة أخرى... شعرت بالحرج، لأنني جلبت العار والعار لعائلتي.

تبقى العائلات الحضرمية عَلَى اتصال مع بعضها البعض وتدعم بعضها البعض كما تفعل القبائل اليمنية، لذَلِك بعد فترة وجيزة مِن عودتي إِلَى اليَمَن، أعدت الاتصال بعائلة باشراحيل، العائلة الَّتِي عملت عندهم والدتي كمربية.. كَانَوا قد عادوا بالفعل إِلَى اليَمَن وكَانَوا يعيشون فِي نفس المَدِينَة الَّتِي كُنت فيها.. تمكّنت مِن توظيف احد ابنائهم كسائق فِي مكَانَ عملي، لذَلِك شعروا بأنهم مدينون لي وكَانَوا يبحثون عَن فرصة لرد الجميل.

بين الحين والآخر، دعوني لتناول الطعام..قضيت عدة أمسيات فِي منزلهم أتحدث عَن الحياة.

كَانَت الأم مغرمة بوَالِدي.. لم تتوقف أبدا عَن الحديث عنه.. بدا أنها تعرف الكثير مِن التفاصيل الحميمة عنه أيضًا .. بقدر ما فعلت زوجة أبي كَانَت تدرك أنني لا أعرف سوى القليل عَن وَالِدي، لذَلِك كَانَت كريمة فِي إشباع شغفي لمزيد مِن المعلومات. خِلَال زياراتي لمقر إقامتهم، ظلت تسألني عَن خططي للزواج، حيث كُنت فِي الثانية والثلاثين مِن عمري فِي ذَلِك الوقت، وكَانَ هَذَا العمر هو المناسب للزواج.

في أحد أيام الاثنين، اتصلت بي فِي العمل وطلبت مني الانضمام إِلَى العائلة

لتناول غداء الجمعة. (يوم الجمعة هو ما يعادل يوم الأحد لبقية العالم، والسبت هو اليوم الأول مِن أسبوع العمل.) وافقت. فِي ذَلِك الوقت، لم يكن لدى معظم اليَمَنيين هواتف منزلية، ولم تكن الهواتف المحمولة حَتَّى جزءا مِن المفردات ناهيك عَن وجودها، لَكِنّ بعض الأسر كَانَ لديها هاتف.. اتصلت مرة أخرى يوم الخميس لتذكيري بغداء الجمعة.. ظننت أنني ربما نسيت وأرادت التأكيد علي .. خِلَال المكالمة، أخبرتني أنها ستعد طبقا يمنيا نموذجيا أحبه (زوربيان، أو كما يسميه الهنود، برياني).

في اليوم التالي، بعد تقديم الوجبة والشاي، مدت يدها إِلَى حقيبتها وسحبت صورتين. "ما رأيك فِي هذه الفتاة؟" تساءلت وهي تدفع إحدى الصور نحوي.

قلت: "إنها جميلة".

أعطتني ابتسامة كبيرة.

"ما الَّذِي يجري؟" سألتها.

أجابت: "لن تحبها".

"حسنا، لم أقل إنني أحببتها.. لَقَد أثنيت فقط عَلَى مظهرها ".

"أعتقد أنه يجب عليك الزواج منها. سوف أسأل أمي. هذه الفتاة أنهت لتوها المدَرسَة الثانوية بنسبة 92 فِي المائة وتخطط للالتحاق بكلية الطب. إنها جميلة وشابة وذكية.. ولدت والدتها فِي إثيوبيا.. إنها تعرف ثقافتك

الأخرى وتحترمك ".

"هل هِي حضرمية؟" سألت.

قالت لا.

سألت عما إِذَا كَانَ جد الفتاة، الَّذِي هاجر إِلَى إثيوبيا، يعرف وَالِدي.

"لا. كَانَت هجرة والدك فِي زمن مختلف عن زمنه .. جدها شخصا متواضع.. لَكِنَّه كَانَ رَجلاً جيدا جدا. هل ترغب فِي التحدث إِلَى والدتها؟ لَقَد عرفت أمي منذ أن كَانَت طفلة.. انتقلت إِلَى اليَمَن فِي سن الثانية عشرة.. كَانَت جدة الفتاة صديقتي أيضًا.. أعتقد أن والدتك البيولوجية تعرف جدة الفتاة".

رضخت بفتور، "بالتأكيد، تحدث إِلَى أمي"، وانتقلنا إِلَى موضوع مختلف.

بعد أسبوع واحد فقط، تلقيت مكالمة مِن عائلة باشراحيل مرة أخرى.

"وافقت العائلة الَّتِي كُنت مهتما بها عَلَى السفر إِلَى مدينتهم لزيارتهم."

"كَانَ ذَلِك سريعا!" قلتُ. "هَذَا جيد."

اقترحت الأم: "ماذا لو كُنت أنت وابني تقودان السيارة إِلَى عدن لمقابلة العائلة؟"

"لماذا؟" سألت. العيش فِي الولايات المتحدة منذ ما يقرب مِن عشر سنوات أعاد برمجة عقلي. بالإضافة إِلَى ذلك، لم أكن أبدا عَلَى دراية بالبروتوكولات المتضمنة فِي الارتباطات فِي البداية، لِذَلِك لم أفهم سبب حاجتي لبدء

الخطوبة مِن خِلَال مقابلة العائلة.

قالت: "لَقَد تحدثت إِلَى الأم بالفعل حول الترتيبات الممكنة". "لم يرغبوا فِي قول أي شيء، حَتَّى تأتي لزيارتهم والتعرف عليك."

"هَذَا منطقي"، وافقت، "لكنني مشغول لمدة اسبوعين باقفال الدفاتر المالية السنوية".

قررنا أن أشق طريقي إِلَى عدن مع ابنها بعد أن يخف عبء العمل.

***

بعد أسبوعين، سافرت أنا وباشراحيل (الابن) إِلَى عدن لمقابلة هذه العائلة.. مكثت في منزل فوزية.. لم أخبرها أو أخبر زوجة أبي مريم عَن الغرض مِن رحلتي.

في اليوم التالي لوصولنا إِلَى عدن، ذهبت لمقابلة العائلة. كَانَ المنزل نوعا مِن الكوخ وكَانَ رثا. أجراس الباب ليست شائعة فِي اليَمَن، لذَلِك عَندَمَا يقترب شخص ما مِن المنزل، فإن عليه ان يصرخ للإعلان عَن نفسه حَتَّى يعرف أفراد الأسرة فِي الداخل أن الزوار قد وصلوا.

بعد الإعلان عَن وصولنا، دعيت أنا وباشراحيل لدخول المنزل.. كَانَ منزلا مِن غرفتين مع غرفة نوم واحدة وغرفة معيشة واحدة.. يبدو أن شرفة أرضية أو فناء مِن نوع ما قد تم تحويله إِلَى غرفة المعيشة، الَّتِي تحتوي عَلَى جهاز تلفزيون. كَانَ ذَلِك فِي نوفمبر/تشرين الثاني، عَندَمَا كَانَ متوسط

درجة الحرارة فِي عدن حوالي 30 درجة مئوية (86 درجة فهرنهايت)، وكَانَ الجو حارا فِي ذَلِك اليوم. كُنت سعيدا بالجلوس فِي غرفة المعيشة، حيث شعرت بالبرودة.

تنتشر المقاعد الأرضية فِي جميع أنحاء العالم الإسلامي... فِي الواقع، إنها تعد جزء من الممارسة الإسلامية ..حيث تتخذ المقاعد للجلوس والنوم وتناول الطعام عَلَى الأرض..مصدر عدها جزء من الممارسة الاسلامية باعتبارها سنة، أي ممارسة جسدها النبي محمد (صلى الله عليه وسلم)، وبما أن النبي محمد (صلى الله عليه وسلم) هو نموذج يحتذى به لجميع المسلمين، فإنهم يتبعون خطاه ويقلدون ممارساته. هَذَا لا يعني أنك لن تجد كراسي فِي منزل مسلم.. إنه يفسر فقط لِماذا يفضل بعض المسلمين الجلوس عَلَى الأرض ولِماذا قد تجد الوسائد متناثرة عَلَى الأرض فِي منزل مسلم.

أيضًا، بالمقارنة مع إثيوبيا والولايات المتحدة، فإن منطقة الجلوس فِي المنزل العربي مختلفة... وبما أنني عربي جزئيا، فإن هذه الاختلافات تعد طبيعية بالنسبة لي ولا تزعجني ..ما لاحظته في المنزل أن الوسائد لم تكن بلون موحد.

كَانَت الساعة على مشارف الثانية بعد الظهر، والأب يستعد لجلسة مضغ القات وسجائره جاهزة أيضًا..لا أطيق السجائر فهي تصيبني بالصداع ..

جلس الرجلان بجانب بعضهما، وتركَانَي فِي زاوية الغرفة بمفردي.. دخان السجائر دائما ما يهيج ويحفز الجيوب الأنفية، لذَلِك كُنت أكثر مِن سعيد لأنهم كَانَوا يتركون مسافة بين كل فرد والاخر.. تبادلنا محادثات قصيرة لمدة ثلاثين دقيقة تقريبا، كسرنا الجليد، وأجرينا حديثا قصيرا حول الرحلة البرية الَّتِي قمنا بها للتو، وما إلَى ذلك... بعد حوالي نصف ساعة، صرخ الرجل لزوجته، "يا مارا!" (يا امرأة!) لَقَد فوجئت بذَلِك لأن معظم الرجال الحضرميين لا ينادون زوجاتهم بهذه الطريقة القاسية والمباشرة.

جاءت سيدة فِي أواخر الثلاثينيات مِن عمرها، ترتدي زيا نموذجيا مِن عدن أو جنوب اليَمَن بشعر مغطى جزئيا، لتسألني بعد الترحيب عَن سفري مِن صَنعاء إلَى عدن.. وبعد ان اجبتها جلست عَلَى مقربة مني ..تبادلنا محادثة بسيطة... رشيقة وكريمة، تتحدث بهدوء وبذهن متوازن.

بعدها ظللنا ولمدة ساعة نتحادث..سألتني عَن دراستي فِي الولايات المتحدة، حيث نشأت فِي إثيوبيا، وكم مِن الوقت مضى منذ أن غادرت إثيوبيا؟. أجبت عَلَى جميع أسئلتها.. عَلَى الرغم مِن أنها ولدت فِي إثيوبيا مثلي، إلا أن لغتها العربية لم تكن مثل أولئك الَّذِين ولدوا فِي إثيوبيا. تحدثت بوضوح، وتم وضع تعليقاتها وأسئلتها بأناقة. كُنت أظن أن ذَلِك يتعلق بمغادرة إثيوبيا فِي سن الثانية عشرة وقضاء معظم حياتها فِي جنوب اليَمَن. تبادلنا أيضًا بضع كلمات باللغة الأمهرية، لم يكن زوجها يعرفها.

قفز زوجها إِلَى المحادثة وسألني عَن الغرض الرئيسي مِن رحلتي. "أسمع أنك مهتم بإحدى بناتي وعلى وشك طلب يدها."

أجبته: "نوعا ما.. فِي الواقع، جئت لمقابلتكم وخلق الانسجام بيننا تمهيدا لطرح ما لدي ".

قاطعني وسألني فجأة: "كم أنت عَلَى استعداد لدفعه؟"

ذهبت الغرفة هادئة. شعرت كما لو أنه لكمني فِي بطني. لم أكن أعرف كيف أرد.

قفزت زوجته بسرعة وقالت: "هل أنت مجنون؟ جاء لرؤيتنا والتعرف علينا. ونحن بحاجة إِلَى التعرف عليه أيضًا.. توقف عَن ذلك!" صرخت فِي وجهه.

أجاب بصوت ناعم، "لِماذا لا نركز فقط عَلَى مسألة المال ونجري مناقشة مفيدة؟"

نظرت فِي عينيه، وقلت: "لم آت إِلَى هنا لشراء امرأة. كَانَ الغرض مِن رحلتي هو التعرف عَلَى بعضنا البعض ومعرفة كيف ستسير الأمور".

شعرت الأم أنني كُنت متوترا، وأن المحادثة لم تسير عَلَى ما يرام.. سيطرت عَلَى الوضع وبدأت تحادثني عَن المكَانَ الَّذِي نشأت فيه، وطرحت المزيد مِن الأسئلة حول عملي فِي صَنعاء.

عَلَى الرغم مِن أنها كَانَت تعرف وسمعت ما يكفي عني، إلا أنها وفِي محاولة

لتخفيف التوتر استمرت فِي طرح المزيد مِن الأسئلة.
حوالي الساعة 5 مساء، أي بعد ثلاث ساعات مِن وصولي إِلَى منزلهم، سأل الأب: "هل الفتيات جاهزات وقادرات عَلَى المجيء لإلقاء التحية؟" .. اجابت الزوجة بانها ستتحقق من جاهزيتهن.. غادرت الغرفة، وعادت بعد عدة دقائق لتجلس فِي نفس المكَانَ الَّذِي كَانَت تجلس فيه...وبعد مرور عدة دقائق، دخل ستة نصفهم من الذكور تراوحت أعمارهم بين ستة وعشرين عاما إِلَى الغرفة وقاموا بتحيتي.. ..كَانَ الصبيان البالغان مِن العمر ست سنوات توأما.. لم أكن أعرف أي واحدة مِن الفتيات الثلاث سأتزوج... لم أر صورتها إلا قبل المجيء لرؤية العائلة.. لجعل الأمور أكثر تعقيدا، بدت الفتاتان الأكبر سنا متطابقتين تقريبا، وكليهما حسنتا المظهر. قلت مرحبا.. ظلّتا هادئتين... لم يتكلم أي مِن الصغار، وبعد خمس دقائق، غادروا جميعا الغرفة معا.. ظللت أسأل نفسي ..أين ينام هؤلاء الأطفال.؟ مع العلم أنه بالإضافة إِلَى الأم والأب وستة أطفال، كَانَ اثنان مِن أفراد الأسرة يعيشان أيضًا فِي نفس السكن.
كُنت اثنائها أعاني مِن صداع الناتج عن شمي للسجائر واشتداد الحرارة، فسألت إن كَانَ بإمكَانَي العودة إِلَى منزل أختي.. تم الاتفاق عَلَى ذلك، ورافقني الأب وباشراحيل إِلَى البوابة الرئيسية ومن البوابة الرئيسية إِلَى الشارع.

عَندَمَا غادرنا الباب الرئيسي، صادفنا شقيق الأب الأصغر.. قدمني الأب عَلَى أنني خطيبة ابنته، ومن المحتمل أن يقترح الزواج مِن ابنته.. حييت الأخ بابتسامة قصيرة، لَكِنّ تعليق والد زوجتي المستقبلي لم يكن جيدا معي, لأنني لم أقترح أو أقبل أي اتفاقيات بعد.. غادرت منزله مستاءً من تعامله مع الزواج المحتمل عَلَى أنه تبادل للسلع ..شراء وبيع امرأة بدلا مِن الترتيب اللائق والمحترم.

بينما كنا فِي طريقنا إِلَى منزل أختي، أخبرت باشراحيل بمشاعري المضطربة تجاه والد زوجي المستقبلي... رددت تعليق والدها حول المال وأضفت: "كُنت حزينا ومستاءً لأنه سألني عن مدى استعدادي لدفع ثمن ابنته". فِي الواقع، شعرت بالفزع لسماع مثل هَذَا التعليق منه.

ظللت أكرر على باشراحيل ما قاله حَتَّى افحمني باشراحيل بالقول "أنت لا تتزوجه. أنت تتزوج ابنته. انظر إِلَى والدتها".

وأضاف: "أنت تعرف ما يقَال عَن الفتيات - تعرف عَلَى الأم أولا قبل التقدم لخطبة الابنة".

قلت: "أنا أفهم. الأم سيدة جميلة، لكنني لا أطيق هَذَا الرجل".

أخبرته أنني كُنت مخطوبا لفتاة حضرمية فِي الماضي، في تلك الخطبة لم يتم ذكر المال أبدا. فِي الواقع، شعرت عائلتها بالحرج لسماع ما قدمناه.. كَانَت أختي هِي الَّتِي حددت المهر، ولم يناقشها أحد عَلَى الإطلاق.

قلت: "هَذَا أمر لا يصدق".

باشراحيل رجل قليل الكلمات. قَال ببساطة: "نحن الحضارم مختلفين.. لدينا أخلاقنا وبروتوكولاتنا الخاصة.. تذكر أن هَذَا الرجل قد يكون مضطربا عقليا..فكما تعرف معظم اليَمَنيين لا ينخرطون فِي الموضوع بالطريقة الَّتِي فعلها.. دعونا نأمل أنه أخطأ فِي الكلام وأن الأمر برمته كَانَ مجرد حادث مؤسف ".

شاركت لقائي مع زوجة أبي مريم عند عودتي إِلَى منزلها.

نصحتني "يا بُني، إِذَا كنت مرتابا تجاههم وبشعور سيء تجاه والدها خاصة فتوقف.. لا أستطيع أن أخبرك بمن يجب أن تتزوج أم لا، لَكِنّ ثق بمشاعرك الغريزية ".

بسرعة، رغبت في التعرف عَلَى الأم والفتاة نفسها... الأهم مِن ذلك، سألت كيف انتهى بي المطاف إِلَى تلك العائلة... أخبرتها القصة كاملة..

بعد ان استمعت للقصة كاملة قالت "أتمنى أن تتزوج بفتاة حضرمية.. إِذَا قمت بالتقدم لحضرمية، عَلَى الأقل يمكننا أن نسأل الناس عَنها وعن اسرتها ونستوثق منهم قبل المضي في الخطبة ومراسم العقد".

قلت لها: "الفتاة جميلة كما أنت". ضحكت.

***

عند عودتي إِلَى صَنعاء، اتصلت بي عائلة باشراحيل واخبرتني بأن الأسرة

وافقت عَلَى تزويجي لابنتهم.. صمتت.. كَانَ افتقاري إِلَى الحماس في المضي في هذه الزيجة يقلقني، لَكِنّ ما زاد فقدي للحماسة وزرع في المخاوف في سرعة موافقة عائلة الفتاة، بل ورغبتهم الجارفة الانتهاء من الزواج.. عَندَمَا أخبرت عائلة باشراحيل عَن مخاوفي، غمروني بتوضيحات وتبريرات... فِي الواقع، وصفوا والد زوجتي المستقبلي بأنه غير مستقر نفسيا ومرتبك.. اقترحوا ألا أولي الاهتمام لما قاله ..

علمت لاحقا بأن حفل الزفاف سيقام في وقت قصير، لأن تأخير الأمور بحسبهم لم يكن جيدا أبدا.

كُنت أخشى نقل الأخبار إِلَى اخواتي وبقية أفراد أسرتي، لأنني قمت بالترتيبات دون علمهم ومشاركتهم.. سيصابون بخيبة أمل.. كُنت قلقا أيضًا بشأن التراجع والمخاوف الَّتِي قد تكون لديهم بشأن اتخاذي زوجة لا يعرفون عنها شيئا.

الزواج شأن عائلي ولا يعد شأن الزوج والزوجة فقط.. أنه ينطوي عَلَى اتحاد عائلتين.

تمنت اخواتي حظا سعيدا، ولَكِنّ مع بعض التحفظات .. لم يرغبوا فِي الأدلاء برأيهم ، لأنهم كَانَوا يعرفون أنني عنيد ولن أغير رأيي.. كَانَوا فِي حيرة مِن أمرهم حول سبب قيامي بالزواج مِن هذه الفتاة، مع العلم أنني كُنت أستعد بالفعل لمغادرة اليَمَن إِلَى أستراليا أو كندا أو الولايات المتحدة.. كما

أنهم لم ينسوا ما حدث قبل حوالي أحد عشر عاما، عَندَمَا اختفيت بعد تحديد موعد الزفاف وتوزيع بطاقات الدعوة. لكنهم، رغم ذلك كَانَوا سعداء بزواجي مِن فتاة يمنية، آملين ان الزواج من يمنية قد ينسيني رغبتي المتقدة في مغادرة اليمن.

تمنوا لي التوفيق ..ولعدة مرات كرروا امنياتهم تلك، لَكِنّ دون حماس.!!

32

حفلات الزفاف

يتزوج الرجال لأنهم متعبون، والنساء لأنهن فضوليات.
أوسكار وايلد

في اليوم الموافق لـ26 يناير/ كَانَون الثاني من العام 1995م، وقعت أنا ووالد زوجتي عقد الزواج وبدأنا فِي اتخاذ الترتيبات اللازمة لإقامة حفل الزفاف..حفل فِي عدن، حيث يقيم جزء كبير مِن عائلة زوجتي، وحفل اخر فِي صَنعاء. كَانَ بإمكَانَ أفراد عائلتي الَّذِين كَانَوا يعيشون فِي جنوب اليَمَن حضور الحفل الأول، حيث والسفر إِلَى العاصمة صنعاء مكلف للغاية. علاوة عَلَى ذلك، كَانَت أيضًا فرصة لجمع الشمل بين شقيقتي وان تعذر جمع شملهما بامكان كل واحدة ان تحضر الحفل الذي لا تحضر اليه الاخرى.

كما جرت العادة، في الحفل الأول تعاونت مع والد زوجتي إِلَى ان وصلنا إِلَى لحظة كتابة عقد الزواج ..حضر المأذون وهو الشخص المخول باستكمال

عقد القران .. ضم المأذون يدي بيد والد زوجتي، وبعد ان لفهما بقطعة قماش بيضاء، وبارك حفل الزفاف. تم قراءة نص الزواج والتوقيع على العقد .

قبل التوقيع ، سأل المأذون العروس عَلَى انفراد عما إِذَا كَانَت موافقة عَلَى الزواج...اذا اجابت العروس بلا أو شعر بانها مجبرة فلن يستكمل المأذون اجراءات عقد الزواج.. ان تلك الاجراءات تعد ركنا من أركان مِن الزواج الإسلامي.

شهد الحفل الأول في عدن حضور أكثر مِن 300 سيدة، وكُنت الذكر الوحيد المسموح له بدخول قاعة الزفاف.. اقتربت مني إحدى السيدات الحاضرات وقالت لي: "تبدو أفضل بدون نظارات"، وأزالت نظارتي.. نتِيجَة لذلك، لم أستطع رؤية أي مِن السيدات وهن يرقصن!

كنت مرهقا ..ربما بسبب اني كنت مريضا في المساء السابق للحفل او ربما لأنني كُنت مرهقا جسديا ونفسيا..لكم تمنيت أن تنتهي الحفلة بسرعة، ولكن الحفل استمر لخمس ساعات..شعرت بالارتياح عَندَمَا انتهى..عَندَمَا غادرنا إِلَى الفندق، كَانَ المصور يتبعنا وكَانَ يواصل التقاط الصور... لم يكن يريد مغادرة غرفتنا فِي الفندق.. أتذكر بوضوح أنه أدلى بتعليق لمصور آخر، الشخص الَّذِي يحمل الفلاش، قائلا باللغة الإنجليزية: "لم يجدوا رَجلاً يمنيا أفتح لونا ليتزوج هذه الفتاة الجميلة مِن هَذَا الرجل الداكن؟" لم يكن

يعرف أنني أتحدث الإنجليزية.. تظاهرت بأنني لم أسمعه... كَانَ علي أن أطلب منه بأدب المغادرة، لأنني بالكاد أستطيع الوقوف.

أقيم حفل الزفاف الثاني فِي فندق الشيراتون فِي صَنعاء وكان حفلا مختلطا اي ضم الجنسين ..ووفقا للتقاليد الإثيوبية... تكونت الفرقة الموسيقية مِن مجموعة مِن الفنانين الإثيوبيين - تخلوا عَن سفينة تابعة للبحرية الإثيوبية فِي البحر الأحمر ولجوء إِلَى اليَمَن- لَقَد استمتعت تماما بالرقص عَلَى انغام الأغاني الإثيوبية... كَانَت الحفلة رائعة..شهدت حضور زملائي فِي العمل مِن المملكة المتحدة البريطانية والولايات المتحدة الأمريكية وكندا ودول أخرى.. أحضر البعض مشروباتهم الكحولية فِي زجاجة كوكا كولا، حيث لم يكن الكحول متاحا... رقصنا طيلة الليل. كَانَ هَذَا الحفل أفضل جزء مِن زواجي بأكمله.

***

اقامة حفلي زفاف لعرس واحد أمر شائع فِي اليَمَن، ومع ذلك، لم يكن حفل زفافي يمثلان ما يحدث عادة. كَانَ حفل زفافي الأول نموذجيا لأحد احتفالات الزواج التقليدية الَّتِي تقام فِي اليَمَن ولا يختلط فيها الرجال بالنساء، من الشائع إقامة حفل زفاف فِي المساء فِي قاعة زفاف بحضور النساء فقط باستثناء العريس.. الرقص هو جزء أساسي مِن هَذَا الاحتفال. في التقاليد اليَمَنية، عادة ما يقام احتفال آخر للرجال فقط خِلَال فترة ما

بعد الظهر فِي نفس يوم الزفاف "للسيدات فقط". يجتمع الرجال عند الظهر لتكريم العريس.. يتم ذبح وطهي ثلاثة أو أربعة معيز..عدد الماعز المذبوح والمطبوخ يعتمد عَلَى عدد الأشخاص الَّذِين يحضرون، يجلس الرجال ويمضغون القات. عادة ما يعزف شخص ما عَلَى العود، ويغني الحاضرون ..يرقصون ويتحدثون أثناء مضغ القات. ومع ذلك، قررت التخلي عَن حفل الزفاف اليَمَني الثاني. ولأن القات لم يكن (ولم يكن) جزءً مِن حياتي، وبسبب تراثي الإثيوبي، اخترت إقامة حفل عَلَى الطراز الإثيوبي فِي صَنعاء، بدلا مِن هَذَا النوع مِن التجمعات.

***

بعد مضي اسبوعين من شهر العسل قضيناهما في عمان بالأردن اكتشفت أن هَذَا الزواج لن يصل إِلَى الشاطئ.. وجدت زوجتي تتصرف كما تتصرف من تصغرها عمرا بكثير..ثمة فجوة ثقافية بيننا.. لم يكن هناك ما يدفعنا ويحضنا على الحديث .. لم يكن ثمة أرضية مشتركة تجمعنا .. كَانَ مِن الواضح أنها كَانَت محمية للغاية ومعارفها وخبرتها عن العالم صفر .. كُنت أدرك أن معظم النساء فِي اليَمَن لا يتمتعن بالكثير مِن الحقوق، لكنني وجدت أن هَذَا وضعي مختلف تماما... كُنت أبحث عَن شريك، لَكِنّني لم أجد ما ابحث عنه، بل وجدت شريكة (طفلة) مضطر إِلَى اعادة تأهيلها حتى تكون شريكة، بدلا مِن بناء أسرة مع شريك متساو.

قبل أسبوع مِن حفل زفافنا حدث وان تشاجرنا.. كُنت قد حجزت قاعة ودفعت ثمنها، حيث كَانَ مِن المقرر أن يتم الحفل فِي عدن، لَكِنّ صديقاتها أخبرنها عَن قاعة آخرى اعتقدن أنها أفضل.. ضغطت علي لتغيير القاعة .. تجادلنا وزاد جدالنا متحولا إِلَى شجار نتيجة عدم اهتمامها بأن رسوم ايجار القاعة قد دفعت بالفعل وهي قابلة للاسترداد.. لم تتفق معي عَلَى أنه لا معنى لخسارة المال المدفوع لحجز القاعة وإنفاق أموال اخرى عَلَى حجز قاعة اخرى.

كَانَ حدسي وعبر ارساله لعلامات تحذيرية يخبرني أنه لا ينبغي لي الاستمرار فِي هَذَا الزواج، لكنني تجاهلت علامات التحذير تلك.. كُنت فِي الثانية والثلاثين مِن عمري- فِي الثقافة اليَمَنية ان تبلغ الثانية والثلاثين من عمرك دون زواج أعزبا، فهو أمر مستهجن- تذكرت مدى سوء تعاملي مع فسخ خطبتي السابقة بانتصار، شعرت أن إنهاء هذه الزيجة أيضًا سيجلب المزيد مِن العار لعائلتي.. يجب علي المضي قدما فِي حفل الزفاف.. لم أكن أعلم أن هَذَا الشجار الذي اندلع بيني وبينها حول القاعة كَانَ الأول مِن بين سلسلة طويلة من الخلافات المماثلة.

بمجرد عودتنا إِلَى اليَمَن وانتهاء شهر العسل، اتصلت بهند لأخبرها أنني ارتكبت أكبر خطأ فِي حياتي. سألت ما الخطأ فأجبتها "لَقَد تزوجت المرأة الخطأ"، اعترفت، وحاولت شرح تجربتي.

كَانَت أختي تعيش فِي مدينة مختلفة، نصحتني: "أعطها الوقت، فهي مازالت صغيرة في السن تبلغ مِن العمر تسعة عشر عاما، وأنت في الثانية و الثلاثين... هناك فجوة مدتها ثلاثة عشر عاما بينكما.. تذكر أنك ولدت خارج اليَمَن وغادرت البلاد لمواصلة تعليمك وشغل وظائف مهنية فِي كل مِن اليَمَن والولايات المتحدة، فيما هي لم تتح لها ما أتيح لك ..يجب أن تتحلى بالصبر معها. ".

اختتمت كلامها بالقول "إنها صغيرة وطرية العقل .. يمكنها مع الوقت أن تتعلم.. إنها فرصتك لتشكيل شخصيتها على النحو الذي يناسبك .. بإمكانك بقليل من التروي والتعامل الجيد ان تجعلها زوجة عاقلة وعملية ".

قلت لها: "هذه مسؤولية كبيرة.. أحتاج إِلَى زوجة ..شريكة متوافقة ومتفقة معي على تكوين أسرة والتقدم فِي الفكر والسن معا ".

أنهت المحادثة بالقول: "اللعنة عَلَى هؤلاء الأمريكيين! لَقَد غسلوا عقلك! مِن الأفضل أن تتخلى عن تلك الثقافة التي اكسبتها في الخارج والتي لا تنسجم مع ثقافتنا.!

أكدت بصوت حازم: اترك تفكيرك الغربي حيث وجدته.. نحن هنا عرب وثقافتنا مصدرها الاسلام.. مع تمسكك بهذا التفكير غير المجدي لن تنجح معها ..توقف، والا سينتهي بك الأمر إِلَى جعل حياتك بائسة ".

33

تخلّي..

اربط الأحزمة جيدا، فأنت تحلق في السماء ..سنطير بك لنريك مآسي شعب وقّع عقدا مع الموت.
نوفيوليت بولاوا

الحرب الأهلية اليَمَنية، والمعاملة الدونية لسلطة اليمن الشمالي لأبناء الجنوب اليمني، واستمرار سوء معاملة المولّدين جعلت مِن المستحيل بالنسبة لي الاستمرار فِي الإقامة فِي اليَمَن.. لم تكن اليَمَن ببساطة مكَانًا صالحا لأسرتي وقضاء بقية حياتي.. لم أكن قادرا حَتَّى على حماية أسرتي. في أحد أيام شهر أغسطس/آب 1995، كُنت أنا وزوجتي نعود ادراجنا إلَى المنزل مِن منزل أحد الأصدقاء.. لم تكن سيارتي متاحة في ذلك الحين، ومنزل الصديق لا يبعد كثيرا عن منزلي.. قررنا السير، واثناء ما كنا نسير قفز ضابط أمن مدني مِن سيارته الرياضية متعددة الاستخدامات وبدأ يتبعنا.. تأكدت مِن تغطية زوجتي كي لا يتمكن مِن رؤيتها، وكي لا تلاحظه

أبقيتها مشغولة باحاديث جانبية ..
اقترب وفي محاولة لإخافتي أشهر مسدسه فِي وجهي ، وحتى اتجنب الوقوع في اي مشادات تجنبته مواصلين السير إِلَى المنزل.
عند وصولنا إِلَى البناية التي نسكن في احدى شققها، استقبلنا الحارس.. دخلنا الشقة والواقعة في الطابق الاول وأغلقنا البوابة خلفنا .. كنا نأمل أن تكون هذه نهاية المطاردة، لكنها لم تكن النهاية..اذ وقف الضابط يتصارخ مع الحارس ،،لم اتمكن من سماع تصارخهما مِن نافذة غرفة المعيشة .. اكتفيت باختلاس النظر مِن خِلَال الستائر.
كَانَ ضابط الأمن المدني لا يزال واقفا عند البوابة يتحدى الحارس..يهدد الحارس بالعقاب ان لم يسمح له بدخول البناية...أوحى له بان للأمر علاقة اشتباه ..ساعتها قررت الخروج ومواجهته..
ذكرت للحارس أنني لاحظت الضابط يلاحقنا، وسألت الضابط إِذَا كَانَ هناك أي شيء عَلَى وجه الخصوص يبحث عنه.. طلب بطاقة هويتي، وسألته لِماذا يحتاج إِلَى رؤيتها؟.
أجاب: "أنا مِن قسم الأمن المدني، وعَندَمَا أشك فِي شيء غير طبيعي، تقع عَلَى عاتقنا مسؤولية التحقق".
سألت عَن نوع الانتهاك الَّذِي اشتبه بي.. لم يكن يريد أن يسمع أسئلتي. فِي الواقع، كَانَ مندهشا لأنني كُنت شجاعا بما يكفي لأطلب منه أي شيء

بدلا مِن مجرد إطاعة طلبه. ذكر لي الحارس أن الضابط اشتبه فِي أنني قواد صومالي وأن زوجتي عاهرة أردنية.

"ما الَّذِي يجعله يفكر بهذه الطريقة؟" سألت

"إنه يستفزك بهدف اعتقالكما.. قلت له إنك شخص حضرمي محترم وزوجتك مِن عدن. مع ذلك، لم يستمع الي ".

أخرجت بطاقة هويتي اليَمَنية وسلّمتها للضابط.. طلب الأصل. (في اليَمَن، كنا نقوم بتصوير نسخة ورقية طبق الأصل مِن بطاقة هويتنا ونحملها معنا، محتفظين بالنسخة الأصلية فِي المنزل وذلك من باب الحرص).

"هذه نسخة طبق الأصل، وهَذَا كل ما يمكنك الحصول عليه."

طلب عقد زواجي.. أخرجت نسخة طبق الأصل مِن عقد الزواج وسلمته له... بعد فحص كلتا الوثيقتين، أعادهما الي..في تلك الاثناء، خرج المالك من شقته وبدأ فِي الاستفسار ..وحالما علم بما يحدث غضب مِن الأمر وأمر الضابط بمغادرة المنطقة المجاورة.

اذا لم نتمكن من العودة إِلَى المنزل فِي الوقت المناسب ونحصل عَلَى دعم حارس المبنى والمالك، لكنا في خطر عظيم.

كَانَت هذه مجرد حادثة واحدة. من عدة حوادث، اتذكر ان جميل الرازحي كتب مقال عن احدى الحوادث التي وقعت لي

المقال:

في أبريل 1994، كُنت أقود سيارتي إلَى المطار لاصطحاب ابنة أخي وزوجها.. كَانَوا قادمين مِن حضرموت لقضاء شهر العسل فِي صَنعاء. أوقفني رجل يدعي أنه ضابط شرطة.. لم ارتكب مخالفة مرورية حتى تكون سببا في ايقافي، كَانَ بحاجة إلَى بعض المال.. فِي كثير مِن الأحيان، فِي هذه الحالات، كُنت أسمح لضابط الشرطة بالدخول إلَى سيارتي، وأقوده حول المبنى، وأعطيه بضع مئات مِن الريالات، ثم أطرده مِن السيارة.

هذه المرة، لسبب ما، قررت عدم إعطائه أية أموال..وامام اصراري على عدم اعطائه شتمني بالفاظ عنصرية ..ملت إلَى مواجهته. أعد قصيرا بمعايير أمريكا الشمالية..يمكنني التغلب عليه وعَلَى أي رجل يمني، لكنني تراجعت خوفا من عقوبة مهاجمة ضابط مسلح يرتدي زيا عسكريا والتي في العادة تكون قاسية..بقيت حازما وهادئا في نفس الوقت.

بدلاً مِن ذلك، قدت سيارتي إلَى أقرب مركز شرطة لإبلاغ رؤسائه عنه.. بعد أن شرحت الوضع، قرر الضابط الأعلى فِي المركز، والَّذِي كَانَ أيضًا فاسدا مثل الأول حجز سيارتي.

لم يكتفي بالحجز، بل طلب مني دفع النقود مقابل الإفراج عَن سيارتي. كُنت غاضبا.. لم يكن هذا الإجراء المنصف الَّذِي توقعته مِن السلطات.. قلت له : "أنا أدفع الضرائب لتمويل راتبك، ومن غير المقبول تماما أن تطلب مني المال لمجرد أنك تستطيع".. وقف الضابط مِن كرسيه وقَال لي:

"لا تجعلني أعتقلك وأضعك فِي الحجز!"

غادرت مركز الشرطة دون أن أخاطر.

اتصلت بأمين باهمام، وهو صديق وأحد أفراد الأسرة، وشرحت له ما حدث.. طلبت منه ايصالي إِلَى المطار. قال: "عادل، مشكّلتك أنك لا تزال تتعامل مع الناس من حولك كما لو كُنت فِي الولايات المتحدة. هَذَه هي اليَمَن... ليس بها قواعد أو نظام قضائي كما أمريكا...واؤكد لك لن يكون لها ولو 1000 الف عام ".

ومن باب تخفيف وقع ما انا فيه قص طرفة "وفقا للأسطورة الشعبية، تأسست صَنعاء على قاعدة جبل نقم بيد سام ابن نوح قبل سبعة الف عام.. قرر سام في زمننا الحالي العودة إِلَى الأرض لرؤية كيف تطورت الحياة عَلَى هَذَا الكوكب.. حلق في سماء الارض فرأى ان امريكا قد احرزت تقدما كبيرا ..وبالمثل اوروبا ..وعندما حلق في سماء الجزيرة العربية رأى ان صنعاء وناسها كما تركهم قبل 7000 الف عام دون اي تغيير"!

قلت لباهمام: "نحن بحاجة إِلَى تغيير هذه الأنظمة الفاسدة التي دمرت البلاد وجعلت ابنائها في القاع"...تحمست ..سأكتب ورقة بحثية رئيسية في هذا الشأن لزيادة الوعي.. يجب أن تتطور اليَمَن".

رد برتابة "هذه قضية خاسرة. أنت تضيع وقتك".

عدت إِلَى مركز الشرطة حيث تحتجز سيارتي واضطررت في مساعيي

الإفراج عَن سيارتي إلَى دفع المزيد مِن الرشاوي، بالإضافة إلَى مساعدة الضباط المؤثرين.

***

كُنت عَلَى علم بالعديد مِن عمليات اهانة واذلال الصوماليين أو اليَمَنيين المولودين فِي أفريقيا أو اللاجئين الإثيوبيين..

عَلَى المرء أن يكون دائما فِي حالة تأهب فقد يتعرض للاهانة والعنصرية في اي وقت..

الى متى سأظل في هكذا وضع وحال؟!

***

بحلول عام 1995، قمت بتضييق نطاق اختياري للبلدان الَّتِي كُنت أفكر فِي الهجرة إليها..انحصرت خياراتي في الولايات المتحدة وكندا وأستراليا.. شاركت جون ريس مِن كالجاري بكندا ، وهو أحد الجيولوجيين وزميلي فِي شركة النفط فكرتي تلك.. قضينا الكثير مِن الوقت فِي التحدث في الخيارات.

انحصر شغلي الشاغل في البحث عَن فرص عمل.. قررت ان اي فرصة تتاح لي سأقبلها كيف ما كانت.. أرسلت لي الحكومة الأسترالية خطاب قبول، وكَانَ لدي تأشيرة للولايات المتحدة معلّقة..اطلعت جون بالمستجدات فنصحني بتأجيل النظر إلَى حين استكشاف الخيارات فِي كندا.." لا تلتزم

لاي من هذه الدول –يقصد امريكا واسترالي- الا بعد ان تدرس خيار كندا جيدا".. لَقَد أقنعني بالتخلي عَن أستراليا وتقييم خياراتي إما للولايات المتحدة أو كندا، حيث كُنت عَلَى دراية بالمنطقة والأنظمة..عشت فِي الولايات المتحدة ولدي تجربة عيش إيجابية فِي "فانكوفر".

حصلت عَلَى تصريح جنائي مِن مكتب التحقيقات الفيدرالي جعل من عودتي إِلَى الولايات المتحدة احتمالا حقيقيا، لَكِنّ جون أخبرني أن لدي فرصا أفضل فِي كندا.

"اذهب. أسس نفسك.. احصل عَلَى جنسيتك. إِذَا لم يناسبك فيمكنك دائما السفر جنوبا إِلَى الولايات المتحدة ".

بعد النظر فِي جميع الخيارات.. عملت بنصيحة جون وتقدمت للسفارة الكندية في السعودية بطلب الحصول على تأشيرة كندا.

قامت السفارة الكندية فِي المملكة العربية السعودية بفحص جميع الطلبات واختيار المرشحين المستوفين للشروط لإجراء المقابلات.

كنت ضمن من من استوفى الشروط وتم اختياره لاجراء المقابلة.. خِلَال المقابلة، فحص المسؤول جميع اوراقي ووثائقي.. ثم رفع إِلَى المسؤولين فِي السفارة بنتائج المقابلة والتي ضمنها بتوصية.. وبعد أن أقر مسؤولي السفارة الكندية بأنني مرشح مناسب للهجرة إِلَى كندا، من فوري وافقت فطلبت مني خدمات الهجرة الكندية استكمال جميع المتطلبات الطبية.. فعلت ،

وكَانَ كل شيء يسير على ما يراهم... كُنت عَلَى وشك السفر.

***

منذ انتقالي إِلَى كندا، علمت أن هناك الكثير مِن سوء الفهم حول عملية الهجرة الكندية. يفترض العديد مِن الكنديين الَّذِين قابلتهم أن الأمر سهل.. يشبه الحصول عَلَى تذكرة فيلم ..والبلاد مفتوحة للأشخاص القادمين مِن جميع مناحي الحياة..في الحقيقة الأمر لم يكن كذلك.

لم أكن لاجئا أو مستثمرا... كما لم يكن لدي أقارب فِي كندا.. يخضع الأشخاص فِي كل هذه المواقف لعمليات مختلفة ويجب عليهم تلبية متطلبات مختلفة.. جئت كمحترف مستقل تحت بند Express Entry، وهو البند المخصص للعمال المهرة.

هناك خمس خطوات يحتاج المرء إِلَى ضمانها قبل التقدم بطلب للحصول عَلَى Express Entry :

1. اكتشف ما إِذَا كُنت مؤهلا أم لا.؟ تتطلب هذه الخطوة الإجابة عَلَى سلسلة مِن الأسئلة والعمل كأداة فحص لمعرفة ما إِذَا كَانَ مقدم الطلب المحتمل يفي بالحد الأدنى مِن المتطلبات.

2. تحقق مِن درجاتك.. يمكن للمتقدمين تحديد ما إِذَا كَانُوا مؤهلين للحصول عَلَى Express Entry وبناء عَلَى درجاتهم يتم دعوة المرشحين الَّذِين يحققون الحد الأعلى مِن الدرجات للتقدم.

3. جهّز مستنداتك.. يحتاج المتقدم إِلَى تقديم العديد مِن المستندات مثل إثبات إتقان اللغة وجواز السفر والفحص الطبي والأموال والمزيد.

4. تحقق من كون ملفك التعريفي متضمنا كل البيانات.. يجب عَلَى المتقدم إنشاء ملف تعريفي وإرساله إِلَى موقع حكومة كندا.

5. احصل عَلَى دعوة وتقدم.. ترسل حكومة كندا دعوات إِلَى المرشحين المؤهلين بناء عَلَى درجة المرشحين ومعايير أخرى. بمجرد تمديد الدعوة، يكون لدى المتقدمين 60 يوما للتقدم..

***

ثمة عقبة واحدة وقفت حائلة امام سفري.. ماذا عن زوجتي ؟

جاءت اختي هند مِن حضرموت لزيارتنا، فانتهزت فرصة زيارتها وأخبرتها أنني وجدت عملا وحصلت عَلَى تأشيرة للهجرة إِلَى كندا.

سألتني "كم تبعد كندا عَن الولايات المتحدة؟".

اجبت: "إنهما دولتان متجاورتان ..مثل اليَمَن والمملكة العربية السعودية".

"لا عجب .. لَقَد كُنت دائما مغرما بالأمريكيين" ابتلعت نفسا وتابعت "ماذا ستفعل بشأن زواجك؟"

اجبتها: "سأنهي الأمر قبل أن أسافر".

"هل تحدثت مع زوجتك عَن أي مِن هذا؟"

"لا"، اعترفت.

"من الأفضل أن تتحدث معها"، قالت إنها ابتعدت.

فِي اليوم التالي، ذكرت لزوجتي أنني سأهاجر إِلَى كندا.. لم تكن تعرف أين كَانَت كندا، وسألت متى سأعود.؟ أخبرتها أنني عَلَى الأرجح لن أعود. لم تفهم ما كُنت أقوله. كررت عليها.

قالت: "كيف سترى طفلك؟ أعتقد أنني حامل".

صمتت للحظة وقلت لها أن تعتني بها.. لم تفهم ما طلبته منها فقالت، "هل سأربي الطفل؟"

قلت: "الإجهاض".

غادرت الغرفة.

بينما كُنت أستعد للنوم فِي تلك الليلة اقتحمت هند غرفة النوم وقالت بنفس واحد.

"لَقَد تحدثت قبل قليل مع زوجتك.. طلبت منها إجهاض الطفل الَّذِي تحمله.. ساخرة ..السيد الرجل المتعلم، الشخص الَّذِي اعتبر نفسه دائما شخصا أفضل مِن والده، خمن.. أنت أسوأ منه. !

تابعت :عَندَمَا حملت والدتك وكانت فِي الخَامِسة عشرة مِن عمرها، طلب منها والدك فِي البداية إجهاض الجنين.. ثم أراد أن يعرف ما إِذَا كُنت ذكرا أم لا قبل ان يعترف به .. يمكننا القول أنه كَانَ رَجلاً مِن الجيل السابق.. لَقَد كَانَ رَجلاً متزوجا عَندَمَا حملت وكَانَ خجلا مِن فعله، وأراد سترها

عليها...هو له عذره ام انت فما هو عذرك؟.. إِذَا كَانَت والدتك قد خضعت للإجهاض فِي ذَلِك الوقت، فلن تكون هنا.. ربما كَانَ مِن الأفضل لو اجهضت!

انهت كلامها ودون ان تنتظر تعقيبي خرجت مِن غرفة النوم

عجزت عن تقديم التبريرات ..كَانَت أختي عَلَى حق.. لَقَد وضعتني في معضلة أخلاقية .. لم أحترم زوجتي، بل ولم أولي حبها اي اهمية.. كلمات أختي أصابت هدفها.. لَقَد أمضيت السنوات الخمس والعشرين الماضية فِي البحث عَن هويتي، والتعرف عَلَى وَالِدي وتقليده - الجانب الجيد منه - وأردت أن أتصرف كرجل يكون فخورا به -إِذَا ظل عَلَى قيد الحياة-... بدأت فِي إعادة تقييم وجودي ولقاءاتي السابقة مع الزواج.. شعرت كما لو أنني فشلت فِي جميع جوانب حياتي.

ظللت اتساءل : ماذا سأفعل مع زوجتي فِي كندا. لم تكن تتحدث الإنجليزية، وكندا دولة باردة.. لم أكن متأكدا مما إِذَا كَانَت مِن نوع الشريك الَّذِي كُنت أتطلع إِلَى الاحتفاظ به. كَانَت زوجتي امرأة جميلة، لكنها بريئة وساذجة. بسبب نشأتها داخل دائرة عائلتها المباشرة والمجتمع البدائي، كَانَت بعيدة عن تلقي اي معارف او ثقافات ... كَانَت ستكون الزوجة المثالية لأي رجل يعيش فِي اليَمَن وفق التقاليد اليَمَنية، أما ان تبقى زوجتي..

لم يكن ثمة ما يجمع بيننا..

ومع ذلك، ظلت كلمات أختي تطن فِي رأسي ..لم تترك لي أي إمكَانَية للهرب .. جرحتني كلماتها، ورغم شدة الجرح الا اني اعترف بانها لم تكن مخطئة.. صعب علي قبول توبيخها ... لم أنم طوال الليل.

لَقَد أخرت رحلتي إِلَى كندا وبدأت الأعمال الورقية للتخطيط لزوجتي للسفر معي.. كُنت آمل أن تعارض هِي أو عائلتها فكرة سفرها إِلَى كندا أي معارضة كانت ستجعل منه سببا لوضع النهاية، لكنهم لم يعترضوا.

فِي اليوم الأول لشهر مايو من عام 1996، شرعت أنا وزوجتي وطفلي الذي لم يولد بعد فِي استكمال اجراءات الهجرة إِلَى كندا.

معاينة المجلد الأول
تاريخ الإصدار: مايو 2022م

في زمن تعدد وسائل ومنافذ الوصول للثقافة والمعرفة.. زمن انتشار وسائل التواصل الاجتماعي .. مِن سيتهم لقراءة قصة انسان انتقل بين القارات متحديا كل العوائق والحدود ..تعلّم عدة لغات متصديا لكل العوائق الثقافية؟

"مِن لَا شَيْء " سيرة ذاتية مكونة من ثلاثة اجزاء.. في الجزء الأول والمعنون بمن لاشيء نستكشف ونتعرف على قصة طفل انفصل عَن أمه البيولوجية وفقد والده الَّذِي توفي مدمنا عَلَى الكحول.. أصبحت أمه عاجزة عَن اعالته

ومواردها تكاد تكون معدومة وعاجزة عن التواصل مع عائلة والده فِي اليَمَن.

في الفترة الواقعة بين عمر الثامنة والحادي عشر كَانَ الولد بلا مأوى، تائها فِي الشوارع... هنا يطرح السؤال نفسه.

كيف استطاع هَذَا الطفل اليتيم بلا حول ولا قوة ان يصمد ويبقي عَلَى قيد الحياة؟

خِلَال طفولته تلقى تعليما مكثفا عَن الديانات اليهودية والإسلام والمسيحية.. وكمراهق ماركسي فِي أثيوبيا قام بأنشطة أدت به إِلَى السجن ..ان تمارس انشطة كالمشاركة فِي الحركة الشبابية المنضوية في اطار الحزب الشيوعي يعد جُرما، بالكاد هرب مِن طلقات رصاص فرق الموت قبل ان ينتقل عائدا إِلَى اليَمَن بلاد والده.

ولد فِي أَديس أبابا، اثيوبيا، لأم لم تتجاوز حين حملته الخامسة عشر عاما من عمرها ..أم من أسرة فقيره معدمة، وأب فاحش الثراء فِي الخمسين مِن عمره، رجل أعمال مِن الشرق الأوسط.. عسكري متقاعد مِن الجيش البريطاني -يمني حضرمي-.

معاينة المجلد الثالث
تاريخ الإصدار: يناير 2023

في هذا الاصدار يمكنك ان تشهد الاختلاف والتفاوت الصادم بشأن الطريقة الَّتِي ينظر بها الغرب للمهاجرين الجدد فِي مقابل نظرة المهاجرين لأنفسهم.

كل إنسان يرجو مِن الآخرين أن يفهموه ويقدروه ويحترموه، واذا فهمك الاخرين وقدروك واحترموك فانت محظوظ.

ومع ذَلِك فان المهاجرين الجدد فِي كندا والولايات المتحدة غالبا ما يساء فهمهم ولا يحظون باي قدر من الاحترام.

هنا يطرح السؤال نفسه، ما الَّذِي تحتاجه للحصول عَلَى تعليم جامعي مستخدما لغة ثانية او ثالثة؟ ما هِي القواسم المشتركة بين كل هؤلاء

الوافدين والمهاجرين الراغبين فِي تحقيق "الحلم الأمريكي"؟ ما هِي الآلية المتبعة بين الشعوب وتأثير التعديلات الثقافية عَلَى الزواج وسعادة وصلاح الاسرة -طبعا تتضمن الصحة العقلية والنفسية- والثقة بالذات، وأيضًا التقدم الأكاديمي والمهني؟

كيف عالج الكنديون والامريكيون ظاهرة التمييز والتعصب ؟

يتطرق الجزء الثالث مِن السيرة الذاتية، الى حياة الكثير مِن المهاجرين. مستعرضا العقبات الَّتِي واجهوها مِن خِلَال قصته كشاب تنقّل باستمرار بين الولايات المتحدة وكندا.

يجيب الجزء الثالث القصة عن السؤال.. كيف نجح عادل بن هرهرة بعد أن ترك وراءه كل ما يعرفه وحاول أن يعتنق أسلوب حياة مختلف في قارة جديدة..

سيرة عملية:

- عادل بن هرهرة
- مدير مشاريع معتمد.
- حاصل على درجة الماجستير في إدارة الأعمال
- حاصل على شهادة البكالوريوس في التكنلوجيا والهندسة.
- عمل خلال 30 عاما في عدة أعمال ابرزها في حقول التكنلوجيا العليا والتقنية والرعاية الصحية والهندسة والغاز والبترول والمعونات الدولية.
- محاضر ومدرس في عدة دورات

الاعترافات

يُعد **باوزير** النسخة اليَمَنية مِن بانصير، يجسد شخصية وَالِدي ويُعد وقدوتي حين كُنت أعيش فِي أَديس أبابا.

عَلَى نطاق أصغر.. كَانَ باوزير صديقا لوَالِدي الَّذِي فعل ما فِي وسعه لمساعدتي فِي إكمال دراستي الثانوية.. لَقَد قدم لي مبلغًا كبيرا مِن المال للالتحاق بمدرسة إنجليزية خاصة، كما لا يسعني سوى شكره عَلَى تسهيل تكيفي الثقافي فِي اليَمَن.

وبالمثل، كَانَت عائلة **المقالح** مهمة لحياتي فِي اليَمَن.. لم أكن أعرفهم قبل وصولي إِلَى اليَمَن، ولم يكونوا مِن المنتمين لحضرموت، بل ولم يعرفوا وَالِدي.. لَقَد صادف وأنهم أناس يتمتعون بقلوب كريمة وطيبة.

كَانَت عائلة باشراحيل هِي العامل المساهم فِي اتحاد أبي وأمي، حيث عملت والدتي لديهم كمربية قبل ولادتي.. تمّكنت مِن التواصل معهم فِي اليَمَن فِي عام 1981..بذلك التواصل والاتصال واصلنا الصداقة الَّتِي ولدت فِي إثيوبيا واستمرت في اليمن..

تماما مثل باوزير وبانصير.. أخبرني **باشراحيل** قصصا عَن وَالِدي. .. بينما كُنت متوجها إِلَى جنوب اليَمَن لمقابلة أخوتي، كتب رسالة إِلَى الأصدقاء والعائلة للتأكد مِن أنني في مأمن وقادر عَلَى التواصل مع عائلتي... كَانَ

باشراحيل الشخص الَّذِي عرّفني عَلَى عائلة بن شاهنة، ومن ساعدني فِي العثور عَلَى أختي فوزية فِي رحلتي الأولَى إِلَى عدن.

كَانَ **عبد الله العراسي** مسؤولاً عَن تطوير اهتماماتي الأدبية.. عَلَى الرغم مِن أنني لم أكن منفحتا تجاه العوالم الثقافية، خاصة الأدبية، إلا أنني ترعرعت فكريا وروحيا مقدرا جهوده.

لَقَد وسّع آفاقي إِلَى حدود بعيدة... كَانَ رَجلاً متعدد المواهب ويمتلك فهما عميقا للثقافتين العربية والإثيوبية. لَقَد احترمت مبادئه وتمسكت بها.

كَانَ جميل الرازحي من ساعدني عقب عودتي مِن الولايات المتحدة إِلَى اليَمَن فِي الاندماج في حياة اليَمَن...هو من مدّني بالأسباب التي دفعني إِلَى الانحياز إِلَى وطني.

كَانَ **ريتشارد مادي** مديري فِي أول وظيفة رسمية لي فِي اليَمَن فِي الوكالة الأمريكية للتنمية الدولية.. وأيضًا أول أجنبي عملت تحت ادارته، ما منحني ثقافة وأسلوب عمل جديدين.. حين كُنت في بدايات شبابي ساعدني فكريا واداريا.. تعلمت منه الكثير.. احترمت النظام وما كتب فِي الصحف. كُنت فِي مرحلة البراءة.

آخر مرة أبلغت فيه كَانَت قبل أربعين عاما. نعم، ذاكرتي متقشرة ومتقلبة، لَكِنّ بعض الأشياء الَّتِي تعلمتها منه استمرت لفترة أطول بكثير مِن أي معرفة اكتسبتها مِن الكتب المدرسية الَّتِي قرأتها.

لَقَد وضع معيارا لكيفية تصرف المسؤول.. اليوم، أقوم بدور المدير وأتولى أدوارًا قيادية..معتمدا على ما تعلمته منه خاصة ما يتعلق بالتعامل قضايا التوظيف.

شعرت بخيبة أمل عَندَمَا حُرمت مِن منحة الدراسة فِي الولايات المتحدة، شاركني ريتشارد حزني ..شاركني كما لو كُنت ابنه، وساعدني فِي التغلب عَلَى هذه العقبة.

كَانَ **مارك هانسن** أكثر مِن مجرد مدرب.. لَقَد رفع من وعيي وبشكل كبير عن الحياة فِي أمريكا وكيفية مواجهة التحديات فِي اليَمَن والخارج.. عَلَى الرغم مِن أنني لم أستوعب عظم حكمته ونصائحه في ذلك الوقت، الا ان تقديري لذكائه وامتناني لدعمه الآن أكثر مِن أي وقت مضى.

كَانَ الدكتور **عبد العزيز السقاف** ناشطا فِي مجال حقوق الإنسان وخبيرا اقتصاديا وصحفيا أسس صحيفة يمن تايمز كصحيفة أسبوعية فِي عام 1991.. لم تكن فقط الأولى مِن نوعها فِي اليَمَن، ولكنها كَانَت أيضًا الصحيفة الإنجليزية المستقلة الأكثر قراءة عَلَى نطاق واسع فِي اليَمَن.. عَندَمَا اقترب مني للمساهمة فِي عمود العلوم والتكنولوجيا فِي ورقته، لم استوعب بصورة كاملة الرؤية الَّتِي كَانَت لديه عن بلده!

اعتقد بان دعواته إِلَى احداث تغيير ذي مغزى للطيف الاقتصادي والاجتماعي اليَمَني، وآرائه الصادقة، هي من أدت إِلَى انهاء حياته فِي سن

الثامنة والأربعين.

السقاف كَانَ سابقا لعصره وكَانَ معارضا للقيادة الفاسدة.. أظن أن كتاباته النقدية العديدة ضد الرئيس اليَمَني السابق علي عبد الله صالح، وآخرين داخل دوائره، أدت إلَى اغتياله.

على الرغم مِن أنني أنجذب نحو العقول الراديكالية، إلا أن ارتباطي به بدأ يخيفني.. كُنت أخشى بحكم علاقاته السياسية أن يشكّل ارتباطي به ورطة من شأنها ان تقود إلَى اعتقالي ..خفت عَلَى سلامتي أيضًا.

مع ذلك، أقولها للشهادة والتاريخ فقد ألهمني وشجعني على التعبير عَن آرائي ووجهات نظري الصادقة.

الحكيم أوسكار برنارد ..هناك حكمة عظيمة أتذكرها دائما وستظل حية في عقلي وقلبي..والحكمة هي ما قَالها لي أوسكار برنارد: "لديك التعليم والخبرة فِي علوم الكمبيوتر وهندسة الاتصالات لتعليم كل اليَمَن". أنا متأكد مِن أن أوسكار ليس لديه أي فكرة عما فعلته هذه الكلمات لتقديري لذاتي أثناء إقامتي فِي اليَمَن.

لَقَد بدأت المجلد الأول بامتنان مطول لتقديم فريقي والاعتراف به: لورنا ستوبر، تريسي إل أندرسون، نسمة عبد العزيز، سولومون كداماوي، وهيفاء المعشي، وسامي الشاطبي.. بعد عدة أشهر مِن العمل، وآلاف الكلمات عبر مخطوطات متعددة، وتبادل لرسائل البريد الإلكتروني وأنواع

أخرى مِن التواصل بيني وبين أعضاء فريقي، أود أن أجدد امتناني، وكذَلِك التعبير عَن تقديري!

غالبا ما يساء استخدام عبارة "شكرا لك" أويتم ادراجها ضمن الأفعال البسيطة. ...هذه الكلمات رغم عدّها كذلك تعني الكثير، وغني عَن القول، أن المنتجات (To Have No، و Hope in the Sky، و My Silver Lining) يجب أن تقف شامخة ..تتحدث بصوت عال عَن تفاني فريقي والتزامه.

علاوة عَلَى ذلك، لست شخصا يسهل التعامل معه، لأنني بطبعي أميل إِلَى أن يكون لدي رؤية محددة بذائقة وتفضيلات لا حياد عنها .. اعتقد بان اتخاذي من الصراحة وعملي بآداب التواصل الخاصة بي قد تكون السبب.. اعترف باني رغم كل ما ذكرت غالبا ما أكون شارد الذهن، لَكِنّ فريقي ساعدني فِي تحقيق أهدافي دون تغيير صوتي.

الاشارة إِلَى دور لورنا وتفانيها، بل واخلاصها في مشروع الكتاب يتطلب كتابا قصيرا مستقلا عنوانه "وراء الكواليس".

Glossary

Except as noted, the terms in this glossary are nouns. Those that refer to a specific person or place are capitalized. Those that refer to a generic item are not capitalized. Any terms that are not nouns are noted with information in brackets after the term. Where applicable, the language of origin of the term is included before the definition. Additional spellings are included with a /.

Abdallah Al-Arasi - عبدالله عبد الله العراسي

(Arabic) a writer and literary critic whom Adel roomed with for four years in Sana'a. Al-Arasi passed away in June 2016 and was buried in Ethiopia.

Abdulaziz Al-Saqqaf - عبدالعزيز السقاف

(Arabic) the founder and editor of Yemen Times. He was born in Ethiopia but he chose not to admit that and always pretended that he was born in Yemen to avoid negative stigma and stereotypes the Muwalladin were facing in North Yemen.

Abera Lemma - አበራ ለማ

(Amharic) Abera Lemma is one of the best-known Ethiopian authors and poets. He was a friend of Al-Arasi's and is based in Norway.

Abubaker Bagarsh - ابوبكر باجريش

(Arabic) the son of Salem Bagarsh and classmate of Adel's brother, Hussein.

Ād/Ādd/Āde - عاد

(Arabic) one of the ancient Arab tribes (the "lost Arabs") located in southern Arabia (tribe members were called the Ādites). The people of this tribe were regarded as one of the original groups of Arabs who rejected the teachings of a monotheistic prophet named Hud. They formed a prosperous nation until they were destroyed in a violent storm; the storm is mentioned several times in the Qur'an in verses 41:16, 46:24, 51:41, 54:19, and 69:6.

Addis Ababa - አዲስ አበባ

(Amharic) the capital and largest city of Ethiopia; means "new flower"; known in Oromo as Finfinne, "natural spring".

Ahmed Bansser/Bansser - أحمد بانصير

(Arabic) Adel's father's close friend and countryman from Hadhramaut; a father figure who played a significant role in Adel's young life and was instrumental in connecting Adel with his relatives in South Yemen.

Aksum/Kingdom of Aksum

The ancient Kingdom of Aksum was in power from the second to the tenth centuries and covered what is now northern Ethiopia as well as modern-day .(Eritrea, eastern Sudan, and Yemen. Its capital was the city of Aksum (Axum

Al-Mukalla - المكلا

Arabic) one of the major sea ports in South Yemen. Once, it was the capital of) Hadhramaut. The Harhara (Yafa) family ruled the area and built a palace for .sultans and sheikhs

Al-Mukha/Mocha - ميناء المخا

Arabic) an ancient port in North Yemen, responsible for introducing Arabica) .coffee to the Europeans

Al-Razahi - الرازحي

Arabic) one of Adel's friends in Yemen who encouraged Adel to write for the) .Yemen Times

Al-Shenawi - الشناوي

Arabic) Adel's Egyptian coworker and mentor in the first job Adel had working) .for Bawazier

Al-Shihr - الشحر

Arabic) the birthplace of Adel's father in Hadhramaut. Al-Shihr is a strategic) .port city, and Adel's ancestors inhabited this city for several centuries

Amara/Amhara - ???

.Amharic) Adel's mother's tribe in Ethiopia)

Asr - صلاة العصر

Arabic) afternoon prayer. Asr is one of the five mandatory Islamic prayers.) Because an Islamic day starts at sunset, the Asr prayer is the fifth prayer of the .day. It is the third prayer of the day when counting from midnight

bab - باب

.Arabic) a city gate)

Bab Al-Yemen - باب اليَمَن

Arabic) the Gate of Yemen, also called Yemen Gate, located on the southern) end of the wall of Sana'a. It was designed by Shem, the son of Noah. Travelers .going south from Sana'a need to leave through this gate

Bab Makkah/Bab Mecca - باب مكة

(Arabic) the Gate of Mecca, through which Muslims pass to enter Mecca. Non-Muslims are not permitted to pass through the gate.

Baharon - باهارون

(Arabic) Haron Baharon was Adel's childhood friend in North Yemen. Salem Baharon, Haron's uncle, was a good friend of Adel's father and lost his life during a cosmetic surgery.

Banajah - باناجاه

(Arabic) family friends of Adel's. The Banajah family were part owners of the Ethiopian restaurant where Adel met Al-Arasi.

Baobaid - باعبيد

(Arabic) a good friend and classmate of Adel's older brother, Hussein; instrumental in getting Adel a South Yemen passport and sending him to North Yemen. He also flew to North Yemen to ensure Adel was okay.

Basherahil - با شراحيل

(Arabic) Abduallah Basherahil was a friend of Adel's father. Adel's mother worked for the Basherahil family as a nanny prior to giving birth to Adel. Anwar Basherahil is the son who accompanied Adel to Aden when meeting Adel's future wife's family to arrange the marriage.

Bawazier - باوزير

(Arabic) family friend who helped Adel get settled in North Yemen when he arrived in 1978.

Bekele Mola - በቀለ ሞላ

(Amharic) Bekele Mola was the man who borrowed money from Adel's father and then offered to pay back only a fraction of the loan after Majid died. He was the first Ethiopian to construct hotels and motels in towns and tourist centers throughout the country. At least thirteen hotel establishments in the Ethiopian Rift Valley region carry his name.

Ben/Bin - بن / Ibn - ابن / Al - ال

(Arabic) prefixes attached to a surname to mean "the son of" (e. g.) Ben-Harhara means "the son of Harhara".

Ben-Braik - بن بريك

(Arabic) one of Adel's nephews.

Ben-Shahna - بن شاهنا

(Arabic) the family who helped Adel find his sister Fawzia on his first trip to Aden, South Yemen.

Dhuhr/Zuhr - صَلَاة ٱلظُّهْر

(Arabic) noon prayer; one of the five mandatory Islamic prayers. Because an Islamic day starts at sunset, Dhuhr is the fourth prayer of the day. It is the second prayer of the day when counting from midnight.

Eid - العيد

(Arabic) Eid marks the end of Ramadan and is celebrated by decorating and gathering for feasting. Special food and drink is prepared.

Emperor Haile Selassie/Emperor Haile Selassie I

(Amharic) the Ethiopian king/emperor from 1930 to 1974.

Fajr - صلاة الفجر

(Arabic) dawn prayer; one of the five mandatory Islamic prayers. An Islamic day starts at sunset, and the Fajr prayer is the third prayer of the day. If counted from midnight, it is the first prayer of the day.

Fatuma M. Ali (Banajah) - فطومة باناجه / ፈቱማ ባናጃህ

(Arabic) an Ethiopia lady who lived in North Yemen and assisted Adel with basic needs while he was living there. Even though Fatuma assisted Adel starting in the 1980s, she played a significant role in Adel's life upon his return from the US in 1993, when he had no home and no food.

Fawzia - ፈውዚያ / فوزية

(Arabic) one of Adel's half sisters. Bansser's daughter has the same name.

Fourteenth Amendment to the United States Constitution

Ratified in 1868, the Fourteenth Amendment was passed on July 9, 1968, to abolish slavery. It granted citizenship to all those who were born or naturalized in the United States, including former enslaved people. The Fourteenth Amendment guaranteed all citizens equal protection under the law.

Great Mosque of Mecca/Mecca/Makkah - الحرم المكي

(Arabic) the holiest city in Islam. Mecca is revered as the birthplace of the Prophet Muhammed (pbuh). Muslims from all over the world visit Mecca for the Hajj and Umrah pilgrimages.

Ghusl/Ġusl - الغسل

(Arabic) "full ablution"; involves the mandatory full-body purification before performing various rituals and prayers. Ghusl is required for full purification in any of the following cases: after sexual intercourse or ejaculation; after menstruation has finished; if one has touched a dead body; after irregular bleeding in women; after vaginal discharge following childbirth. It is also performed on the body of a dead Muslim.

habeshi

(Arabic) a racial insult used in Yemen to refer to Ethiopians and Eritreans. The nuance is "you are dirty; you are a criminal".

Hadhramaut Governorate - محافظة حضرموت

(Arabic) the province in South Yemen where Adel's ancestors hail from. Adel's family ruled Hadhramaut for roughly 400 years; many still live there. Hadhrami - حضرمي

(Arabic) a person whose origins trace back to the area of Hadhramaut in South Yemen.

Hajj/Hadj/Hadji/Haj - الحاج

(Arabic) the annual pilgrimage to Mecca, Saudi Arabia, which is the holiest city for Muslims. Muslims must participate in Hajj at least once in their lifetime unless they are physically or financially unable to make the journey.

Hadith حديث

(Arabic) a record of the words, actions, and practices of the Prophet Muhammed (pbuh).

haram - حرام

(Arabic) forbidden or unlawful. Muslims are prohibited from being involved in activities such as drinking alcohol, gambling, viewing. pornography, and eating pork. The opposite of haram is halal.

Himyarite/Himyar

The Himyarite Kingdom was the government in the southern highlands of Yemen from 115 BC to AD 570 and was at its height in AD 525 before being overthrown by Christians from Ethiopia.

Hind - الهند / Mujudah - مجودة

(Arabic) Hind, also known as Mujudah, was Adel's oldest half sister. In the local culture, if the oldest child is a girl, a slight change is made to her father's name and his altered name is given to her. In Hind's case, her (and Adel's) father's name was Majid, so she was called Mujudah.

Hodeidah - حمير

Arabic) a historic port city in North Yemen where Adel spent almost a year) .working for Bawazier

حسين - Hussein

.Arabic) Adel's older half brother)

مدينة إب - Ibb

Arabic) one of North Yemen's ancient cities; a place where Adel went for vaca-) .tions when he was a high school student and young adult living in North Yemen

Ingy

an Indian office clerk working for Bawazier. His full name was Inderjit; Ingy was his nickname. Adel learned the workings of financial management from Ingy .while working for Bawazier

صلاة العشاء - Isha

Arabic) one of the five mandatory Islamic prayers. Isha is the second prayer of) the day—the night prayer—as the Islamic day starts at sunset. If counted from .midnight, it is the fifth prayer of the day

الرئيس جمال عبد الناصر - Jamal (Gamal) Abdul Nasser

Arabic) a late Egyptian president and arguably considered by modern genera-) .tions as a great leader

الجنبية - jambiya

Arabic) a decorative dagger typically worn by Yemeni men from the North. The) .jambiya is secured in the man's belt and worn at the front of a man's waist

James Ziegler

.Adel's computer programming teacher in North Yemen in the 1980s

جميل - Jamil

Arabic) Adel's high school friend. Jamil was a Yemeni-Vietnamese boy who had) .moved to Yemen with his family to escape the conflict in Vietnam

جميلة - Jamila

.Arabic) younger sister of Adel's Yemeni-Vietnamese friend, Jamil)

John Rees

.a Canadian geologist from Calgary, whom Adel worked with in Sana'a

ٱلْكَعْبَة - Kaaba

Arabic) the building at the center of Mecca; the most important mosque and) .most sacred site in Islam

صلاة المغرب - Maghrib/Maghreb

Arabic) sunset prayer; one of the five mandatory Islamic prayers. Because an) Islamic day starts at sunset, the Maghrib prayer is the first prayer of the day. If .counted from midnight, it is the fourth prayer of the day

مهر - mahr

Arabic) a payment made by the groom and/or his family to the bride and/or her) .family when a couple marries in Yemen

سلطنة المهرة - Mahra/Mahra Sultanate

.Arabic) a region in eastern Yemen; one of the provinces in South Yemen)

بن هريرة ماجد احمد حسين – Majid Ahmed Hussein Ben-Harhara

.Arabic) Adel's father)

مأرب - Marib

Arabic) a region in the center of Yemen. For Arabs, particularly Yemenis, it is the) .home of the Queen of Sheba

Mark Hansen

.Adel's American ESL instructor in North Yemen in the 1980s

مروة والصفا - Marwa and Safa

Arabic) two small hills in Mecca, adjacent to the Kaaba. Muslims travel seven) .times between the two hills during the pilgrimages of Hajj and Umrah

مريم عفيف - Maryam Afif

.Arabic) one of Adel's Yemeni stepmothers)

عائلة المقالح - Mekaleh

Arabic) The Mekaleh family was closely tied to Bawazier and to Adel during) Adel's first two years in Yemen. The father was a subcontractor who worked for Bawazier. Adel lived with Bawazier's twin brothers while he finished high school .in North Yemen

(Mohammed Ali Othman School (MAO

.the private school Adel attended in Ta'izz, North Yemen, to finish high school

مؤخر - mu'akhaar

(Arabic) an agreed-upon portion of the mahr that the groom's family pays to the bride's family and is paid after a couple has gotten married.

mujahideen - المجاهدون

(Arabic) Muslims who fight/go to battle in the name of Islam or the Muslim community.

Muna - مُنى/-

(Arabic) one of Adel's half sisters.

mu'qadam - مقدم

(Arabic) an agree-upon portion of the mahr that the groom's family pays to the bride's family in advance of the wedding.

Muwalladin - مولدون

(Arabic) a person of mixed race, specifically one who has one parent of Arab descent and one non-Arab parent.

Oscar Bernard

an American drilling engineer with whom Adel worked in Yemen in the 1990s.

Prophet Muhammed (peace be upon him/pbuh) - النبي محمد صلى الله عليه وسلم

(Arabic) the Arab social, political, and religious leader who founded Islam.

qat - القات

(Arabic) leaves that Yemenis chew in the afternoons and during ceremonies. Qat is like chewing tobacco and dulls the senses.

Qur'an - القرآن

(Arabic/English) the main religious text of Islam, believed by Muslims to be a revelation from God (Allah). It is widely regarded as the finest work in classical Arabic literature.

Ramadan - رمضان

a period of one month of fasting, prayer, reflection, and community. During this month, Muslims are prohibited from eating, drinking, smoking, or engaging in sexual activity from dawn to dusk. It takes place during the ninth month of the Hijri calendar and is observed by Muslims worldwide. The end of Ramadan is marked by Eid, a celebration involving feasts. The Gregorian calendar is eleven days longer than the Hijri calendar, which is based on the motion of the moon. The Hijri calendar is composed of twelve months of 29.5 days, which is why Ramadan is on different dates on the Gregorian calendar each year.

أَمَل يلَوح فِي الأفُق — عَادَل بن هَرهَرَة

Richard Maddy

Richard, an American, was Adel's first manager at Adel's first job in Yemen. The two of them worked together for roughly four years. Richard was supportive in helping Adel set up an American bank account so that Adel could save his money for his studies in the US.

Saba' - سبأ

(Arabic) the Arabic name of the Queen of Sheba.

Salem Bagarsh - سليم باجريش

(Arabic) Adel's father's friend. Along with Bansser and Baobaid, Bagarsh played a major role supporting Adel during his first sixteen years in Ethiopia. He was instrumental in getting Adel a South Yemeni passport and sending him to North Yemen.

Sana'a - صَنعاء

(Arabic) the capital city of the former North Yemen. It is the largest city in North Yemen, one of the highest elevation capitals in the world, and the oldest city in the Arabian Peninsula. The Old City of Sana'a is a UNESCO World Heritage Site; it is home to distinctive architecture: multi-storey buildings with decorations in geometric patterns.

Seiyun - سيئون

(Arabic) an ancient and the largest city in the Hadhramaut Valley, known as a resting spot for travelers.

shari'a - الشريعة

(Arabic) Islamic law, guiding the rules of human behavior, based on the Qur'an and Hadith.

Sheikh Al-Hara - شيخ الحارة

(Arabic) a community leader.

Sheikha - شيخة

(Arabic) one of Adel's half sisters.

Shemalin - شماليون

(Arabic) a local reference to North Yemeni; the Northerners.

Shia/Zaydi - الشيعة / الزيديون

(Arabic) Zaydism is one of the Shia sects of Islam which emerged in the eighth

.century. Those who follow Zaydi Islam are called Zaydi Shia

Socotra - سُقُطرَى

Arabic) an island in the Socotra archipelago in the Indian Ocean off the south) coast of Yemen. Socotra is known for its unique flora and fauna and beautiful .beaches

Sunna - السنة

Arabic) the day-to-day activities or practices of the Prophet Muhammed) .((pbuh

Sunni - سُني

Arabic) Around 85 to 90 percent of Muslims follow the Sunni branch of Islam.) According to Sunni beliefs, the Prophet Muhammed (pbuh) did not leave a successor, and Abu Bakr was appointed as his next-in-line.

Ta'izz - مدينة تعز

Arabic) Considered the cultural capital of Yemen, Ta'izz is one of its oldest cit-) .ies. It is in the former North Yemen, where Adel completed high school

Taliban - طالبان

.a militant, fundamentalist Islamic political movement in Afghanistan

Tarim - تريم

Arabic) an ancient city known as the theological, juridical, and academic center) .of the Hadhramaut Valley

Tawaf - طواف فِي مكة المكرمة

Arabic) refers to encircling the Holy Kabba seven times in a counter clockwise) .direction as part of Umrah or Hajj

Umrah - العمرة

Arabic) Umrah is one of the pilgrimages to Mecca and can be done at any time) of year, unlike Hajj, which must be done on specific dates according to the Is- .lamic calendar

wadi - وادي

.Arabic) a valley, usually a river valley)

Wahhabi/Wahhabism - الوهابية / الوهابية

Arabic) an extreme form of Islam based in Saudi Arabia, still spreading in Yem-) .en and other Middle Eastern and African countries

Wollo - ??

Amharic) one of the provinces in northern Ethiopia. Wollo is believed to be) linked to King Solomon's dynasty. The mother of one of the owners of the Ethiopian restaurant in Sana'a, where Adel met Al-Arasi, was from Wollo.

يافع / يافع العليا / يافع السفلى - Yafa/Upper Yafa/Lower Yafa

Yafa is both a tribe name and a geographical area. Over the centuries, the Yafa region went through multiple changes due to a continued tribal conflict over power. Recent records indicate the land split into two powerful tribes: Upper and Lower Yafa.

زينب عفيف - Zeinab Afif

Arabic) one of Adel's stepmothers. Cousin to Maryam, another of Adel's step-) mothers, Zeinab was married to Adel's father (Majid) when Majid had an affair with Maryam.

زربيان - zurbian

Arabic) a Yemeni dish similar to biryani in Indian cuisine. Adel's favorite Yemeni) meal.

التذييلات

لمزيد من المعلومات التاريخية والثقافية والدينية عَن اليَمَن وأسلافي تم تضمين الملاحق التالية

الملحق الأول "إرث أجهزة الكمبيوتر": كَانَت مساهمتي الرئيسية فِي صحيفة يمن تايمز .. العمود الأسبوعي للعلوم والتكنولوجيا.. تكشف المقالة معرفتي وشغفي بأجهزة الكمبيوتر فِي 1980م، عَندَمَا كَانَت أجهزة الكمبيوتر الشخصية تشق طريقها إِلَى حياة النَاس اليومية.

الملحق الثاني المملكة الحميرية: شرح موجز لتاريخ المملكة وأهمية التجارة فِي المملكة الحميرية، حيث كَانَ كلاهما السبب المستمر للصراع والتحول فِي المنطقة، حَتَّى اليوم.

الملحق الثالث حضرموت: لَقَد قمت بتضمين هذه المعلومات لإظهار كيف لا تزال القبلية موجودة وتتغلغل فِي الحياة اليومية فِي اليَمَن.

الملحق الرابع أسلافي فِي يافع العليا: أدرجت هذه المعلومات للإشارة إِلَى الأهمية الَّتِي كَانَت تتمتع بها عائلة هرهرة فِي جنوب اليَمَن، حيث حكمت منطقة يافع لأكثر مِن مائتي عام.

الملحق الخَامِس سبأ: أرض سبأ: تمت الإشارة إِلَى ملكة سبأ فِي كل مِن الكتاب المقدس والقرآن؛ قصتها واحدة مِن أكثر القصص المعروفة على مستوى العالم.

الملحق الأول: "إرث أجهزة الكمبيوتر"

يمن تايمز 20 مارس 1994, عادل بن هرهرة

لا يختلف الكمبيوتر عَن الآلة الحاسبة أو الآلة الكاتبة أو خزانة الملفات أو جهاز الفاكس الَّذِي نستخدمه يوميا. ومع ذلك، لأسباب عديدة، يخاف الناس مِن أجهزة الكمبيوتر كما لو كَانَت محملة بالبنادق.

لا توجد آلة أخرى فِي التاريخ غيرت العالم بسرعة أو بشكل شامل مثل أجهزة الكمبيوتر التي جعلت مِن الممكن تحقيق إنجازات ملحمية مثل الهبوط عَلَى سطح القمر ومسابر الكواكب، لأجهزة الكمبيوتر فوائد لا تحصى ..منها انها وفرت وسائل الراحة والفوائد اليومية.. فمثلا في المستشفيات فإنهم يراقبون التخدير فِي المستشفيات معتمدين على أجهزة الكمبيوتر، ويساعدون الأطفال عَلَى تعلم القراءة، ويخلقون مؤثرات خاصة للأفلام. لَقَد استبدلوا أو استكملوا الآلة الكاتبة فِي غرف الأخبار وإضافة آلات فِي البنوك. إنها تعزز التحكم فِي استقبال التلفزيون وتسجل أسعار البقالة فِي مكتب الخروج مِن السوبر ماركت. باختصار، إنها منسوجة فِي نسيج الحياة الحديثة مما يجعل تجنب الكمبيوتر إن لم يكن جهل الكمبيوتر مستحيلا عمليا.

جاءت المكاسب الأخيرة الكمبيوتر في تعدد استخداماته بمعدل مذهل. مدفوعا بظهور معجزة تكنولوجية صغيرة تسمى المعالج الدقيق فِي أوائل 1970م، فإن شريحة السيليكون هذه، وهِي أصغر حَتَّى مِن ظفر الطفل، موجودة فِي مئات الآلاف مِن المكونات الإلكترونية القادرة عَلَى التفوق عَلَى الديناصورات بحجم الغرفة الَّتِي هيمنت عَلَى عالم الكمبيوتر قبل بضع سنوات فقط.

عَلَى الرغم مِن الوتيرة البطيئة للتقدم الحديث، تم بناء أسس ثورة الكمبيوتر بطريقة متقطعة. كَانَت نقطة البداية هِي تطور الأرقام منذ أكثر مِن 1500 عام وربما فِي عالم البحر الأبيض المتوسط كَانَ الترقيم منتشرا لدرجة أنه سرعان ما انتشر عَلَى نطاق واسع.

لم يواجه منافسة كبيرة كأداة حسابية حَتَّى القرن السابع عشر، وهو وقت السماء الفكرية العظيمة. كَانَ المفكرون الأوروبيون فِي ذَلِك العصر مفتونين بالتحدي المتمثل فِي ابتكار مساعدين للحساب. مِن بين أكثرهم حيلة كَانَ جون نابير مِن اسكتلندا، عالم لاهوت وعالم رياضيات ومصمم محتمل للأسلحة العسكرية. كَانَ له تأثير دائم نشر اكتشافه للوغاريتمات فِي عام 1614.

على الرغم مِن أن نظرية نابير للوغاريتمات سيكون لها تطبيق دائم، إلا أن أسس فكرته سرعان ما طغت عليها قاعدة الشريحة وأنواع أخرى مِن الآلات الحاسبة، وأبرزها نوع ميكانيكي ابتكره رجل فرنسي لامع يدعى بليز باسكال. تم تسمية إحدى لغات برمجة الكمبيوتر اليوم عَلَى شرفه. عَلَى الرغم مِن الإشادة به عَلَى نطاق واسع، إلا أن آلة الحاسبة الأولى لباسكال لم تجعله ثريا. ومع ذلك، ظل مديره للعجلات المتشابكة محوريا فِي تشغيل معظم آلات الإضافة عَلَى مدار ال 300 عام القادمة.

طوال القرن الثامن عشر، جرب نساجو الحرير الفرنسيون مخططات لتوجيه أنوالهم باستخدام شريط مثقب أو بطاقات مثقوبة أو براميل خشبية. فِي جميع الأنظمة الثلاثة، أدى وجود أو عدم وجود ثقوب إِلَى إنشاء الأنماط فِي النسيج مِن خِلَال التحكم فِي طريقة رفع الخيوط أو خفضها.

فِي عام 1804، بنى جوزيف جاكار نول مؤتمت بالكامل يمكنه التعامل مع تصميم معقد للغاية. تمت برمجة النول بواسطة جبل مِن البطاقات المثقوبة، كل بطاقة تتحكم فِي رمية واحدة مِن المكوك لإنتاج نمط جديد. استبدل المشغل ببساطة مجموعة واحدة مِن البطاقات بأخرى.

لَكِنّ البطاقات المثقوبة كَانَ مقدرا لها أن يكون لها أكبر تأثير فِي برمجة أجهزة الكمبيوتر. مِن بين جميع المفكرين والعبثيين فِي ما قبل القرن العشرين الَّذِين أضافوا شيئا إِلَى تطور الحوسبة، كَانَ الشخص الأقرب إِلَى اختراع جهاز كمبيوتر بالمعنى الحديث هو رجل إنجليزي يدعى تشارلز باباج. لَقَد كَانَ مجد باباج العظيم وإحباطه مدى الحياة هو تصور المبادئ الأساسية للكمبيوتر الحديث قبل قرن مِن وجود التكنولوجيا لبناء واحد. لَقَد أمضى عقودا عديدة، والكثير مِن الأموال الحكومية، وقدرا كبيرا مِن ثروته الخاصة فِي المحاولة.

بعد تسعة عشر عاما فقط مِن وفاة باباج، ظهر جانب واحد مِن البطاقات التحليلية المثقوبة للمحرك فِي آلة وظيفية. كَانَت الآلة عبارة عَن جدولة إحصائية بناها الأمريكي هيرمان هوليريث لتسريع معالجة العوائد لتعداد الولايات المتحدة لعام 1890.

اقترح جون بيلينغز، وهو مسؤول تعداد رفيع المستوى ووالد زوجة هوليريث المستقبلي، أن الجدولة قد تتم باستخدام البطاقات المثقوبة، وقضى هوليريث 1800s فِي العمل عَلَى تطوير مثل هَذَا النظام. مِن غير المعروف مِن أين حصل بيلينغز نفسه عَلَى الفكرة - مِن نول جاكار أو ربما مِن مشاهدة موصلات السكك الحديدية وهم يثقبون التذاكر - لَكِنَّه كَانَ راضيا عَن السماح لهوليريث بمتابعتها.

بحلول عام 1890، تفوق جدول هوليريث عَلَى العديد مِن المنافسين للفوز بعقد تعداد عام 1890 وتشكيل رابط جديد فِي سلسلة تاريخ الكمبيوتر. كَانَت البطاقات الموجودة فِي جدول هوليريث بحجم فواتير الدولار. تحتوي كل بطاقة عَلَى اثني عشر صفا مِن عشرين حفرة ليتم ثقبها للحصول عَلَى بيانات عَن العمر والجنس وبلد الميلاد وعدد الأطفال والمهنة والحالة الاجتماعية وكل شيء آخر أراد التعداد معرفته عَن سكَانَ الولايات المتحدة. كَانَت آلة هوليريث سريعة للغاية لدرجة أن العد البسيط كَانَ جاهزا فِي غضون ستة أسابيع وتحليلا إحصائيا كاملا فِي غضون عامين ونصف. قام بتشكيل شركة آلات الجدولة لتقديم اختراعه إِلَى السكك الحديدية والمكاتب الحكومية وحَتَّى روسيا القيصرية، الَّتِي قررت أنها تريد أيضًا إجراء تعداد حديث.

كَانَت الشركة ناجحة عَلَى الفور. عَلَى مر السنين، مرت بعدد مِن عمليات الدمج وتغيير الاسم. جاء آخرها فِي عام 1924، قبل خمس سنوات مِن وفاة هوليريث، وأنشأ آلات الأعمال الدولية (IBM). الآن، بعد قرن ونصف مِن صراع باباج الملحمي مع المحرك التحليلي، أصبحت IBM رائدة عالميا فِي صناعة أعادت الحياة إِلَى رؤيته للآلات ذات الطبيعة الأكثر عمومية.

من خِلَال سحر التصغير فِي القرن العشرين، تمتلك الأشياء والأدوات اليومية بشكل متزايد نوعا مِن الجني المقيم - جهاز كمبيوتر صغير للغاية يسمى المعالج الدقيق. المعالج الدقيق بعيد كل البعد عَن القوة الإلكترونية الخرقاء المكونة مِن مئات الآلاف مِن الدوائر الكهربائية المجهرية المحفورة عَلَى قطعة صغيرة مِن السيليكون.

تنفق شركات أشباه الموصلات أحيانا ملايين الدولارات لتطوير تصميم معالج دقيق، لَكِنّ الإنتاج الضخم قد يسمح ببيع الشريحة مقابل بضعة دولارات.

يعمل المعالج الدقيق مِن خِلَال الاستجابة للنبضات الكهربائية الَّتِي تفتح وتغلق دوائرها آلاف أو ملايين المرات فِي الثانية. يمثل كل فتح أو إغلاق وحدة واحدة مِن المعلومات المشفرة بالأرقام صفر أو أحد النظام الثنائي. وبالتالي فإن الشريحة هِي جهاز رقمي يفسر فقط المعلومات الَّتِي يتم تقديمها كبتات فردية أو أرقام ثنائية بدلا مِن إدراكها عَلَى أنها سلسلة متصلة سلسة أو تناظرية.

مثل النقاط والشرطات فِي شفرة مورس، يمكن أن تتحد الدوائر المفتوحة والمغلقة للمعالج الدقيق لتوضيح التعليمات الخاصة بالآلات المتنوعة مثل آلات صنع القهوة الأوتوماتيكية وأجهزة الكمبيوتر الشخصية. لَقَد أصبح المارد الرقمي الصغير فِي كل مكَان لدرجة أنه ملايين المرات فِي اليوم، يشارك الناس فِي ثورة الكمبيوتر فِي أداء أعمال عادية مثل إجراء مكالمة هاتفية، أو بدء تشغيل سيارة، أو المرور عبر مكتب الخروج مِن السوبر ماركت، أو مجرد التحقق مِن الوقت عَلَى ساعة اليد.

استخدمت الساعات التقليدية عجلات التوازن والينابيع والتروس للحفاظ عَلَى الوقت. استبدلت الساعات الإلكترونية تلك الأجزاء الداخلية برقاقة وبلورة كوارتز وبطارية. بفضل هذه الأجزاء الجديدة، لا يلزم أبدا جرح الساعات المحوسبة ويجب أن تكون دقيقة فِي غضون ثلاث دقائق فِي السنة. قد تفقد الساعة التقليدية ثلاث دقائق فِي الأسبوع.

تمكن وحدة المعالجة المركزية، كما يطلق عليها، الكمبيوتر مِن التبديل بسهولة مِن ألعاب الفيديو العادية والحالية إِلَى إعادة ترتيب الفقرات فِي تقرير الأعمال. يتم تعريف كل دور والتحكم فيه بواسطة مجموعة مِن التعليمات المشفرة إلكترونيا تسمى البرامج أو البرامج. يستمتع بعض مستخدمي الكمبيوتر بالتحدي المتمثل فِي كتابة برامجهم الخاصة، ولَكِنّ معظمهم يكتفون بالاختيار مِن بين آلاف حزم البرامج المتاحة فِي السوق.

بمساعدة برامج مختلفة، يمكن لمستخدمي الكمبيوتر الشخصي تتبع أداء المحافظ الاستثمارية أو تنظيم السجلات الضريبية أو قوائم عناوين المتاجر أو حفر أنفسهم فِي الأفعال الفرنسية. يمكنهم التعامل المصرفي أو التسوق أو إدارة الأعمال التجارية مِن المنزل. يمكنهم تعلم مهارات تتراوح مِن الشطرنج أو استراتيجية الجسر إِلَى الكتابة باللمس. مِن خِلَال إجراء مكالمات هاتفية إِلَى قاعدة بيانات تحتفظ بها أجهزة كمبيوتر أخرى، يمكن لمستخدمي الكمبيوتر الشخصي إجراء أنواع مختلفة مِن البحث، وسرقة ملفات الفهرس الإلكترونية البعيدة دون مغادرة المستخدم للمنزل أو المكتب.

الكمبيوتر الشخصي، باختصار، خادم لعدد لا يحصى مِن المواهب ليس أقلها أنه بسيط بما يكفي ليستخدمه طفل يبلغ مِن العمر ست سنوات.

الملحق الثاني:المملكة الحميرية

كَانَت المملكة الحميرية، والمعروفة أيضًا باسم المملكة السبئية، مملكة قوية تقع فِي المرتفعات الجنوبية لليمن.. دامت بين 110 قبل الميلاد و 520 بعد الميلاد.

قبل ثلاثة آلاف عام، كَانَ الجنوب العربي يتألف مِن عدة ممالك.. مِن أهمها حضرموت وسبع.

فِي هذه العصور القديمة، اكتسب الجنوب العربي العديد مِن الميزات البارزة: السد الشهير فِي مأرب والمسمى بسد مارب، وتجارة البخور العالمية، وملكة سبأ الأسطورية. ثم منذ حوالي ألفي عام أصبح الحميريين سادة جنوب الجزيرة العربية، وسيطروا عَلَى المنطقة لعدة قرون.

بعد عدة عقود مِن تحول سكَانَ مملكة أكسوم فِي إثيوبيا إِلَى المسيحية، نهاية الأدلة عَلَى عبادة الحميريين للآلهة المحلية.. توقف تدوين الملوك عَلَى المباني المحلية وتحديدا عام 380 بعد الميلاد.. يبدو أن الملوك الحميريين قد تخلوا عَن تعدد الآلهة وتحولوا إِلَى اليهودية. تم التخلي عَن المعابد، وتم استبدال الإشارات إِلَى الآلهة السابقة بنقوش باللغة الصابئة، وأحيانا العبرية، فِي إشارة إِلَى رحمنان، "رب السماء" أو "رب السماء والأرض". ومع ذلك، عَلَى عكس ما حدث فِي أكسوم، لم يتغير نص الناس وتقويمهم ولغتهم.

ربما كَانَ التحول بدوافع سياسية وربما كَانَ نتِيجَة لرغبة الجزيرة العربية فِي البقاء عَلَى الحياد والحفاظ عَلَى علاقات تجارية جيدة مع بيزنطة، "الَّتِي تبنت المسيحية لأول مرة فِي عهد ثيودوسيوس الكبير، والإمبراطورية الساسانية، الَّتِي تناوبت بين الزورفانية والمانوية". يعتقد أن أحد الملوك اليهود الأوائل الَّذِين اعتنقوا الإسلام فعل ذَلِك بعد حملة عسكرية عَلَى شمال شبه الجزيرة العربية وكحيلة للقضاء عَلَى النفوذ البيزنطي.

كَانَت شبه الجزيرة العربية جذابة للأباطرة البيزنطيين، الَّذِين كَانُوا حريصين عَلَى السيطرة عَلَى تجارة التوابل المربحة وطريق التجارة إِلَى الهند. كَانُوا "يأملون فِي إنشاء محمية عَن طريق تحويل السكَانَ إِلَى المسيحية. وقد أحرز بعض التقدم فِي شمال شبه الجزيرة العربية، لكنهم لم يحققوا نجاحا يذكر فِي حميار". يعتقد بعض المؤرخين أن السياسة لم تكن عاملا محفزا للحميريين. بدلا مِن ذلك، "كَانَت اليهودية، بطبيعتها الفلسفية والتبسيطية والتقشفية، جذابة لطبيعة الشعب السامي".

فِي وقت لاحق، وقع أول غزو أكسومي فِي وقت ما فِي القرن الخَامِس ونجم عَن اضطهاد المسيحيين. فِي البلدان الَّتِي يسيطر عليها الرومان، قام المسيحيون بمضايقة واضطهاد اليهود المحليين، مما أسفر عَن مقتل العديد منهم.

جاءت نهاية الملكية اليهودية فِي حمير فِي عهد ذو نواس، "الذي اضطهد فِي عام 523 السكَانَ المسيحيين الحميريين فِي نجران". خِلَال فترة حكمه بدأت المملكة الحميرية تصبح دولة رافدة لأكسوم. اختتمت العملية ببدء حكم مسيحي معين مِن قبل الأكسوميين.

تمكّنت المنطقة فِي البداية مِن تحقيق ثروتها بسبب موقعها عَلَى الطريق التجاري عَلَى شواطئ البحر الأحمر. جلبت التجارة معها تطورا ديناميكيا جديدا مستمرا خِلَال الألفية قبل العصر المسيحي. ومع ذلك، أدى انخفاض الطلب عَلَى اللبان فِي النهاية إِلَى التراجع التدريجي للحضارة العربية الجنوبية.

استخدم الإغريق والرومان اللبان لتغطية رائحة حرق اللحم فِي حرق الجثث. منذ أن دفن

المسيحيون موتاهم، بدلا مِن حرقهم أو تحنيطهم، انخفض الطلب عَلَى اللبان والمر بشكل كبير مع انتشار المسيحية.

أصبحت القهوة مصدر الثروة... فِي هذه الْأَيَّام، يحمل المشروب الشعبي، موكا، اسم المخا، المَدِينَة الساحلية فِي اليَمَن.

الملحق الثالث:حضرموت

حضرموت، مقاطعة أو منطقة فِي جنوب شبه الجزيرة العربية..تقع في جنوب اليَمَن الحالي.. أقدم إشارة إِلَى حضرموت وردت في نقوش الصابئة، حيث اشارت إِلَى أنها كَانَت مملكة مستقلة واكتسبت أهمية اقتصادية هائلة بسبب امتلاكها للبخور .

كَانَ المؤرخون اليونانيون عَلَى علم بحضرموت ومقدراتها فِي وقت مبكر مِن القرن الرابع قبل الميلاد.. ذكر ثيوفراستوس مِن إريسوس، تلميذ أرسطو وخليفته على رئاسة المدرسة المتجولة حضرموت، انه واثناء رحلته العلمية إِلَى حضرموت كباحث عن النبات انها من اهم المناطق الَّتِي تنتج البخور والمر والقرفة.

منذ أواخر القرن الرابع أو أوائل القرن الثالث قبل الميلاد، كَانَت المنطقة تتألف مِن ممالك بدوية، بالإضافة إِلَى أتباع اليهودية والمسيحية..

يعيش الحضارم اليوم فِي البلدات التي أقيمت بالقرب مِن محطات الري التقليدية عَلَى طول الوديان أو مجاري الأنهار / الجداول..تعتبر الزراعة إحدى ركائز الحضرمي الأساسية

يشتهر الحضارم بكونهم متعلمين تقليدين ومعروف عنهم صرامتهم في تطبيق الشعائر الإسلامية.

الملحق الرابع: أسلافي فِي يافع العليا

يافع اسم قبيلة ومنطقة جغرافية في آنٍ معاُ.. وفقا لعالم الأنساب العربي الحمداني (893 إِلَى 945 م)، فإنها تعد واحدة مِن أكبر القبائل الَّتِي تنحدر مِن الحميريين القدماء.. يشير بعض المؤرخين إِلَى أنهم ينحدرون مِن نسل أكسوميت الَّذِي استقر فِي المنطقة.

على مر القرون، شهدت منطقة يافع تغييرات متعددة نتيجة استمرار الصراع القبلي عَلَى السلطة.. تشير السجلات الحديثة إِلَى تقسيم الأرض إِلَى قبيلتين قويتين: يافع العليا ويافع السفلى. "كَانَ لدى يافع العليا معاهدة منفصلة مع محمية جنوب شبه الجزيرة العربية، وكَانَ يحكمها سلطان هرهرة (الإمبراطورية بين عامي 1730 و 1967) وكَانَت عاصمتها تسمى المحجابة".

قامت سلطنة القعيطي فِي الشحر بحضرموت. كَانَت عاصمتها المكلا، لاحقا ..تم تقسيمها إِلَى ستة محافظات شملت المكلا والشحر وشبام ودوعان والمنطقة الغربية وهجر.. بصرف النظر عَن المكلا، كَانَت الشحر وشبام المدينتين الرئيسيتين فِي السلطنة. امتدت السلطنة عَلَى ساحل المحيط الهندي حَتَّى حدود المهرة، وشملت شبوة والوديان الوسطى ومستوطنات الواحات فِي حضرموت، وسيطرت عَلَى الربع الخالي الجنوبي.

يشتهر سكّانَ يافع العليا برقي معارفهم العلمية الدينية وشجاعتهم وقدراتهم العسكرية، واستمر عدد مِن سلاطين يافع فِي حكم حضرموت (على سبيل المثال، قحطان، المحضار، هرهرة، إلخ)، حول المكلا والشهر.

"شكّلنا اتحادا مِن القبائل القوية والحربية التي، عَلَى الرغم مِن ضعفها بسبب الانشقاق الداخلي، كَانَت سريعا ما تتوحد ضد أي تهديد بالغزو الأجنبي".

فيما يلي ترجمة لتقرير عَن مسيرة عمر بن صالح هرهرة، أحد أجدادي، ادرجته كمثال عَلَى التاريخ الطويل للصراع بين الشيعة والسنة، وكيف قاتل أسلافي للاحتفاظ بالسلطة... اجدادي كلهم من الرؤساء والقادة.

***

كَانَ السلطان عمر بن جعفر، وهو سلطان زيدي مِن يافع، قد استولى عَلَى حضرموت واحتلها بالكامل وطرد عيسى بن بدر وكل مِن كَانَ معه، وأرسلهم إِلَى الإمام.. كَانَ الوجهاء المحليون والشيوخ والسادة مستائين للغاية.

لم يكن هناك أي خيار أمام الشيخ المحبوب علي بن حامد [شيخ سني] سوى الهرب إِلَى منطقة قريبة مِن منطقة هود.. كتب لعمر بن صالح هرهرة كتابا خاصا عَن السلطان عمر بن جعفر. عند استلام كتابه، قمنا نحن المرافقين للسلطان عمر بن صالح أحمد هرهرة، وقررنا، ووثقنا بالله.. بسم الله الرحمن الرحيم غادرنا المحجيبة فِي اليوم الأول مِن ذي القعدة 1113 هـ.. تجمع لنا فِي يافع العليا حوالي 500 شخص.. فانتقلنا إِلَى البيضاء.. وصلنا فِي الـ 15 من ذي القعدة، ومن هناك واصلنا... لم يكن فِي الأرض الَّتِي عبرناها مِن مورا إِلَى حضرموت أي ماء أو أشجار، لَكِنّ الله من علينا بالأمطار.

وصلنا مع 500 جمل إِلَى العولق والتقينا بالسلطان بن منصر العولقي.

استيقظنا فِي اليوم التالي، الَّذِي كَانَ صادف يوم الحج - الحج الكبير.

تلقينا خبر وصول السلطان عمر بن جعفر إِلَى قرية بحران.. كَانَ يحشد جنود الزيدي.

استمروا فِي جمع الخيول وحشد الرجال والمال مِن الإمام، فزاد عددهم فِي قرية بحران إِلَى أكثر مِن 4000. كَانَ لديهم حوالي 150 حصانا.

انتقلنا مِن العقبة إِلَى محزاع الهجرين، حيث كَانَ هناك 100 جندي ينتمون للإمام.. واجهنا 50 من الفرسان راكبي الخيول.. أوقفناهم بالبنادق بحلول نهاية اليوم.

عَندَمَا خططنا للرحيل، كتبنا إِلَى السلطان بن جعفر رسالة قصيرة "وصلنا مِن يافع وأردنا مغادرة الزيدية وإزالة عقيدتهم طوعا وبالقوة.. أنت السلطان، وبالتالي فإن القرار لك. إِذَا أعطيتنا جوابا، فسنقسم عَلَى أنفسنا أنك بن أحمد الحبيب".

رفض وقَال لنا فِي رده: "هذه هِي بلدي، وبلدي، وجدي، ولا توجد طريقة لوضع قدمك عليها. قمت إليكم مِن قاع بحران، ولدي جميع الرجال - كلهم مِن ظفار إلَى الشحر والقبلة - وخيولهم السريعة. أنا أراقب ظهورهم وسأقابلك بحلول الفجر".

ثم كتب لنا الأمير بن مقبل والشرفاء كلاما قبيحا حقا

: "لَقَد وقفنا عَلَى كتابك للسلطان بن جعفر. إذَا كُنت أنت، عمر بن صالح أحمد هرهرة، الَّذِي يركب الحصان الأبيض ويرفع المظلة أمام نساء يافع، أظهر نفسك لنا".

أجبنا: "نعم. نحن متجهين إليكم ، صباح الخميس. عَندَمَا تغرب الشمس، وأصل أنا، عمر بن صالح أحمد هرهرة، سترى المظلة فوق رأسي فِي قاع بحران".

بعد إلقاء خطاب للناس وتشجيعهم انقسمنا إلَى ثلاثة مواقف:

1. أخي أبو بكر بن هرهرة، ومعه المصطفى ولابوس.

2. أولادي صالح وحسين ويحيى بن حرارة. النخبي. والزيدي.

3. الأولاد وأنا: قاسم هرهرة، عمر وصالح بن هرهرة، الزبي (صديق)، أهل الحضرم فِي بحر، الأحد، والعناق.

كَانَ الأعداء عَلَى بعد حوالي ميل واحد مِن موقعنا ..بلغ عددهم حوالي 1200 شخص فيما عددنا حوالي 600. .واجهناهم فِي الصباح الباكر، أول محرم، 1114 هـ..تلاقينا فاشتد الصراع.. لم يكن هناك سوى القتال ، فقط قتال.. كَانَت الأرض تهتز..هاجمونا بخيولهم، لكن بنادقنا ادت إلَى اسقاطهم .. واصلنا مهاجمتهم فبدأوا فِي الفرار واحدا واحد.. يمكنك رؤيتهم يركضون كما لو كَانُوا جذور أشجار نخيل ممزقة مِن الأرض... واصلنا هجومنا ..طعنهم بالسيوف ..ومِن الصباح حَتَّى المساء استولينا عَلَى محطتهم فِي الحَديدَة. استولينا أيضًا عَلَى خيامهم وكل ما كَانَ لديهم من البنادق والسيوف والدروع وغيرها مِن الأشياء القيمة. قضينا هذه الليلة فِي الحَديدَة.

احتفظنا بمنافسنا أبو بكر ومن كان معه فِي يافع بحضرموت وانتقلنا إلَى الشحر حيث مكثنا ثلاثة أشهر.. الشحر مدينة عظيمة. لديها الكثير مِن المتاجر والأسواق وما إلَى ذلك.

قسمنا ملكية الأراضي إلَى قسمين.. ذهب جزء مِن الناس إلَى حضرموت. ذهبت أنا ومن كَانَ معي إلَى يافع.

كَانَت تلك مسيرة السلطان الشجاع عمر بن صالح بن أحمد هرهرة.

الملحق الخَامِس: سبأ:

أرض سبأ

في القرون الغابرة.. كَانَت الحضارة المسماة بحضارة سبأ حضارة غنية بشكل استثنائي. ووفقا

للقرآن، كَانَت ملكة سبأ، المعروفة فِي الغرب باسم ملكة سبأ، "امرأة تحكم الشعب، وقد أعطيت نصيبا مِن كل شيء .. لديها عرش رائع"..ازدهرت مملكتها فِي جميع أنحاء ما يعرف الآن بإثيوبيا والصومال واليَمَن.

وفقا للكتاب المقدس، زارت ملكة سبأ الملك سليمان فِي القدس حوالي 900 قبل الميلاد، حاملة معها وفرة مِن الهدايا: "ثم أعطت الملك 120 وزنة مِن الذهب، وكمية كبيرة جَدًّا مِن التوابل والأحجار الكريمة. لم يأت مرة أخرى مثل هذه الوفرة مِن التوابل الَّتِي أعطتها ملكة سبأ للملك سليمان ". كَانَ ينظر إِلَى اختيارها لتقديم الهدايا مقابل المواجهة العسكرية مع سليمان عَلَى أنه "سياسة أنثوية"، لَكِنّ "القرآن يفضل بوضوح تكتيكات الملكة السلمية وكرمها" عَلَى المواجهة العدوانية.

اشتهر سبأ بالتعامل فِي تجارة اللبان والمر المربحة. كَانَ السبئيون شعبا بحريا بامتياز وكَانوا معروفين بنفوذهم وتواجدهم فِي شمال شرق إفريقيا، عبر البحر الأحمر فِي إريتريا والحبشة..لقد كانوا المصدّر الوحيد لإنتاج وتصدير اللبان والمر.

ازدهرت مملكة ملكة سبأ لعدة قرون وانهارت فِي النهاية فقط عَندَمَا "عادت المظالم الاجتماعية إِلَى الظهور وأصبح النظام قمعيا ..لم يتبق سوى طبقتين: الأغنياء جَدًّا والفقراء جدا".

تقع محافظة مأرب، العاصمة السابقة لسبأ شرق اليمن.. "ازدهرت فِي الماضي وعرفت كمركز للتجارة عَلَى طرق القوافل، الَّتِي ربطت البحر الأبيض المتوسط بشبه الجزيرة العربية واحتكرت التجارة عَلَى حركة اللبان والمر فِي المنطقة." لعبت تجارة القوافل دورا أساسيا فِي تطوير ثقافة جنوب شبه الجزيرة العربية. كَانَت الثروات الَّتِي تم تداولها والثروة الَّتِي انتشرت ذات أهمية قصوى، ولَكِنّ عَلَى نفس القدر مِن الأهمية كَانَت الروابط الَّتِي تمت نتيجَة للتجارة بين جنوب شبه الجزيرة ومصر وبلاد ما بين النهرين وبلاد فارس. اكتسبت سبأ ثروتها مِن خِلَال تداول اللبان والمر المرغوبين كَثِيرًا للمصريين، الَّذِين استخدموه للتحنيط، والصينيين، الَّذِين استخدموه فِي الطب. تم حرق كلتا السلعتين أيضًا بسبب رائحتهما فِي المعابد والمحاكم الإمبراطورية فِي جميع أنحاء العالم. ولَكِنّ بحلول القرن الرابع الميلادِي، فقدت مأرب قوتها الاقتصادية حيث انخفض سوق اللبان والمر بسبب صعود المسيحية، الَّتِي منعت استخدام اللبان بسبب ارتباطه بالعبادة الوثنية.

قام ملوك سبا والَّذِين اتخذوا من مأرب عاصمة لدولتهم ببناء سد مأرب العظيم، وانشاء مشاريع الري العملاقة وبناء القلاع والمعابد المختلفة. ..بانهيار سد مارب انهارت حضارة سبأ.

لقد بقِي سبب انهيارها موضع نقاش العلماء لسنوات.. يدعي البعض أنه كَانَ بسبب التآكل الناجم عَن الأمطار الغزيرة.. فيما يعتقد آخرين أن زلزالا دمر السد.

فيما تعيد الأسطورة سبب الانهيار إِلَى قيام الفئران بقضم حجارة السد.

وفقا للقرآن، كَانَ الانهيار عقابا ألحقه الله بالصابئة بسبب عدم امتنانهم. وأيا كَانَ السبب، فإن زوال السد يمثل نهاية حضارة قديمة مزدهرة فِي جنوب شبه الجزيرة العربية.

Bibliography .

"About the IMF." International Monetary Fund. 2022. imf.org/en/About.

"AskIslampedia: Dhul-Quadah." Accessed June 30, 2022. askislampedia.com/en/wiki/-/wiki/English_wiki/Dhul+Qadah.

Ben-Harhara, Adel. "Qat is a Drug and Most Yemenis are Addicted to It!" Yemen Times. January 30, 1994.

Ben-Harhara, Adel. "The Legacy of Computers." Yemen Times. March 20, 1994.

Countries and Their Cultures. "Yemen." 2022. everyculture.com/To-Z/Yemen.html.

ExecutedToday.com. 1978: Salim Rubai Ali, President of South Yemen. June 26, 2019. executedtoday.com/2019/06/26/1978-salim-rubai-ali-president-of-south-yemen/.

FTD Facts. "10 Surprising Facts About Yemen." November 1, 2020. YouTube Video. youtube.com/watch?v=tylvRmNDeIk.

"How Express Entry Works." Government of Canada. Last modified February 7, 2022. canada.ca/en/immigration-refugees-citizenship/services/immigrate-canada/express-entry/works.html.

"Is Polygamy Allowed in Islam?" Al Islam. The Official Website of the Ahmadiyya Muslim Community. 2022. alislam.org/question/polygamy-in-islam/.

Jeffs, Jeremy and Gregory Doran, dirs. In Search of Myths & Heroes. "Season 1 Episode 1. The Queen of Sheba." Aired 2005 on PBS. pbs.org/mythsandheroes/myths_four_sheba.html.

John F. Kennedy Presidential Library and Museum. Historic Speeches. "Televised Address to the Nation on Civil Rights." June 11, 1963. jfklibrary.org/learn/about-jfk/historic-speeches/televised-address-to-the-nation-on-civil-rights.

"Ma'rib—Capital of the Kingdom of Saba." Heritage Daily, 2021. heritagedaily.com/2020/06/marib-capital-of-the-kingdom-of-saba/133781 - :~:text=Ma'rib%20is%20an%20archaeological,edge%20of%20the%20Sayhad%20desert.

Malek-Ahmadi, Pegah. "The Himyarites." January 5, 2020. rebuildthemiddleeast.com/history-of-the-middleeast/2020/1/5/the-himyarites-1.

Natan, Yoel. Moon-o-theism: Religion of a War and Moon God Prophet, Volume I of II. July 29, 2006. page 345. books.google.ca/books?id=GB_R90_DlGEC&pg=PA345&lpg=PA345&dq=Theophrastus+of+Eresos+on+Hadhramout&source=bl&ots=NU-2Z46mga&sig=ACfU3U0HAnJKmM6ffUZThf9jkvIWSIK4pQ&hl=en&sa=X&ved=2ahUKEwi2sLvIjab3AhXXCTQIHUrNDzgQ6AF6BAgoEAM#v=onepage&q=Theophrastus%20of%20Eresos%20on%20Hadhramout&f=false.

Our Yemen Campaign and New Hadith Collection. "The Story Behind #IamYemeni." June 26, 2020. muslimhands.ca/latest/2020/06/the-story-behind-iamyemeni.

Pandya, Sophia. "Yemenis and Muwalladīn in Addis Ababa: Blood Purity and the Opportunities of Hybridity." Journal of Arabian Studies. (2014) 4. 96-114. 10.1080/21534764.2014.918337.

Passage to Yafa' (1891-1967)." Vol 15, 2007. The British-Yemeni Society. al-bab.com/al-bab-orig/albab/bys/articles/editor07.htm

Patowary, Kaushik. "The Collapse of the Marib Dam and the Fall of an Empire." Amusing Planet. November 26, 2018. amusingplanet.com/2018/11/the-collapse-of-marib-dam-and-fall-of.html

Rehmatullah, Dr. Nasim. "Significance of Number Four." Al Islam. The Official Website of the Ahmadiyya Muslim Community 2022. alislam.org/articles/significance-of-number-four/.

Sanford International School. "The History of Sanford International School." 2022. sandfordschool.org/the-history-of-sandford-international-school/.

Sarwar, Mohammad Golam. "What Does the Quran Say Regarding Polygamy?" The Daily Star, April 13, 2021. thedailystar.net/law-our-rights/news/what-does-the-quran-say-regarding-polygamy-2076941

"Southern Arabia," Nabataea.net. 2020. nabatea.net/explore/travel_and_trade/southern-arabia.

Steinman, David. "Ethiopia's Cruel Con Game." Forbes. March 3, 2017. forbes.com/sites/realspin/2017/03/03/ethiopias-cruel-con-game/?sh=621fb7df29d0

Summerland Hotel. "Socotra History (Socotra Island)." 2014. summerlandsocotra.com/SocotraHistory.html.

TFF. "In Islam and the Qur'an: The Queen of Sheba." The Fatal Feminist. August 2, 2011. thefatalfeminist.com/2011/08/02/in-islam-and-the-quran-the-queen-of-sheba/.

"Wikipedia: Abdulaziz Al-Saqqaf." Wikimedia Foundation. Last edited September 17, 2021, 06:39. en.wikipedia.org/wiki/Abdulaziz_Al-Saqqaf.

"Wikipedia: Abraha." Wikimedia Foundation. Last edited May 15, 2022, 19:53. en.wikipedia.org/wiki/Abraha.

"Wikipedia: Ād." Wikimedia Foundation. Last edited November 18, 2021, 17:28. en.wikipedia.org/wiki/%CA%BF%C4%80d - Legend.

"Wikipedia: Al Hudayah." Wikimedia Foundation. Last edited May 10, 2022, 02:16. en.wikipedia.org/wiki/Al_Hudaydah.

"Wikipedia: Al-Qalis Church, Sanaa." Wikimedia Foundation. Last edited December 7, 2021, 15:07. en.wikipedia.org/wiki/Al-Qalis_Church,_Sanaa.

"Wikipedia: Amhara people." Wikimedia Foundation. Last edited July 1, 2022, 10:20. en.wikipedia.org/wiki/Amhara_people.

"Wikipedia: General Certificate of Education." Wikimedia Foundation. Last edited April 28, 2022, 00:15. en.wikipedia.org/wiki/General_Certificate_of_Education.

"Wikipedia: Governorates of Yemen." Wikimedia Foundation. Last edited February 28, 2022, 15:33. en.wikipedia.org/wiki/Governorates_of_Yemen.

"Wikipedia: Gushl." Wikimedia Foundation. Last edited November 28, 2021, 15:26. en.wikipedia.org/wiki/Ghusl.

"Wikipedia: Hadhramaut." Wikimedia Foundation. Last edited June 3, 2022, 15:02. en.wikipedia.org/wiki/Hadhramaut.

"Wikipedia: Haile Selassie." Wikimedia Foundation. Last edited June 26, 2022, 11:59. en.wikipedia.org/wiki/Haile_Selassie.

"Wikipedia: Himyarite Kingdom." Wikimedia Foundation. Last edited June 21, 2022, 19:24. en.wikipedia.org/wiki/Himyarite_Kingdom.

"Wikipedia: Ibb." Wikimedia Foundation. Last edited April 10, 2022, 12:15. en.wikipedia.org/wiki/Ibb.

"Wikipedia: Immigration and Naturalization Service." Wikimedia Foundation. Last edited June 17, 2022, 15:53. en.wikipedia.org/wiki/Immigration_and_Naturalization_Service.

"Wikipedia: Khalifa." Wikimedia Foundation. Last edited May 16, 2022, 16:29. en.wikipedia.org/wiki/Khalifa.

"Wikipedia: Khamr." Wikimedia Foundation. Last edited May 26, 2022, 02:46. en.wikipedia.org/wiki/Khamr.

"Wikipedia: Law enforcement in Yemen." Wikimedia Foundation. Last edited March 22, 2022, 09:52. en.wikipedia.org/wiki/Law_enforcement_in_Yemen.

"Wikipedia: Lower Yafa." Wikimedia Foundation. Last edited June 16, 2022, 10:01. en.wikipedia.org/wiki/Lower_Yafa.

"Wikipedia: Marib." Wikimedia Foundation. Last edited June 27, 2022, 13:03. en.wikipedia.org/wiki/Marib.

"Wikipedia: Marriage in Islam." Wikimedia Foundation. Last edited June 29, 2022, 14:44. en.wikipedia.org/wiki/Marriage_in_Islam.

"Wikipedia: Mocha, Yemen." Wikimedia Foundation. Last edited July 1, 2022, 13:12. en.wikipedia.org/wiki/Mocha,_Yemen.

"Wikipedia: Moment magnitude scale." Wikimedia Foundation. Last edited June 24, 2022, 14:30. en.wikipedia.org/wiki/Moment_magnitude_scale.

"Wikipedia: Muladi." Wikimedia Foundation. Last edited March 30, 2022, 23:02. en.wikipedia.org/wiki/Mulad%C3%AD.

"Wikipedia: One Thousannd and One Nights." Wikimedia Foundation. Last edited July 2, 2022, 19:49. en.wikipedia.org/wiki/One_Thousand_and_One_Nights.

"Wikipedia: Qu'aiti." Wikimedia Foundation. Last edited June 16, 2022, 06:36. en.wikipedia.org/wiki/Qu%27aiti#:~:text=Qu%27aiti%20%5Bnb%201%5D%20or%20the%20Qu%27aiti%20Sultanate%20of,Ash-Shihr%2C%20Shibam%2C%20Du%27an%2C%20the%20Western%20Province%20and%20Hajr.

"Wikipedia: Seiyun." Wikimedia Foundation. Last edited February 12, 2022, 02:00. en.wikipedia.org/wiki/Seiyun.

"Wikipedia: Sheik." Wikimedia Foundation. Last edited March 18, 2022, 12:40. en.wikipedia.org/wiki/Sheik.

"Wikipedia: Sheikdom." Wikimedia Foundation. Last edited May 31, 2022, 20:50. en.wikipedia.org/wiki/Sheikhdom.

"Wikipedia: Shia-Sunni relations." Wikimedia Foundation. Last edited June 16, 2022, 04:58. en.wikipedia.org/wiki/Shia%E2%80%93Sunni_relations.

"Wikipedia: Socotra." Wikimedia Foundation. Last edited July 1, 2022, 23:41. en.wikipedia.org/wiki/Socotra.

"Wikipedia: South Arabia." Wikimedia Foundation. Last edited May 7, 2022, 22:45. en.wikipedia.org/wiki/South_Arabia.

"Wikipedia: Sultan." Wikimedia Foundation. Last edited June 22, 2022, 15:18. en.wikipedia.org/wiki/Sultan.

"Wikipedia: Taiz." Wikimedia Foundation. Last edited February 19, 2022, 07:50. en.wikipedia.org/wiki/Taiz.

"Wikipedia: Tarim, Hadhramaut." Wikimedia Foundation. Last edited June 13, 2022, 01:30. en.wikipedia.org/wiki/Tarim,_Hadhramaut.

"Wikipedia: Upper Yafa." Wikimedia Foundation. Last edited June 21, 2022, 06:38. en.wikipedia.org/wiki/Upper_Yafa.

"Wikipedia: Wahhabism." Wikimedia Foundation. Last edited June 28, 2022, 15:31. en.wikipedia.org/wiki/Wahhabism.

"Wikipedia: Yafa." Wikimedia Foundation. Last edited June 21, 2022, 19:10. en.wikipedia.org/wiki/Yafa.

"Wikipedia: Zaydism." Wikimedia Foundation. Last edited June 30, 2022, 15:23. en.wikipedia.org/wiki/Zaydism.

Wikitravel: The Free Travel Guide. "Ta'izz." Last edited May 31, 2022, 6:09. wikitravel.org/en/Ta%27izz.

"Yemen: One of the Worst Places in the World to Be a Woman," Amnesty International. December 16, 2019. amnesty.org/en/latest/campaigns/2019/12/yemen-one-of-the-worst-places-in-the-world-to-be-a-woman/.

Zaufishan. "Why Muslims Don't Drink Alcohol." Green Prophet. November 28, 2011.

Zaufishan. "Why Muslims Don't Drink Alcohol." Green Prophet. November 28, 2011. greenprophet.com/2011/11/muslims-alcohol-haraam/.

الحواشي

مقدمة

ويكيبيديا; مدخل "سلطان" فِي ويكيبيديا ؛ دخول ويكيبيديا عَلَى السلاطين.

ويكيبيديا; مدخل ويكيبيديا "الزيدية" ؛ مدخل ويكيبيديا عَلَى الزيدية.

فِي الإشارات اللاحقة، سيتم اختصار "صلى الله عليه وسلم" (عليه السلام).

الخليفه: خليفة محمدed [عليه السلام] كرئيس زمني وروحي للإسلام —تستخدم كعنوان، المصدر: قاموس Merriam-Webster.com، s.v. "الخليفة"، تم الوصول إليه فِي 26 يونيو 2022, merriam-webster.com/dictionary/caliph.

ويكيبيديا; مدخل ويكيبيديا "العلاقات الشيعية السنية" ؛ مدخل ويكيبيديا عَن العلاقة بين المسلمين الشيعة والسنة.

"خليفه ... هو اسم أو لقب يعني "خليفة"، "حاكم' أو "القائد". يشير بشكل شائع إِلَى زعيم أ الخلافه، ولَكِنَّه يستخدم أيضًا كعنوان بين مختلف إسلامي الجماعات الدينية وغيرها. كَانَ هناك أربعة خليفات بعد [النبي] محمدed توفي [عليه السلام] بدءا مِن أبو بكر." مصدر: ويكيبيديا; مدخل "خليفة" فِي ويكيبيديا ؛ مدخل ويكيبيديا عَن آل خليفة.

ويكيبيديا; مدخل ويكيبيديا "العلاقات الشيعية السنية" ؛ مدخل ويكيبيديا عَن العلاقة بين المسلمين الشيعة والسنة.

جيريمي جيفز وجريجوري دوران، ديرس، بحثا عَن الخرافات والأبطال، الموسم 1 الحلقة 1، "ملكة سبأ".

لدي أربع أخوات غير شقيقات و نصف أخي مِن جانب وَالِدي. أشير إليهن عَلَى أنهن أخواتي وأخي عَلَى الرغم مِن أن لدينا أمهات مختلفات. إِنّ إنهم إخوتي.

حملتنا فِي اليَمَن والحديث الجديد مجموعة.، "القصة وراء IamYemeni#."

الإعلان هو اللقب الَّذِي أعطاني إياه وَالِدي. أطلق علي اسم آدي عَلَى اسم هذه القبيلة، وعَندَمَا بدأت المدَرسَة، أضفت حرف L إِلَى النهاية لجعل اسمي أقل إهانة للعرب.

القرآن ..سورة التوبة الاية رقم 31

حملتنا فِي اليَمَن ومجموعة الحديث الجديد، "القصة وراء IamYemeni#."

الآية: آيات القرآن الفردية.

القرآن مصنوع مِن الحديث والسنة. تحتوي السنة عَلَى كلمات tهو النبي محمد (صلى الله عليه وسلم) وبالتالي يقدم لاهوت الإسلام. يحتوي الحديث عَلَى كتابات عَن حياة tالنبي محمد (صلى الله عليه وسلم): أفعاله وعاداته وممارساته كما رواها أولئك الَّذِين عرفوه.

حملتنا فِي اليَمَن ومجموعة الحديث الجديد، "القصة وراء IamYemeni#."

أحداث الحياة الكبرى

القات هو شجيرة تزرع عَلَى جبال اليَمَن، وكذَلِك فِي أجزاء مختلفة مِن القرن الأفريقي وشرق إفريقيا، وربما جنوبا مثل موزمبيق. يحشو المدمنون أفواههم بالأوراق لساعات طويلة ويمضغونها بثبات. يعطي شعورا معينا بالاسترخاء والسهولة، ولهَذا السبب يستخدمه الكثير مِن الناس. يمضغ القات فِي مجموعات. يجتمع الناس داخل غرف كبيرة ويغلقون جميع النوافذ والأبواب، وبالتالي يقللون مِن التهوية، ويمضغون لساعات لا نهاية لها، عادة فِي فترة ما بعد الظهر.

فِي ذَلِك الوقت، كَانَ اليَمَن الشمالي واليَمَن الجنوبي دولتين منفصلتين، تماما مثل ألمانيا الشرقية والغربية قبل سقوط جدار برلين وتوحد البلدين. اتحد شمال وجنوب اليَمَن فِي عام 1990، عَندَمَا كُنت أعيش فِي الولايات المتحدة.

تعتبر القرابة مِن خِلَال العلاقات الاجتماعية أو التجارية الوثيقة وثيقة مثل علاقات الدم فِي الثقافة العربية.

YR: الريال اليَمَني، عملة اليَمَن.

شمالين هو مصطلح لليمنيين الشماليين، مثل قول "الشماليين".

الثاني الله أكبر يعني "الله أكبر".

الثالث ويكيبيديا; إدخال ويكيبيديا "إب" ؛ دخول ويكيبيديا عَلَى مدينة إب.

لا تحتوي المنازل والفنادق فِي اليَمَن عادة عَلَى ساحات خلفية أو ساحات فناء، ولكِنّ ربما يحتوي 20 فِي المائة منها عَلَى أسطح منازل تستخدم كمناطق ترفيهية. يلعب الأطفال ويختلط الكبار عَلَى أسطح المنازل.

V ويكيبيديا; مدخل ويكيبيديا "المخاء اليَمَن" ؛ دخول ويكيبيديا عَن مدينة المخا.

حقائق 10" ,FTD حقائق مدهشة عَن اليَمَن"، 3:39.

ويكيبيديا; مدخل ويكيبيديا "المخاء اليَمَن" ؛ دخول ويكيبيديا عَن مدينة المخا.

السَّادِس "الحملة العالمية للتعليم هِي عائلة خاصة بالموضوع مِن المؤهلات الأكاديمية الَّتِي تمنحها الهيئات المانحة فِي إنجلترا وويلز وأيرلندا الشمالية والأقاليم التابعة للتاج وعدد قليل مِن دول الكومنولث، ولا سيما قبرص وسريلانكا وباكستان وماليزيا وسنغافورة واليَمَن." مصدرويكيبيديا.: إدخال ويكيبيديا "شهادة التعليم العامة" فِي الحملة العالمية للتعليم.

ويكيبيديا; مدخل ويكيبيديا "الحديدية" ؛ مدخل ويكيبيديا عَن مدينة الهداية.

ويكيبيديا; مدخل ويكيبيديا "المخاء اليَمَن" ؛ دخول ويكيبيديا عَن مدينة المخا.

ويكيبيديا; مدخل ويكيبيديا "الحديدية" ؛ مدخل ويكيبيديا عَن مدينة الهداية.

حرب يوم الغفران، وتسمى أيضًا حرب أكتوبر، حرب رمضان، الحرب العربية الإسرائيلية فِي أكتوبر 1973، أو الرابعة عربي إسرائيلي بدأت الحرب - الرابعة مِن الحروب العربية الإسرائيلية - مِن قبل مصر وسوريا فِي 6 أكتوبر 1973، فِي يوم الغفران اليهودي المقدس. لمزيد مِن المعلومات: wikipedia.org/wiki/Yom_Kippur_War.

سابعا ويكيبيديا; ويكيبيديا "مولادي" دخول؛ دخول ويكيبيديا عَلَى المصطلح مولادي.

صوفيا باندياً, "اليَمَنيون و مولادين فِي أديس أبابا: نقاء الدم وفرص التهجين."

الثامن لمزيد مِن المعلومات: wikipedia.org/wiki/Wollo_Province.

لمزيد مِن المعلومات: wikipedia.org/wiki/Al-Jumu%27ah.

التاسع ألف ليلة وليلة (بالعربية: ألف ليلة وليلة) هِي مجموعة مِن الحكايات الشعبية الشرق أوسطية الَّتِي تم تجميعها باللغة العربية خِلَال العصر الذهبي الإسلامي. غالبا ما يعرف باللغة الإنجليزية باسم ألف ليلة وليلة، مِن الطبعة الأولى باللغة الإنجليزية (c. 1706-1721)، مما جعل العنوان ك ترفيه الليالي العربية." مصدر: ويكيبيديا; ويكيبيديا "ألف ليلة وليلة" الدخول عَلَى النص الأدبي المعروف باسم ألف ليلة وليلة.

الحادي عشر ويكيبيديا; مدخل ويكيبيديا "إنفاذ القانون فِي اليَمَن" ؛ مدخل ويكيبيديا عَن إنفاذ القانون فِي اليَمَن.

الثاني عشر ويكيبيديا; مدخل ويكيبيديا "مأرب" ؛ دخول ويكيبيديا عَن مدينة مأرب.

ويكيبيديا; مدخل ويكيبيديا "يافا السفلى" ؛ دخول ويكيبيديا عَلَى منطقة يافا السفلى.

ويكيبيديا; مدخل ويكيبيديا "حضرموت" ؛ مدخل ويكيبيديا عَلَى منطقة حضرموت.

"شيخ أو الشيخ، حرفيا "الشيخ" باللغة العربية، هو اللقب الفخري لحاكم القبيلة". مصدر: ويكيبيديا; مدخل "الشيخ" فِي ويكيبيديا ؛ دخول ويكيبيديا عَلَى الشيوخ.

"فِي الأصل، كَانَ [سلطان] عربيا اسم مجرد تعني "القوة"، "السلطة"، "الحكم"، مشتقة مِن لفظي اسم سلطانمعنى "السلطة" أو "السلطة". فِي وقت لاحق، أصبح يستخدم كلقب لبعض الحكام الَّذِين ادعوا السيادة الكاملة تقريباً مِن الناحية العملية ... يقتصر استخدام "السلطان" عَلَى الدول الإسلامية، حيث يحمل اللقب أهمية دينية ". مصدر: ويكيبيديا; مدخل "سلطان" فِي ويكيبيديا ؛ دخول ويكيبيديا عَلَى السلاطين.

ويكيبيديا; مدخل ويكيبيديا "المشيخة" ؛ مدخل ويكيبيديا عَن المشيخات.

ويكيبيديا; إدخال ويكيبيديا "هيلا سيلاسي" ؛ دخول ويكيبيديا عَلَى ملك هيلا سيلاسي.

الثالث عشر كَانَ أحمد بناصر صديقا جيدا لوَالِدي وكَانَ شخصية وَالِدي فِي السنوات الست الأخيرة الَّتِي عشت فيها فِي إثيوبيا. تمت تغطية تأثيره علي بعمق فِي المجلد الأول.

عَلَى عكس العالم الغربي، كَانَ مِن المعروف أن الأزواج الحضرميين بعيدون عَن المنزل لفترات طويلة مِن الزمن، لأنهم يعملون فِي الخارج. سيكونون غائبين لأشهر أو حَتَّى سنوات. فِي كثير مِن الأحيان، كَانَ لدى النساء ثلاثة أو أربعة أطفال فقط عَلَى الأكثر، حيث كَانَ الرجال بعيدين لمدة تصل إِلَى خمس سنوات عَلَى الطريق. مِن بين هؤلاء الأطفال الأربعة، بسبب وفيات الأطفال، كَانَت الأسرة محظوظة لأن لديها واحدا أو اثنين يكبرون إِلَى مرحلة البلوغ.

كَانَ فندق راس هو المكَانَ الَّذِي اعتاد معظم المغتربين (البريطانيين والأمريكيين والفرنسيين وغيرهم مِن الأوروبيين) عَلَى الاختلاط به.

أم كلثوم: و مغنية وكاتبة أغاني وممثلة مصرية شعبية مِن 1920s إِلَى 1970s.

كلما زاد النسخة التفصيلية مِن القصة موجودة فِي المجلد الأول.

.This event, too, is presented in more detail in Volume One

XIV

اسمي الأخير هو هرهرة. فِي اللغة العربية، تعني كلمة "bin" و "ben" "ابن". كما هو الحال فِي السويد، حيث يعني الاسم الأخير "أندرسون" "ابن أندر / أندرو"، أستخدم "بن هارهارا" للإشارة إِلَى أنني ابن هارهارا. أقوم بوصل الكلمتين لأنه بدون الواصلة، يفترض الناس فِي كندا والولايات المتحدة أن بن هو اسمي الأوسط.

ويكيبيديا; مدخل ويكيبيديا "تاريم، حضرموت" ؛ مدخل ويكيبيديا عَلَى تاريم فِي حضرموت.

حقائق 10" ,FTD حقائق مدهشة عَن اليَمَن،" 3:15.

ويكيبيديا; إدخال ويكيبيديا "سيئون" ؛ دخول ويكيبيديا عَن مدينة سيئون.

السَّادِس عشر إف تي دي "حقائق، 10 حقائق مدهشة حول اليَمَن،" 5:44 .

ExecutedToday.com, 1978: سالم ربيع علي، رئيس اليَمَن الجنوبي.

بيجاه مالك أحمدي, "الحميريون."

ويكيبيديا; مدخل ويكيبيديا "أبرهة" ؛ دخول ويكيبيديا عَلَى أبرهة.

القليس هِي مدينة فِي اليَمَن تقع عَلَى بعد سبعة وعشرين كيلومترا أو سبعة عشر ميلا جنوب غرب صَنعاء.

ويكيبيديا; مدخل ويكيبيديا "كنيسة القليس، صَنعاء" ؛ مدخل ويكيبيديا عَن كنيسة القليس بالقرب مِن صَنعاء.

سابع عشر حجم اللحظة (Mw) "هو مقياس لحجم الزلزال بناء عَلَى لحظته الزلزالية. ... [الزلازل الصغيرة الَّتِي تم قياسها باستخدام مقياس ريختر] لها نفس الحجم تقريبا عَلَى كلا المقياسين". مصدر: ويكيبيديا; إدخال ويكيبيديا "مقياس حجم اللحظة" عَلَى مقدار اللحظة.

لمزيد مِن المعلومات حول الزلزال: csmonitor.com/1982/1216/121654.html

-و-

ويكيبيديا; ويكيبيديا "زلزال شمال اليَمَن 1982" دخول؛ دخول ويكيبيديا عَلَى زلزال عام 1982 فِي شمال اليَمَن.

لم يكن لدى شمال اليَمَن تأمين عَلَى السيارات مِن أي نوع.

كلمة "هابيشي" هِي إهانة عنصرية تستخدم للإشارة إِلَى الإثيوبيين. فارق بسيط هو "أنت قذرة. أنت مجرم". "حبيشي هِي كلمة تستخدم للإشارة إِلَى كل مِن الإريتريين والإثيوبيين، أو بشكل أكثر تحديدا، إِلَى السكّانَ الناطقين بالسامية فِي تلك البلدان ". مصدر: القاموس الحضري، س.ف.، "حبيشة"، تم الاطلاع فِي 4 يوليو/تموز 2022. urbandictionary.com/author.php?author=Ge%27ez.

الثامن عشر مدرسة سانفورد الدولية, "تاريخ مدرسة سانفورد الدولية."

مدرسة سانفورد الدولية.

الصفا والمروة هما تلتان صغيرتان فِي مكة المكرمة، بجوار الكعبة.

التاسع عشر "أمهرة هِي مجموعة عرقية ناطقة بالسامية وهِي مِن السكّانَ الأصليين لإثيوبيا، وتسكن تقليديا أجزاء مِن المرتفعات الشمالية الغربية لإثيوبيا ". مصدر: ويكيبيديا; مدخل ويكيبيديا "شعب أمهرة" ؛ دخول ويكيبيديا عَلَى أمهرة بيوبلe.

ويكيبيديا; مدخل ويكيبيديا "الزواج فِي الإسلام" ؛ دخول ويكيبيديا عَلَى الزواج فِي الإسلام.

القرآن 24: 33-32.

القرآن 4:34.

القرآن 4:4.

الترمذي حديث 3096.

حلال: تقره الشريعة الإسلامية. مصدر: قاموس Merriam-Webster.com, س. ف. "حلال"، تم الوصول إليه فِي 30 يناير 2022، merriam-webster.com/dictionary/halal.

القرآن 4:19.

القرآن 4:128.

القرآن 4:35.

الزواج الداخلي: الزواج ضمن مجموعة محددة كما هو مطلوب بموجب العرف أو القانون. مصدر: قاموس Merriam-Webster.com، س. ف. "endogamy"، تم الوصول إليه فِي 26 يونيو 2022، merriam-webster.com/dictionary/endogamy.

البلدان وثقافاتها، "اليَمَن.".

الشريعة الإسلامية: "الشريعة الإسلامية المستندة إِلَى القرآن," المصدر: قاموس Merriam-Webster.com, س. ف. "sharia"، تم الاطلاع فِي 30 يناير/كانون الثاني 2022، merriam-webster.com/dictionary/sharia.

البلدان وثقافاتها, "اليَمَن."

البلدان وثقافاتها.

XX

مكتبة ومتحف جون ف. كينيدي الرئاسي، خطابات تاريخية, "خطاب متلفز إلَى الأمة حول الحقوق المدنية."

الحادي TOEFL هو اختبار اللغة الإنجليزية كلغة أجنبية - وهو اختبار موحد معترف به دوليا يستخدم لقياس إتقان اللغة الإنجليزية لأولئك الَّذِين لغتهم الأولى ليست الإنجليزية. يتم استخدامه بشكل رئِيسي مِن قبل الجامعات. تطلب معظم الجامعات الأمريكية والكندية مِن الطلاب الَّذِين لغتهم الأولى ليست الإنجليزية الحصول عَلَى درجة TOEFL لا تقل عَن 550 أو 600. تعتبر النتيجة الَّتِي تزيد عَن 600 ممتازة.

1 ملوك 11: 3.

محمد غلام سروار، "ماذا يقول القرآن بشأن تعدد الزوجات؟"

"هل تعدد الزوجات مسموح به فِي الإسلام؟" الإسلام.

"هل تعدد الزوجات مسموح به فِي الإسلام؟"

القرآن 4:3.

"هل تعدد الزوجات مسموح به فِي الإسلام?" الإسلام.

نسيم رحمة الله، "أهمية الرقم أربعة."

العشرون الوقت الَّذِي قضيته فِي الولايات المتحدة، بما فِي ذَلِك وصف مفصل لسبب اضطراري للعودة إلَى اليَمَن، موجود فِي المجلد الثالث.

تم التوحيد فِي عام 1990.

دائرة الهجرة والتجنيس - وكالة سابقة تابعة لوزارة العدل الأمريكية. "INS قوانين ولوائح الهجرة الفيدرالية المدارة .... قام ضباطها بتفتيش الأجانب الَّذِين يصلون إلَى ميناء الدخول الرسمي (POE)، وكشفوا وردعوا الدخول غير القانوني بين الموانئ (بمساعدة دورية الحدود، وهي عنصر مِن عناصر دائرة الهجرة والتجنيس) وعن طريق البحر، وإجراء تحقيقات فِي الانتهاكات الجنائية والإدارية.... كما فصلت دائرة الهجرة والجنسية فِي طلبات الإقامة الدائمة ("البطاقات الخضراء")، وتغيير المركز، والتجنس (العملية الَّتِي يصبح بها الأجنبي [الشخص المولود فِي الخارج] مواطنا)، ومسائل مماثلة". مصدر: ويكيبيديا; إدخال ويكيبيديا "دائرة الهجرة والتجنس" ؛ دخول ويكيبيديا عَلَى الهجرة والتجنس الأمريكي Sخدمة.

الثالث ويكيبيديا; مدخل ويكيبيديا "الوهابية" ؛ مدخل ويكيبيديا عَن الوهابية.

كانَت نورما هِي المرأة الَّتِي أخذتني تحت جناحها فور وصولي إلَى الولايات المتحدة وعاملتني كابنها بالتبني طوال السنوات الثماني الَّتِي عشتها فِي الولايات المتحدة. كانَ ريتش (ريتشارد) أحد مديري فِي آخر وظيفة شغلتها قبل مغادرتي الولايات المتحدة.

الرابع القرآن، 4:43.

القرآن، 5:90.

القرآن، 2: 219.

زاوفيشان, "لِماذا لا يشرب المسلمون الكحول."

ويكيبيديا; ويكيبيديا "خمر" دخول؛ دخول ويكيبيديا عَلَى خمر.

السَّادِس والعشرون

ويكيبيديا; مدخل ويكيبيديا "سقطرى" ؛ دخول ويكيبيديا عَلَى سقطرى.

علم الكهوف: الدراسة العلمية أو استكشاف الكهوف. مصدر: قاموس Merriam-Webster.com, س. ف. "speleology"، تم الوصول إليه فِي 26 يونيو 2022، merriam-webster.com/dictionary/speleology.

ويكيبيديا; مدخل ويكيبيديا "سقطرى" ؛ دخول ويكيبيديا عَلَى سقطرى.

فندق سمرلاند, "تاريخ سقطرى (جزيرة سقطرى)."

ويكيبيديا; مدخل ويكيبيديا "سقطرى" ؛ دخول ويكيبيديا عَلَى سقطرى.

السابع والعشرون

الجهاد: حرب مقدسة تشن باسم الإسلام كواجب ديني. مصدر: قاموس Merriam-Webster.com, س. ف. "جهاد"، تم الاطلاع فِي 26 يونيو/حزيران 2022، merriam-webster.com/dictionary/jihad.

"اليَمَن: واحدة مِن أسوأ الأماكن فِي العالم بالنسبة للمرأة،" منظمة العفو الدولية.

XXالثامن والعشرون لمزيد مِن المعلومات: wikipedia.org/wiki/Yemen_Times.

لمزيد مِن المعلومات: wikipedia.org/wiki/Abdulaziz_Al-السقاف.

يمكن العثور عَلَى هذه المقالة فِي الملحق الأول.

عادل بن هرهرة، "القات مخدر ومعظم اليَمَنيين مدمنون عليه!"

ويكيبيديا; مدخل ويكيبيديا "عبد العزيز السقاف" ؛ مدخل ويكيبيديا عَن عبدالعزيز السقاف.

الثلاثون صندوق النقد الدولي - صندوق النقد الدولي: "صندوق النقد الدولي (IMF) هو منظمة تضم 190 دولة، تعمل عَلَى تعزيز التعاون النقدي العالمي، وتأمين الاستقرار المالي، وتسهيل التجارة الدولية، وتعزيز العمالة المرتفعة والنمو الاقتصادي المستدام، والحد مِن الفقر فِي جميع أنحاء العالم. مصدر: "نبذة عَن صندوق النقد الدولي،" صندوق النقد الدولي.

الثالث ديفيد شتاينمان، "لعبة إثيوبيا القاسية".

"كيف يعمل الدخول السريع"، حكومة كندا.

المسرد

.Wikipedia; Wikipedia's "Ād" entry; Wikipedia's entry on the Ād tribe

.Wikipedia; Wikipedia's "Gushl" entry; Wikipedia's entry on Gushl

Appendix One

عَندَمَا كُنت أعمل فِي الولايات المتحدة، اعتاد زملائي عَلَى الاتصال بي باسكال لأن لغة برمجة الكمبيوتر كَانَت شيئا كُنت جيدا فيه.

الملحق الثاني ويكيبيديا; مدخل ويكيبيديا "جنوب الجزيرة العربية" ؛ مدخل ويكيبيديا عَن جنوب الجزيرة العربية.

ويكيبيديا; مدخل ويكيبيديا "المملكة الحميرية" ؛ دخول ويكيبيديا عَلَى Himyarite_Kingdom.

"جنوب الجزيرة العربية"، 2020، Nabataea.net.

الملحق الثالث يوئيل ناتان, Moon-o-theism: دين الحرب ونبي إله القمر، المجلد الأول مِن الثاني.

الملحق الرابع ويكيبيديا; مدخل ويكيبيديا "يافا" ؛ مدخل ويكيبيديا عَلَى يافا.

ويكيبيديا; مدخل ويكيبيديا "يافا العليا" ؛ دخول ويكيبيديا فِي الجزء العلوي يافا.

ويكيبيديا; إدخال ويكيبيديا "Qu'aiti" ؛ دخول ويكيبيديا عَلَى Qu'aiti.

العبور إِلَى يافع (1967-1891)، المجلد 15، 2007، المجتمع البريطاني اليَمَني.

قامت بالترجمة مِن قبل نسمة عبد العزيز.

كَانَ هود يقع فِي نفس المنطقة العامة مثل مأرب.

المهاجرة: مدينة ساحلية عَلَى الساحل الجنوبي الشرقي لليمن.

ذو القعدة هو الشهر الحادي عشر مِن التقويم الإسلامي أو الهجري، وهو تقويم قمري. مصدر: "أسك إسلامبيديا: ذو القودة."

عام 1113 فِي التقويم الهجري يعادل 1702 فِي التقويم الميلادي. لمزيد مِن المعلومات: habibur.com/hijri/1113/.

البيضاء: بلدة تقع عَلَى بعد 130 ميلا أو 210 كيلومترات جنوب شرق صَنعاء.

العولاق: أرض تقع شرق يافع.

قرية بحران: أربعة وعشرون كيلومترا (خمسة عشر ميلا) شرق صَنعاء.

ظفار: سلسلة جبال فِي جنوب شرق شبه الجزيرة العربية.

القبلة: فِي اتجاه مكة المكرمة.

محرم: الشهر الأول مِن التقويم الإسلامي، أحد الأشهر الأربعة المقدسة الَّتِي تحرم فيها الحرب. المصدر: ويكيبيديا. مدخل ويكيبيديا "محرم" ؛ مدخل ويكيبيديا عَلَى محرم.

الملحق الخَامِس القرآن 27:23.

1 ملوك 10:10.

TFF، "فِي الإسلام والقرآن: ملكة سبأ."

ويكيبيديا; ويكيبيديا "مأرب" ادخال; دخول ويكيبيديا عَلَى مأرب.

TFF، "فِي الإسلام والقرآن: ملكة سبأ."

"مأرب عاصمة مملكة سبأ،" التراث اليومي.

كوشيك باتواري، "انهيار سد مأرب وسقوط إمبراطورية."

ويكيبيديا; مدخل ويكيبيديا "مأرب" ؛ دخول ويكيبيديا عَلَى مأرب.

كوشيك باتواري، "انهيار سد مأرب وسقوط إمبراطورية."